教师要学陶行知

雷玲◎主编

华东师范大学出版社
全国百佳图书出版单位

序 向中外大师学习

我经常讲三句话：教育的发展在于改革，教育的改革在于创新，教育的创新在于学习。教育为什么要改革？因为时代在变化，社会在进步，死守过去的教育观念、教育内容和方法，怎么能培养出当代社会所需要的人才？半个世纪以来，人们对教育本质的认识越来越深刻，教育观念不断更新，教育内容、方法更是日新月异，教育处在不断改革之中，只有改革，教育才能发展。教育要改革，但不是走老路，而是另辟蹊径，不断创新。当然，创新不是胡思乱想，别出心裁，而是对过去经验的继承和发展、反思和完善。怎样才能做到教育创新？就在于学习，在书本中学，在实践中学，特别要学习教育大师的理论和思想，学习前人的经验和教训，反思自己的教育思想和行为，领悟教育真谛，增强教育智慧，创造教育风格。

在人类社会几千年的文明发展历史长河中，有过许多教育改革创新的教育大师。他们对教育有精辟的理论见解、丰富的实践经验，这是教育思想宝库中的珍贵财富，是我们今天在教育改革创新中最需要认真学习和领悟的材料。不是说要改革要创新吗？不是说不走老路吗？可是怎么又去学习前人的东西呢？改革创新不是从天上掉下来的，不是凭空想出来的，而是从前人的思想和经验中悟出来的。而且许多教育大师说出了教育的真谛，他们的教育思想是超越时代的，在教育实践中更显光辉。

向大师学习，要领悟他的精髓，不能摘用片言只语，要与自己的思想和实践联系起来，讲启发，想体会，要和大师作心灵的对话，才能真有所获，才能在自己的教育实践中有所创新。

《现代教育报》主编雷玲，选择了几位中外教育大师，征集了校长、老师从吾学、吾思、吾行三个方面来谈他们的心得和体会，谈他们是怎样学习的，思考了什么问题，如何在教育实践中践行，编纂成集。这给广大教师学习做了一个示范，也给我们以诸多启示。

张民选

2011 年 11 月 4 日于求是书屋

自 序

2009年夏，我有缘来到安徽省陶行知纪念馆。经过短暂的一个多小时的参观，我对近代中国杰出的人民教育家、教育思想家陶行知先生的"捧着一颗心来，不带半根草去"的人生境界，有了更深刻的理解，先生倾其一生心血，创立了生活教育理论，创办了晓庄师范学校、上海山海工学团、重庆育才学校和社会大学等新型学校，在教育实践中留下了大量珍贵的教育理论，为中国的大众教育、平民教育、乡村教育作出了不可磨灭的贡献。

流连忘返于纪念馆历史的沉香之中，我的心情竟然没有合适的词语可以表达：震撼、崇敬、沸腾……

参观期间，我正在主编《教师要学陶行知》一书书稿，但思绪混乱，此行，让我的思绪茅塞顿开。

"唯独从心里发出来的，才能达到心的深处。"在我看来，先生此话，不仅是对真教育的追求，更是对人生的一种启迪：唯有唤醒内心的渴望，真诚地做人做事，才能成就一番事业。

教师的职责是教书育人。而当今，在社会竞争和急功近利的价值观的重重包围之下，教师要认同和追求先生的"爱满天下"的博大胸襟、"捧着一颗心来，不带半根草去"的无私情怀、"千教万教教人求真，千学万学学做真人"的教育价值观、"生活教育"的实践精神，没有内心对职业的敬畏与爱戴，是不可能抵达的。

几年前曾有人说："一个没有读过陶行知的人，怎么可以在中国做教师呢？"而今，关于陶公的各类书籍可以说已经有些泛滥了。"读陶"、"学陶"也成为很多学校文化立校的标签，走进校园，不乏"满校尽见陶公语"的景观。然而，有调查发现，"只知陶公其名，不识陶公其人，不明陶公其说"的现象，在中小学教师群体中，仍大有人在。

原华中师范大学校长、中国陶行知研究会副会长章开沅先生针对此现状曾发出呼吁："现今社会上真正重视教育、懂得教育的人还太少，而口头上重视教育或以谈教育为时髦、其实并不懂得并内心轻视教育的人却又太多。现今又出现一批以社会办教育或教育服务于社会为名，实际上是借教育以谋私利的形形色色所谓新型'教育家'。面临这样严酷的现实，我们应该勇敢地站出来，捍卫教育的本真与尊严，让社会多听一些真挚的师陶、学陶、传陶的声音，让社会上有更多的人认真学习、运用和发展陶行知教育思想。"

先生在1935年就曾说过："做一个现代人必须取得现代的知识，学会现代的技能，感觉现代的问题，并以现代的方法发挥我们的力量。时代是继续不断的前进，我们必得参加在现代生活里面，与时代俱进，才能做一个长久的现代人。否则，再过几年又要成为时代的落伍者了。因此，我们必须拿着现代文明的钥匙，才能继续不断的去开发现代文明的宝库，保证川流不息的现代化。"（《生活教育现代化》）。我想，先生期望我们的，不是膜拜与拘守他的理念，而是要根据时代发展的需要，根据日新月异的世情与国情，在探索中，寻求新的教育实践，将他毕生所追求的教育事业加以发展，加以升华和超越。

我希望看到越来越多的一线教师，认识陶行知，走向陶行知，走进陶行知，进而用先生的人格精神激励自己，用先生的教育思想指导自己，用先生的研究成果服务自己，把先生的教育思想付诸教育实践，继而有所发展。

在主编本书的过程中，我看到了这种希望。

雷玲

2011年10月28日于北京

目 录

吾学篇

学校与管理

1. 像丁超校长那样把乡村学校办"活" / 刘关军 | 3
2. 办贫穷的学校如同管贫穷的家
   ——"陶行知管理艺术"系列解读之一 / 张新平 | 8
3. 要有好的学校，先要有好的教师
   ——"陶行知管理艺术"系列解读之二 / 张新平 | 12
4. 学校里谁也无权搞特殊
   ——"陶行知管理艺术"系列解读之三 / 张新平 | 15
5. 生活与教育是一个东西
   ——"陶行知管理艺术"系列解读之四 / 姚继军　张新平 | 17

教书与育人

1. 蕴含在"四块糖"中的教育原则 / 乔　明 | 19
2. 和孩子一起创造"真善美的人生" / 缪建平 | 23
3. 这样做教师
   ——向陶行知先生学"为师" / 俞　红 | 25
4. 教到老，学到老 / 江露露 | 29
5. 师爱是关怀、宽容、欣赏、平等 / 王桂英 | 31
6. 感悟陶行知的人格魅力 / 韩方希 | 35

教与学

1. "生活即教育"的思想熠熠生辉 / 许织云　程立畅│39
2. 倡导"手脑并用"、推行"因材施教"带来的启示

　　　　　　　　　　　　　　　　　　　　/ 程立海　贾为峥│41
3. 陶行知先生"教学做合一"的现实意义 / 石学庆│44
4. 感悟陶行知先生的"创造儿童的教育"理念 / 陈雨芬│49
5. 陶行知"教学做合一"教育思想的启迪 / 韩方希│53

吾行篇

学校与管理

1. 校园管理，践行陶行知人文管理思想 / 游　晔│57
2. 学校德育，从"知"到"行" / 沈晨晨│61
3. 发展人，是学校管理的关键要素 / 张渭娟│65
4. 建"红领巾道德银行"，立德育评价机制 / 沈晨晨│70
5. 用"生活"来教育，给"生活"以教育
　　——我校构建"生活化课堂"的实践与思考 / 缪建平│72
6. "学而自治"与"文明自律工程"尝试 / 汪阳合│76

教书与育人

1. 教学生做人，从小事抓起 / 姜　林│81
2. 陶行知教育思想在历史教学中的实践 / 朱秀婷│84
3. 当学生喊出"凭什么"时，任何说教都是苍白的 / 刘颖欣│88
4. 把"小先生"请上讲台 / 朱秀婷│91
5. 案例教学还原生命课堂 / 伏　军│94
6. 有种教育叫润物无声 / 王丽新│98

教与学

1. "解放儿童"与"深度课堂"探索 / 汪阳合│101

2. 课堂的生命活力:"教学做合一" / 陈其浩 107

3. 小学数学教学中运用"小先生制"提高课堂效率
／缪建平 莫忻娟 111

4. 我和学生一起进行思维能力的创造 / 李莲莲 115

5. 言之有理·言之有物·言之有序
——在实践活动中"优化"儿童作文 / 陆彩萍 121

6. "行而知之"真妙境
——"行知理念"的一次成功体验 / 赵 军 125

7. "活"教育教出"活"数学 / 乔海燕 131

8. 边教边学边做
——蹦蹦跳跳认方向 / 周 云 134

9. 从陶行知先生"喂鸡"谈合作学习 / 唐爱华 139

10. 创新教学方法,设计童趣性、分层性作业 / 戴银杏 143

11. 让学生在课堂上做"问"的主人 / 陆京华 陈道佩 146

12. 重视儿童创造力培养,设计开放性、综合性作业 / 戴银杏 149

13. 文本回归生活,开展阅读教学 / 陆青春 152

14. 诵篇·释言·析文·悟道
——以《归去来兮辞》为例谈谈"六步两阶"古诗文教学法
／兰瑞平 159

15. 让学生乐于质疑善于解疑 / 李会芹 164

吾思篇

学校与管理

1. 好校长要促进教师的潜能不断释放
——学习陶行知学校管理思想有感 / 李美兰 169

2. 学校管理中的"用心"和"达情" / 张雪萍 174

3. 反思陶行知眼中的理想校长 / 张新平 178

4. 四块糖的领导力与校长的科研素质 / 粟明方　颜廷旺 | 184

5. 学校之"课程领导"　教师之"课程智慧" / 缪建平 | 188

教书与育人

1. 做从容而有"人情味"的教师 / 杨海燕 | 193

2. 教育，从用心爱开始 / 袁光仁 | 198

3. 那些细节间的教育 / 周步新 | 202

4. 从陶公的"新教育"审视"新课程改革" / 梁大伟 | 207

5. 放飞纯真的童心 / 杨忠敏 | 210

6. 感悟"爱满天下" / 吴乐琴 | 214

7. 从"谁能明白我的心"到"心心相印" / 刘宗顺　杨　娜 | 217

教与学

1. "陶"花盛开的课堂
   ——"教学做合一"在作文教学中的应用 / 孙艳梅 | 221

2. 行而后知——体验四重奏
   ——五年级下册"找规律"案例与反思 / 周　云 | 227

3. 真实，源于生活
   ——浅谈运用陶行知生活教育理论指导习作教学 / 朱月弟 | 231

4. 在做中学
   ——根除"聋子的耳朵"现象 / 赵红婷　王爱瑾 | 236

5. 从"生活教育"的角度点击"科学探究" / 潘小军 | 243

6. "完美"的缺失
   ——对一节课迟到的反思 / 熊雪芸 | 247

7. 陶行知"六大解放"思想对当前写作教学的启示 / 李汉泽 | 253

后　记 | 259

吾学篇

想要学生学好,先要先生好学。唯有学而不厌的先生,才能教出学而不厌的学生。

——陶行知

(摘自《陶行知文集》,第249页,江苏教育出版社2001年版)

学校与管理

1. 像丁超校长那样把乡村学校办"活"

校长是一个学校的灵魂,要想评论一个学校,先要评论它的校长。丁校长是陆军小学出身,并经过甲种师范讲习科的训练。未任本校职务之前,曾在尧化门国民学校充任校长八年,著有成绩。我们看他的人,听他的话,察他的设施,觉得他是个天才的校长。他能就事实生理想,凭理想正事实。他有事实化的理想,理想化的事实。他事事以身作则。他是教员的领袖,学生的领袖,渐渐地要做成社会的领袖……这个学校不但教学生读书,并且教学生做事。做什么?改造学校!改造环境……

——陶行知

(摘自《陶行知文集》中《半周岁的燕子矶国民学校》一文,第126页,江苏教育出版社2001年版)

笔者是一名乡村教师,结识了许多乡村中小学校长。什么样的乡村学校是"活"的乡村学校?办"活"乡村学校的校长该有怎样的形象?当我读到陶行知先生的《半周岁的燕子矶国民学校》一文时,眼前才豁然一亮。燕子矶国民学校就是办"活"了的乡村学校的典范,而丁超校长就是想办"活"乡村学校的校长们的一面旗帜。

视点一：丁超校长是改造乡村生活的精神首席

"学校生活只是社会生活的一部分，学校不是道士观、和尚庙，必须与社会生活息息相通。"而乡村学校要办"活"，除了要打通生活与教育、学校与社会的任督二脉外，乡村学校还必须成为乡村精神和文化的中心与策源地。无论时代如何变迁，乡村学校负有的改造乡村文化生活的责任不能变，乡村教师担任的改造乡村精神生活的使命不能变。

反观当今的乡村学校，仍然是乡村的独立王国——学校与社会，是"鸡犬之声相闻，老死不相往来"，学校与社会之间修筑了一道高墙，不仅没有抢占乡村精神生活的制高点，引领村民心向文化，反而和各种封建沉渣、低俗文化沆瀣一气、同流合污。

那么，如何拯救这"死"了的乡村学校呢？陶行知说："作为师者之师的校长，非得做改造乡村生活的先行者不可。丁超校长就是这样一位敢探未发明的新理的精神首席——他敢做教员的领袖、学生的领袖，甚至敢做当地社会的领袖。"且看丁超校长是如何做改造乡村生活的精神首席的：

"燕子矶坡上因有人时常倒垃圾，太不洁净，丁校长就领着学生们把所有的垃圾扫除一空。村民不知卫生，仍是时常把垃圾倒在此处。但村民一面倒，他就一面扫。村民倒一回，他就扫一回。后来邻居渐渐地出来责备倒垃圾的人，燕子矶坡上从此清洁了。"

为了改造乡村生活而办学，使学校积极参与乡村经济、政治、文化活动，丁校长成为乡村改造与发展的中心。所以不到半年，燕子矶国民学校就很得社会的信仰，学校从此也就有了新生命，乡村从此也开创了一个新纪元。

但他对乡村生活的改造，不是恐怖鬼脸式的改造，也不是舍我其谁式的改造。他从远处着眼、近处着手，先从改造学校环境做起。于是他策划了一场静悄悄的"革命"——保存关公，搬移杂神。因为是委婉的改造、渐进的改造、艺术的改造、欣赏的改造，所以"村里的人不但不责备校长，并且称赞校长能干"。

我们深信：有了像丁超这样的乡村校长，"一年能使学校气象生动，二年能使社会信仰教育，三年能使科学农业著效，四年能使乡村自治告成，五年能使活的教育普及，十年能使荒山成林、废人生利"。

视点二：丁超校长是改造乡村教育的行动领袖

当今的乡村教育依然严重脱离乡村社会实际，以城市为价值取向，使乡村教育迷失了方向、走错了路——"他教人离开乡下向城里跑，他教人吃饭不种稻，穿衣不种棉，造房子不造林；他教人羡慕奢华，看不起务农；他教人分利不生利；他教农夫子弟变成书呆子；他教富的变穷，穷的变得更穷；他教强的变弱，弱的变得更弱。"

要改造乡村教育，不让乡村教育走错路，就必须建设适合乡村实际生活的"活"的教育。要办"活"的教育，就必须以"活"的教育理念来指引乡村教育前进的方向。

活的乡村教育要有活的方法，活的方法就是教学做合一。丁超校长紧紧咬定这一"活"的教育理念不放松、不动摇、不懈怠，躬于实践、敏于行动——"能就事实生理想，凭理想正事实"；不仅"有事实化的理想"，也有"理想化的事实"。为了实践教学做合一的教育思想，他首先需要攻克两道难关——学生及家长不愿教学做合一、教师不愿也不会教学做合一。为此，他放下校长的架子，情愿做个"钉锤校长"、"扫帚校长"。他没有组织任何形式的理念灌输，没有采取任何样式的洗脑运动，仅仅依靠身教和毅力两点，"教员跟着他拿钉锤扫帚了，学生也跟着他拿钉锤扫帚了。教员变做钉锤扫帚的教员了，学生也变做钉锤扫帚的学生了。"

我们现在的很多校长，是把各色的教育思想挂在墙上、念在嘴里，唯独没有渗透到骨髓中、落实到行动上，唯独缺少的是把教育思想践行的勇气和行动。他们只会纸上谈兵、坐而论道，却不起而行动。因此，我们现在的许多校长依然是政客式的校长、书生式的校长、经验式的校长，只能算是"思想的巨人、行动的矮子"，只能算是个"书呆头儿"。

不行动的校长不是好校长,只说不做的校长则是假校长。校长的思想是学校改造的原动力,校长的行动是学校改造的第一执行力。行动生思想,思想生创造。"行动产生理论,发展理论。行动所产生发展的理论,还是为的要指导行动,引着整个生活冲入更高的境界。"——丁超校长做了改造乡村教育的行动领袖,于是"我们走进这个学校,四面一望,觉得似曾相识。因为我们在这里所看见的都是我们心目中所存的理想,天天求它实现而不可得,不料在这个偏僻的地方遇到,真是喜出望外"。

视点三:丁超校长是穷人的教育家

当今的乡村教育依然不是富裕的教育。贫穷的乡村教育,呼唤穷人的教育家发现穷方法、看重穷办法、运用穷办法,以办成丰富的教育。

丁超校长就是一个穷人的教育家,他用最少的经费办出了最好的教育,把燕子矶国民学校办成了一所用钱少、成绩好的活的学校。

丁超校长有扎根乡村教育的信念,他认定教育是大有可为的事业,不是一时的,而是永久有益于世的。因此,他没有在乡下当着校长却时常往城里的家里跑,没有"当教育事业是住旅馆的样子,住了一夜或几夜以后,不管怎么样了,就听他去了"。平民教育是到民间去的运动,也就是到乡间去的运动。来到燕子矶国民学校,他携家带口扎根学校——"他的夫人也是本校的教员,特别担负女生的责任。她在这里服务是带一半义务性质。他们所组织的俭朴家庭同时是乡村家庭的模范。"

乡村学校最怕的就是"教职员任职无恒,时常变更"。丁超夫妇以校为家,共同担负一个小学校、小乡村的改造,所以他办贫穷的学校如同管贫穷的家一样,不急功近利、不好高骛远、不搞形象工程、不搞政绩工程,做到了安安心心办学、踏踏实实办校。因此,他是真正的"穷人"的教育家。

要想办成好的乡村学校,仅仅有甘为穷人的良好想法还不够,还得有穷人的方法。丁超校长善于发现穷办法、看重穷办法、运用穷办法,做到了勤俭办学。一是以身作则、不养闲人,他自己也进课堂教学。二是教学生做事，教教师做事。因为教学做合一，不用雇人做事：打扫、泡茶以及一切日常事务都由大家分担，所以这个学校没有门房、没有听差、没有斋夫，这样做省钱而又有成效。三是凡做一事，都用最简便、最省力、最省钱、最省时的办法，达到最好的效果。例如穷学校如何阅书，"每逢年节、午节、秋节，学生例送节敬，我们却之不情，就拿来买些书给大家读读。学生还有一种储蓄买书的办法：每天储蓄一两个铜板，我们就把这笔钱拿来代学生买书"。再如茶杯如何添置，"每人从家里带一个茶杯来，放在学校里，自己洗，自己管，自己用。茶水每人每星期出铜板两枚合办"。

不等、不靠、不要，反而办出了实效。"有钱办学不算稀奇，我们要把没有钱的学堂办得有精彩，才算真本领。"丁超校长是有真本领的穷人的教育家，即使在今天，也十分值得我们学习。

（湖北省松滋市麻水小学 刘关军）

2. 办贫穷的学校如同管贫穷的家

——"陶行知管理艺术"系列解读之一

> 办贫穷的学校如同管贫穷的家事一样。用一文钱，必问："这一文钱该用吗？"费一分光阴，必问："这一分光阴该费吗？"光阴与钱都有限，该用才用，不该用必不用；用必尽其效。
>
> ——陶行知
>
> （摘自《陶行知文集》中《南京安徽公学旨趣》一文，第60页，江苏教育出版社2008年版）

陶行知是20世纪上半叶我国优秀知识分子的杰出代表，是我国卓有成就的教育思想家和具有广泛影响力的教育实干家，他不仅有丰富的办学管校经验，还针对校长工作发表了很多有价值的文章。系统地了解陶行知的校长学思想，不仅有助于重新思考校长工作的本质，而且对提升校长的思想境界、开阔校长的办学视野、增强校长的领导和管理能力，也具有明显的、很强的现实指导意义。

视点一：开源节流，多方筹措办学经费

开办学校是需要经费支撑的。作为一个实干家，从某种意义上说，陶行知在办学治校中所遭遇的最大困难之一就是办学经费匮乏。但深入考察陶行知的学校管理实践后不难发现，开源节流是陶行知处理办学经费短缺问题的重要法宝。

在陶行知办学的过程中，开源主要体现在三个方面：一是募捐。当时为了解决办学经费拮据的问题，陶行知利用个人声望和广泛的社会关系，抓住一切可以利用的机会，成功地向社会各界募集了大笔办学经费，从而有效地缓解了教育资金紧张的状况。例如为了开办晓庄师范学校，陶行知曾及时筹得开办费15 000元、经费12 000元。二是自力更生搞生产。陶行知认为，理想学校应是生产力极度丰富的学校。在这样的学校里，师生能够同甘共苦，共同生产，共渡难关。这样的学校，"虽是一个小学堂，但同时是一个小工场，又是一个小社会。学堂的主要意义是长进；工场的主要意义是生产；社会的主要意义是平等互助，自卫卫人"。晓庄师范学校开办之初，陶行知曾购置了一百多亩田地，用来边生产、边学习。三是力争政府的支持和拨款。陶行知是一个深谙斗争策略的人，强调改造社会应有委婉的精神。为了落实、筹募晓庄研究所和育才学校的办学经费，陶行知曾多次致书当时的一些政界要员，敦促他们过问经费问题，以解燃眉之急。

为了使筹得的办学经费充分发挥效用，陶行知特别注重做好节流工作。所谓节流，就是力行节俭，办学以"可省则省，而且必省，使得别的要务可以有钱举办"为原则，"办贫穷的学校如同管贫穷的家事一样。用一文钱，必问：'这一文钱该用吗？'费一分光阴，必问：'这一分光阴该费吗？'光阴与钱都有限，该用才用，不该用必不用；用必尽其效。"陶行知认为，学校管理要体现节流精神，必须注意两件事：一是办学不能主观盲动，要顾及客观条件。"办学须重视客观条件，不能存丝毫之主观成见。"二是办学应从中国仍是一个极端贫困的农业大国这一现实出发，大张旗鼓地运用穷办法来办丰富的教育。这里所说的穷办法，是指符合国情的办法，而不是那些来自外国的、与穷人无缘的奢靡之法。这里所说的丰富的教育，用陶行知的话讲，就是要用最少的钱举办全中国穷人都能够得到的普及教育。

视点二：用强化预算来改进学校管理

重视预算在学校管理中的作用，并努力通过预算来改进学校管理，这是陶行知领导学校的一种宝贵经验。陶行知很早就指出："预算是行政的主要工具，各省应有预算，国家亦应有预算。"预算与决算、计划等活动具有高度的关联性，"凡团体活动要切实必须有计划，计划要切实必须有预算，预算要切实必须有决算。所以尊重公有财产的第一要事就是要有预算和决算。没有决算则预算蹈空；没有预算则计划蹈空；计划蹈空则便宜行事，甚至应当用钱的地方或竟不用，不应当用钱的地方或竟乱用"。1940年，陶行知在致马侣贤的信中强调："我们现在所要建立的是整个的新预算，而不是一部分的来解决。希望您在最近提出一个完整的预算。这预算最好有两个：一个是量入为出，作为较紧之预算；一个是量出为入，作为较宽之预算。较紧预算作为艰苦维持现实支出之根据，较宽预算作为开源筹款、改善生活之根据。这样则学校生存、师生生活都可两全，并且可以逐步改善以求发展。"

陶行知认为，只要抓好两项工作，就能充分发挥预算在学校管理中的作用：一是账目必须清楚详尽，"预算既成之后决算未成之前要有清楚的账目。账目根据预算又为决算所根据。预算、决算只是大纲，账目则非详细不可。管理公有财产的人务必收支有据，逢账即录。一日总结一日之总，一月总结一月之总。决不可懈怠，决不可拖延。他要做到随时可以交账的地步，才算无负于公家的托付。如果一天天地拖延下去，事后记忆必难周到。错出不过赔钱而已，错进就难免有侵吞公款的嫌疑，这是万万不可不谨慎的。再，凡是银钱出入，必须经过两个人看过签字，这个办法一则可以免去嫌疑，二则可以预防作弊"。

陶行知曾多次致信马侣贤，强调账目的重要性，要求他及时清理账目，"关于账目处理之事，望你采取适当而迅速之方法"，希望他用全部精力完成学校账目，且保一切单据合法有效。二是预算必须公开。早在1922年，陶行知就强调办事贵在开诚布公，"至无公开之基础，则一事莫举"。1926年，陶行知进一步强调："做一件公共的事，必须有一个公开的预算和决算。村政、县政、市政、省政、国政，都要有公开的预算、决算。太阳光所到的地方必无微生物。要免公有财产的损失，最要紧是要有公开预算、决算。到处要求一个公开的预算与决算是公民的一种重要责任。"

陶行知重视预算，原因是多方面的，除了它是推行科学管理、民主领导的重要条件外,还在于预算和账目管理具有重要的教育功能。陶行知认为,教导师生依照经济手续办事本身就是一种教育。1943年,陶行知在给育才学校音乐组主任李凌的一封信中强调:"领款之事是一种处理公务而有标准之手续,使学生严格依照办理也是一种教育。"陶行知叮嘱李凌,托他告诫学生:每月用款须制详细预算;照预算领款时,须有会计及经手人图章;买东西的发票,须有印花、育才学校抬头、验收人、出纳、主管人、经手人盖章。陶行知甚至说:"收条写字要令学生写得端正清楚,纸张亦宜裁得端正,这是无声之乐,也可说是办事音乐化,办事美术化,是诸生所应受之教育之一小节,但是必要之一个螺旋。"

(南京师范大学教育科学研究院　张新平)

3. 要有好的学校，先要有好的教师
—— "陶行知管理艺术"系列解读之二

要有好的学校，先要有好的教师。

——陶行知

（摘自《陶行知全集》中《试验乡村师范学校答客问》一文，第140页，四川教育出版社1991年版）

1921年，陶行知就职的南京高等师范学校中层干部邹秉文为学校着想，向校方建议将南开学校教员钟心喧挖过来，得到校长郭秉文的支持。陶行知闻听此事，立即致书郭秉文，陈述四点意见予以反对："一、吾辈为国家造就人才而办高师，伯苓（即张伯苓）先生亦为国家造就人才而设南开，同一为国植才，则得于本校而失于南开，故以全国目光观察，此举实属无补。二、个人应顾全友谊，机关亦应顾全友谊，近而金陵以地方关系，远而北大、南开以宗旨关系，其感情皆当维系，而不容丝毫之损伤。三、此数校之教员来去，应由自决，而不由一方面学校发动。四、增加教员，与其攫取人之所有，不如培植己之所无。"举办学校无疑需要较强的师资，但陶行知主张，自己培养所需师资乃为上策，办学治校应注重校际间的合作与情谊，不守规则、不讲道德地挖他校的师资乃是损人害己之举，应坚决杜绝。显然，陶行知所倡导的这种师资管理意见，在今天仍有指导意义。

视点：没有一个量够质优、志同道合的教师团队，再好的学校改革构想都难以实现

"要有好的学校，先要有好的教师。"陶行知创办晓庄师范，既是为试验他的新教育主张，更是为平民教育、乡村教育、生活教育培养理想师资。1926年，陶行知在《中华教育改进社改造全国乡村教育宣言书》中指出："本社的乡村教育政策是要乡村学校做改造乡村生活的中心，乡村教师做改造乡村生活的灵魂。我们主张由乡村实际生活产生乡村中心学校，由乡村中心学校产生师范。乡村师范之主旨在于造就有农夫身手、科学头脑、改造社会精神的教师。这种教师必能用最少的金钱，办最好的学校，培植最有生活力的农民。"陶行知认为，旧教育是死的教育，新教育是行动的教育。在新学校里从事新教育的新教员应具备五个条件：一是要有信仰心；二是要有责任心；三是要有共和精神；四是要有开辟精神；五是要有试验精神。后来，陶行知为了推行民主教育，又强调教师应有协作合群意识，同事之间应相互尊重、民主协商。教师务必"运用民主作风教学生，并与同事共同过民主生活，以造成民主的学校"。

陶行知在学校管理过程中既求贤若渴又感情留人。在这方面，陶行知致杨效春的两封信很具说服力。其中，一封是陶行知为了邀请杨效春加盟晓庄师范而写的，其内容如下："予与叔愚先生（指赵叔愚）创设试验乡村师范，拟将乡村教育及师范教育作一彻底腾翻之改革，急愿弟同来努力，留学迟数年无碍。叔愚先生来信谓倘能得弟，胜得黄金百万。弟之见信于叔愚兄也如此，安可不佐彼一臂之力！"另一封是陶行知在得知杨效春心生去意后写的，信中这样说道："您（指杨效春）可晓得'回校与否'四个字所引起之轩然大波……您和同学所发生的关系，只有奶妈乳儿可以比得。您一想到这种关系，就晓得同学们和我们现在所受到的痛苦。""总之，本校前途，至有希望。没有您回来，即不但以前工作付之流水，以后命脉也要斩绝。您是去不得的。"为了挽留杨效春，陶行知紧接着还向晓庄师范的共同创办者之一——赵叔愚写信，强调须全校共同用力以留

下杨效春,同时附上一首感情真挚的《催效春先生回校歌》,其歌词如下:"来,来,来,来喂婴儿奶!呱呱日已瘦,奶妈莫徘徊!"

在管理学校的过程中,陶行知一方面重视解决教师的生活困难,"学校要解决教员的生计问题,要为教员的发展创造条件"。另一方面更注重用信念来激励教师,鼓舞教师的干劲,强调教师要有战胜困难的勇气和大无畏的乐观主义精神。陶行知深信:"人生是患难与欢乐所织成,追求真理的人是要以与患难搏斗为乐……困难给有志者以战斗之情绪与斗胜之智慧。"

1941年前后,育才学校遭遇极大的生存困难,学校"每月所亏超出预算甚巨",一些教师和学生流露出悲观畏难情绪。为此,陶行知迅即写信给育才学校的马侣贤,要他鼓励大家振作精神。陶行知这样说道:"在平时办学,一帆顺风,人人能办。在艰难困苦中不动摇而向前创造,才为难能可贵。奋斗是万物之父。"此前,马侣贤曾写信给陶行知,提出辞职申请。陶行知明确答复:"您的总务部没有办好,后继的人您也没有贤才推荐,因此我在教育的立场,不愿接受您的辞职。"又说:"真正的要想打开一条光明的道路,还要靠全校和衷共济,把各人的生命放进事业里去,才能发挥出伟大的力量,以完成这个重要的任务。"

(南京师范大学教育科学研究院　张新平)

4. 学校里谁也无权搞特殊
——"陶行知管理艺术"系列解读之三

> 我们主张人类平等：校长和校工一律看待，吃一样的饭，一样的要尽本分。校长不尽本分，校长的饭碗便要打破；校工不尽本分，校工的饭碗也是要打破的。
>
> ——陶行知

（摘自《陶行知文集》第 1 卷，第 66 页，江苏教育出版社 1991 年版）

在南京晓庄师范开办时，学校聘请了一位姓高的校工。陶行知很喜欢这位校工，觉得他虽不识字，却耿直率真，颇有诗人气质。当时曾有人建议解聘该校工，对这一提议，陶行知断然拒绝，并说"他也是我们当中一个，决不可招之即来，挥之即去"。但是，当听说这位校工不听调度后，陶行知即刻写信给他，真诚地奉劝他要尽本分、守职责。

陶行知说道："我们主张人类平等：校长和校工一律看待，吃一样的饭，一样的要尽本分。校长不尽本分，校长的饭碗便要打破；校工不尽本分，校工的饭碗也是要打破的。"又说："您倘若诚实到老，尽本分，听调度，帮人忙，和气待人，那您便是我们晓庄理想的校工，也可以说是校工中之圣人，保您有个铁饭碗，永远打不破。您要不信我的话，那便是瓷器饭碗，随时可以打破的。"

在主张人人平等的同时，陶行知很重视培养学生的互助品质，引导学生在说话、做事中学习如何商量合作。"自己要说话，也让别人说话，最好是大家商量。自己要做事，也让别人做事，最好是大家合作。"互助即自助，一个人如果没有互助的习惯，他在社会上也是断难生存的。陶行知曾在他所创作的一部引人入胜的寓言小说——《古庙敲钟录》中，诗意地表达了他对平等互助的重要性的认识。"你若是办一个工场，如果你同时注意到工人之长进的机会与平等互助的关系，便立刻变成一个有意义的工场了。你若是办一个学校，如果你同时注意到师生之生产的机会与平等互助的关系，便立刻变成一个有意义的学校了。你若是在改造一个社会，如果你同时注意到各分子之生产与长进的机会，便立刻变为一个有意义的社会了。"

  1931年，陶行知在《中华教育界》上发表长文，明确指出中华民族及其教育的出路在于平等互助。"不但我们民族的出路是平等的互助，即世界人类的出路，也在平等的互助"，"教人建设平等互助的世界"是学校组织必须履行的重要使命和责任。陶行知对我国传统文化中根深蒂固的"等级"意识予以批判，提倡人人平等，每个人都享有同样的受教育权利和机会，"我们应当知道民国只有人中人，没有人上人，也没有人下人"。学校里的一切成员，无论教师、学生，还是行政管理人员、后勤人员，都是平等的，谁也无权搞特殊。

（南京师范大学教育科学研究院　张新平）

5. 生活与教育是一个东西
——"陶行知管理艺术"系列解读之四

> 过什么样的生活便受什么教育。
>
> ——陶行知

（摘自《陶行知全集》第 2 卷，第 633 页，四川教育出版社 1991 年版）

陶行知主张"生活即教育"，认为"生活与教育是一个东西，不是两个东西"，"生活教育是以生活为中心之教育"，"过什么样的生活便受什么教育"。陶行知批评一般的"学校历"脱离了实际的生活，他曾以某农校的教学安排为例，形象地揭露了"学校历"与生活脱节的弊端。该校规定每周二、四、六下午实习农事。某周六晚，恰逢久旱后天降大雨，本应于次日乘机耕地，但第二日学校休息，第三日是周一，学校又没有安排农事实习，当等到周二下午有农事实习课时土地已经干硬而不便耕种。"此乃违农时又违人时之教育，皆坐？有学校历而无生活历为指针之弊端也。"

在陶行知创办的晓庄学校，既没有呆板的上课制度，也没有固定的班级编制，教学活动按生活周期在各小组中自主展开，上课的时间和形式根据各组需要，灵活多变，有的科目仅讲几个小时，而有的科目则要讲一个学期。从早晨的寅会到晚上准点就寝，从春天的播种到秋天的收割，从洒扫庭院到军事训练，晓庄学校的教学常规管理完全按每日、每月、每年的生活来安排。

陶行知向来反对呆板的灌输式的教学方式，他认为"事怎样做就怎样学，怎样学就怎样做；教的法子要根据学的法子，学的法子要根据做的法子"，"教学做是一件事，不是三件事。"以晓庄学校的课程安排为例，那里的教学过程完全打破了传统教学中先生教学生学的模式，学生通过与指导员共同参与的与生活紧密相关的"招待教学做"、"烹饪教学做"、"洒扫教学做"、"科学的农业教学做"、"基本手工教学做"、"改造社会环境教学做"等课程，在做的过程中完成学习。为了更好地实现"教学做合一"，陶行知还发明了"艺友制"的教学方式。所谓艺友制，就是"凡以朋友之道教人艺术或手艺者，谓之艺友制教育"。陶行知认为，训练学习劳动技能的最好方式就是让师傅在做中教，学生在做中学，只有师徒双方"共教、共学、共做方为真正之艺友制，亦唯艺友制始能彻底实现教、学、做合一之原则"。

除此之外，陶行知还主张学生到工厂、农村去，为工农服务，拜人民为师，把教学活动推广到更大的范围中去，使教学的内容更加丰富。在这一过程中，任何人都可以担当教育教学工作，包括小孩也可以教小孩，陶行知甚至认为"小先生"是普及教育的重要力量。同样，农人最好的先生是"农人自己队伍里最进步的农人"，工人最好的先生是"工人自己队伍里最进步的工人"。通过生活教学，不仅仅是教学的良策，同时也是普及教育的有效手段。

陶行知认为，应将学生是否具备了"健康的体魄"、"农人的身手"、"科学的头脑"、"艺术的兴味"、"改造社会的精神"等素质作为评价学生的标准。为此，陶行知在考试的内容、方法与形式等方面进行了大胆的变革与创新。

在南京晓庄师范招生考试时，陶行知一反常规地将农事或木工操作、智慧测验、常识测验、国文写作、三分钟演讲等作为考试科目；而在重庆的社会大学，他则通过个人学习心得、开卷的问题问答、学习小组的学习总结、专题组研究报告、个人自我反省等五种形式对学生进行考核考试。

可见，陶行知的教学评估绝不仅仅局限于对学生文化成绩的评估，而是立足于生活、着眼于社会，是更加全面、更加综合的评估。为此，陶行知大声疾呼，要为学生独立自主思考留有时空，"不把他的功课表填满，不要逼迫他赶考，不和家长联合起来在功课上夹攻，要给他一些空闲时间消化所学，并且学一点他自己渴望要学的学问，干一点他自己高兴干的事情"。

（南京师范大学教育科学研究院　姚继军　张新平）

教书与育人

1. 蕴含在"四块糖"中的教育原则

　　一天,时任育才小学校长的陶行知,在校园里看到一男生王友用泥块砸自己班上的同学,当即制止了他,并让他放学后到校长室去。放学后,陶行知来到办公室,王友已经等在门口准备挨训了。可一见面,陶行知却掏出一块糖果送给他,并说:"这是奖给你的,因为你准时来到这里,而我却迟到了。"王友惊疑地接过糖果。陶行知又掏出一块糖果放在他手里说:"这块糖果也是奖励给你的,因为当我不让你再打人时,你立即住手了,这说明你很尊敬我。"王友更惊疑了,眼睛睁得大大的。陶行知掏出第三块糖果塞到王友的手中,说:"我调查过了,你用泥块砸那些男生,是因为他们不遵守游戏规则,欺负女生,你砸他们说明你正直、善良,有和坏人坏事作斗争的勇气。"此时王友流着眼泪后悔地说:"陶校长,我错了,我砸的不是坏人,是同学呀。"陶行知满意地笑了,随即掏出第四块糖果:"为你正确认识错误,我再奖励你一块糖果,可惜我只有这一块糖果了,我看我们的谈话也应该结束了吧。"

　　(摘自《陶行知教育故事》中《四块糖的故事》,江苏省丰县陶行知研究会辑录)

现代教育家陶行知先生"四块糖"的教育故事被传为佳话，多年来一直为人们津津乐道。作为教师，我更能感受到它无与伦比的教育艺术魅力。究其原因，是因为在这个教育故事中蕴含着发人深思的教育原则。

一、平等对话原则（第一块糖）

陶先生给出第一块糖时，"准时"是陶先生对王友的表扬，"迟到"是陶先生对自己的批评。这种平等对话的方式一定会使王友在心理上产生震动，从而搭建起一个师生交流的良好平台。

心理学中有一种"自己人效应"，它告诉我们要使对方接受自己的批评教育，就必须同对方保持"同体观"的关系。即在对方看来，我们与他是平等的，我们是为他好。这样，双方的心理差距就拉近了，受批评的一方就不会感到有心理压力，批评的效果也会好起来。

不要以居高临下的姿态对待犯错误的学生，那样会伤害学生的自尊心，从而极易导致学生丧失进取心，最终发展到破罐子破摔的地步。近年来，这方面的教训不时见诸报端，确实应引起教育工作者的警觉。善于和学生交朋友，在平等沟通与交流中达到教育的目的，应该是每一位教育工作者的基本功。

二、宽容大度原则（第二块糖）

陶先生的第一句话压根就没提到王友打同学的事，而在给出第二块糖时说的话才算是提到了。但是让王友吃惊的是，这不是一句声色俱厉的批评，而是出乎意料的赞赏！而赞赏的原因只是"我不让你再打人时，你立即住手了"，真是语出惊人。陶先生对学生的宽容大度，不只在于原谅他的错误，而更在于能在错误中发现他的优点，使批评来了个180度的大转弯，教人如何不感动！

很多教师批评教育学生，往往习惯于把学生"请"到办公室。学生肃立面前，教师端坐椅上，一条两款地指出其"罪行"，并责令限期改正；更有甚者，当着全班学生的面，对犯错误的学生来一次疾风暴雨、雷霆万钩式的大批判。这种类审判式的批评，不但教师伤肝损气，而且大多劳而无功。

教育的本质是对生命个体的尊重和唤醒，是对人的内在潜质的开发和拓展。这种教育需要一种平和的心境，智慧的胸襟。它，就是宽容大度。宽容大度是一种体谅，是一种理解和关心。一个学生如果能感受到教师的宽容大度，他的心里就会产生积极的情绪体验，这种体验会使其产生奋发向上的动力，愿意接受批评和教导，从而达到转化的目的。现在许多学校提倡用"放大镜"给后进生找优点，在促进后进生转化中起到了立竿见影的作用，就是一个证明。对孩子多些肯定少些批评，多些表扬少些挖苦，多些奖励少些惩罚，是教育工作者亟待树立的教育理念。

三、实事求是原则（第三块糖）

给出第三块糖时，陶先生说出这句话："我调查过了，你用泥块砸那些男生，是因为他们不遵守游戏规则，欺负女生，你砸他们说明你正直、善良，有和坏人坏事作斗争的勇气。"按照常理，这句话应该是王友为自己辩解的话，结果却是从陶先生的嘴里讲出来的，这一定又出乎王友的意料。为什么王友先到校长室，陶校长却"迟到了"呢？听了这句话，我们才知道他是去作调查了，是去为即将展开的教育活动"备课"去了，从而别出心裁地准备了四块糖果成功地对王友进行教育。看似很平常的一句话，却蕴含着陶先生的多少心思与智慧呀！

陶先生在教育前对学生犯错的原因进行了认真调查与了解，这就避免了教育的盲目性。如果仅看"王友用泥块砸自己班上的同学"这一点，错误当然全在王友，但经过调查与了解，才发现其举止有出于保护女同学的"正直"的一面。对学生的错误，如果不调查、不了解，就只会根据看到的表面现象进行批评处理；只有经过调查与了解，才会根据事情的真相正确对待。

如今的中小学生正处于自我意识急剧发展的时期，他们大多是独生子女，具有非常强的自尊心，同时心理又非常脆弱，往往受不了一点委屈。

如果我们不能对其错误进行实事求是的评价和批评，而只抓住表面现象便大做批评，就会伤害到学生，甚至使他们做出极端的行为。调查研究、实事求是是教育犯错学生的重要原则，也是我们教育工作者所应该努力追求的。

四、留白自省原则（第四块糖）

"我错了……"这是陶先生期待的教育结果。当陶先生给出第三块糖后，这句话从王友的嘴里说了出来。产生这样的教育效果，让人不得不佩服陶先生高超的教育艺术！陶先生在对犯错学生的整个教育过程中没有一句批评，但却引发了学生的自我反省和自我批评，王友之所以在接到第三块糖果时，能感动地流着眼泪后悔地说出那样的话，完全是陶先生留白自省的教育艺术所产生的效果。

常常看到老师忙不迭地对某个犯了错的学生进行密集型训责，或者长时间把全班同学留在教室中进行集体教育。老师的本意是好的，希望学生能牢记自己某个错误的言行，更为深刻地吸取教训。然而，这种做法有时并不奏效，甚至效果适得其反。一朵花的绽放，一棵树的长成，需要种植者适时地悉心栽培，也需要静默地守候。或许，教育也是这样。教育工作者要动静相宜，要"有所为"，也要"有所不为"。

"自省"是自我意识能动性的表现，要想让学生有更多"自省"的空间，教师在教育上就必须留有一定的"空白"。可以让学生自己说的就不要代劳，让学生学会自省，让他们自己长大。

"四块糖果"的教育故事之所以为后来的教育工作者所推崇，就在于它蕴涵了一种难能可贵的教育理念，折射出一种高超的教育艺术。它看起来平淡无奇，但却触及了学生的心灵；听起来缺乏力度，但却起到了"润物细无声"的效果。今天，在如何教育学生这个问题上，它对我们的教育工作者具有十分重要的启示作用。

（山东省威海市文登第一中学　乔明）

2. 和孩子一起创造"真善美的人生"

  教育者不是造神，不是造石像，不是造爱人。他们所要创造的是真善美的活人。真善美的活人是我们的神！

——陶行知

（摘自《陶行知文集》中《创造宣言》一文，第891页，江苏教育出版社2001年版）

  陶行知先生作为育才学校的创始人，从创办育才学校起就把"真善美合一"作为教育追求的目标。他在育才学校朝会上向学生宣读的《创造宣言》中指出："教育者不是造神，不是造石像，不是造爱人。他们所要创造的是真善美的活人。真善美的活人是我们的神！"

  细细品读这些话，我们不难发现：陶行知先生所追求的"真善美合一"的教育是一种"诗化的教育"，充分体现了教育的创造魅力。陶行知的"真善美合一"教育思想的先进之处，在于它把"真善美合一"作为一种崭新的教育观渗透到教育的全过程，引导着整个教育改革和人（教师与学生）的完善，进而达到"真善美高度统一"的理想境界。

  我们都知道，追求真善美的完全交融和高度统一，是人类社会的理想，也是教育追求的最高境界。教育是以学生个体的社会化为目标，其最高层面是致力于社会文化心理的个体内化。因此，我们必须深刻领会陶行知的"真善美合一"教育思想，从"求真"、"向善"、"达美"三个方面着力，努力使每一个受教育者，建构起科学文化、道德文化与审美文化和谐统一的心理结构，也就是使"真善美"由对象转化为"内在图式"，成为受教育者精神生命的内核与血肉。

"求真"是指教育教学要符合学生的成长规律，遵循教学的原理，遵循课程的内在结构。正如陶行知先生所教诲的："老师的职责是'千教万教，教人求真'，学生的职责是'千学万学，学做真人'。"在教育教学中，既要引导学生去"探求真知"，又要引导学生去"拷问真知"，更要引导学生去"捍卫真理"。

"向善"是指一种比"爱"更伟大的道德境界，它是一种更博大的生命关爱。教育"向善"既要顺应社会的进步，又要符合社会公认的价值信念和规范准则。如果你心中有善意，那么无论你做什么都是恰当的，包括你的关系、行为以及思考的方式。"向善"是无法透过别人，透过导师、教条或信仰而达成的；一个真正善良的教师，一定会为他的学生的生命负起全责，会为他的学生无私地奉献。教师只有做到善良、真诚、坚持、认真，他的教育才能成功。

"达美"是指人类的终极追求，凡是"真"的、"善"的东西一定是"美"的。现代心理学研究表明，情意因素是人接受信息的"阀门"，只有富有审美价值的教学，才能激发学生打开这一"阀门"，引导其乐此不疲地进入学习状态。前苏联著名的教育家苏霍姆林斯基非常重视教学的美，他曾说："我一千次地相信，没有一条富有诗意的、感情的和审美的清泉，就不可能有学生全面的智力发展。学生的思维天性本身要求富有诗意的创造，美与活生生的思维，如同太阳和花儿一样有机地联系在一起。"因此，教育教学的"美"其实就是素质教育的最高境界。

求真、向善、达美，让我们共同创造"真善美的世界"，创造"真善美的人生"。

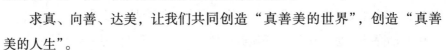

（江苏省苏州工业园区车坊实验小学　缪建平）

3. 这样做教师
——向陶行知先生学"为师"

> 共生活，共甘苦。要学生做的事，教职员躬亲共做；要学生学的知识，教职员躬亲共学；要学生守的规则，教职员躬亲共守。
>
> ——陶行知

（摘自《陶行知全集》第8卷中《师生共生活》一文，第97页，四川教育出版社1991年版）

笔者一直在读陶行知的书，喜欢他的理论，也在自己的实践中不断领悟着他的思想。

"应试教育下的考试，成了评价学生的统一标尺，我们也为难啊！"这是现在很多教师在抱怨的，这似乎成了他们墨守成规、不思进取的理由。但是，静下心来思考：我们当今的教育真正关注到每个学生自身发展的特点了吗？我们教师真的做到让每个学生在原有的基础上努力进步了吗？此外，教育的环境阻力，什么时代都会有，那么，我们为人师的，能否变阻力为助力呢？不是说教育永远没有终点吗？教育的成功不是永远在追求理想的过程中实现的吗？正如陶行知所说"培养生活力，使学生向上长"，这就是我们作为教师应当追求的理想。

那么，到底应该怎样做教师呢？我个人有以下几点感受。

感受一：身先示范

陶行知曾说："要学生做的事，教职员躬亲共做；要学生学的知识，教职员躬亲共学；要学生守的规则，教职员躬亲共守。"他在对老师的要求方面提出了很多精辟的论述，并躬行实践。他的思想和行动深刻影响着他的学生，使许多学生从此走上了革命的道路，他的伟大人格至今仍为教育界人士所敬仰。

而在教育工作中，却又客观存在着一些老师其身不正偏要正人、己所不欲硬要施于人的现象。

例如，教师要求学生节约，他的办公室却经常点长明灯；上课时把整根粉笔往讲台上一摔，断成好几节，再用新的。要求学生升旗时表情严肃、不说话，教师却在后面大声聊天；夏天在操场上开会，同学们烈日当头照，教师们却躲在阴凉处，谈笑风生……

教师也许习以为常，没有意识到这些都会潜移默化地影响着学生。

教师是人类心灵的开拓者，智能田园里的播种者，更是人类文明的传递者。当我们站在三尺讲台上时，当我们走在校园的小路上时，当我们谈笑风生时，我们的一言一行、一举一动，都将成为学生效仿的榜样。

也许你只是不经意间扔下一支粉笔，学生就会觉得浪费并不可耻；也许你只是偶尔用方言责骂一名学生，其他同学就会肆无忌惮地以此作为攻击他人的武器。反之，当你默默地捡起教室地面上的一小张纸时，同学们就会自觉地弯下腰来拾起地上的垃圾。

感受二：不吝赞美

每个学生都希望得到老师的重视，都渴望获得老师的赞美。因此，教师要学会赞美学生。这话说起来容易，但做起来却非常难。常常听到有些教师这样说："对学生就应该毫无保留地说出其缺点，这才是严格要求。"还有些教师说："我也想找他们的优点，可是实在是找不到啊。"

学生具有很强的自尊心，他们渴求我们的赞美，即使在他们犯错误的时候也是这样。鉴于学生的这种心理，如果我们用赞美代替批评，就会让学生朝着我们所赞美的方向去做，错误也就在不知不觉中消失了。由此学生就会在教师的赞扬、鼓励下，保持一颗愉悦的心，积极主动地去改进、去奋斗，从而使自己的学习、生活绽放出美丽的花朵。

例如，我们班上的刘文轩是个基础较差的学生，特别是书写很潦草，根本看不懂他写的是什么。一开始，我对他总是指责批评："字怎么写得这么差？为什么不认真写？"甚至有时候让他重写或者罚写好几遍，但始终没有取得效果。后来，我反思自己，开始改变。只要看到他写字，我就会凑过去说道："第一个字写得很漂亮，端正、清楚。"于是，他会振作精神认真地写下面的字。只要他的作业有一半的字是认真写了，我都会在班上表扬他的进步。久而久之，他的书写规范了，现在已经不需要我每次再作提醒了。我想，他的进步和我经常送去的赞美有很大的关系。

当然，赞美也需要讲究方法。要多了解学生，走近学生的内心，努力发现他们每一个细小的进步和优点，进而实事求是、恰如其分地加以表扬。

感受三：虚心学习

陶行知曾说："我们要虚心、虚心、虚心，承认一无所知，承认一无所能。"

每个人都是万物中的唯一，要做到尊敬每一个长辈，要做到尊重每一个劳动者，要做到和每一个同事友好相处、态度谦和。学生也是可贵的生命体，不可以懈怠，不可不屑，而应该谦虚地向他们学习，以弥补自己的不足。

当然，谦虚学习的另一层含义应该包括多读书。只有坚持大量阅读才不会被社会淘汰，才会有新思想、新举措，在丰富自己知识的同时，和学生分享智慧，共同进步。

在参加工作以前，我看的书并不多，现在感觉自己知道的真是太少了。于是，我开始大量阅读，并带动学生一起读书，共同分享阅读的快乐。在读《马燕日记》时，我们感动于马燕的乐观、积极进取，懂得了要珍惜自己的幸福生活；在读《芝麻开门》时，我和四（2）班的学生一起经历喜怒哀乐；在读《爱的教育》时，我们震惊过，也流泪过。在与学生共同阅读的日子里，我看到了学生纯真善良的一面，更看到了他们身上无限的潜能。我感受到自己肩头的重担，也意识到必须先让自己优秀起来，才能让我的学生优秀起来。

于是，我开始读大量的专业书籍，《给教师的建议》、《马卡连柯文集》、《陶行知文集》、《教育漫话》等。我知道，我读的只是沧海一粟，还得继续努力，坚持阅读更多的书，从书中吸取知识，获得创新的能量。

"如何做教师"，这是每一个教师一生都在持续探索的命题。感谢陶行知，我将带着他的教育思想，一路前行，一路思考……

（江苏省南京市栖霞区摄山星城小学　俞红）

4. 教到老，学到老

> 生活教育与生俱来，与死同去。出世便是破蒙，进了棺材才算毕业。
>
> ——陶行知

（摘自《陶行知全集》第2卷，第634页，湖南教育出版社1992年版）

终身教育，是20世纪最有影响力的教育思想之一。从个体发展而言，终身教育是指人们在一生中所受的各种培养的总和；从教育发展看，其又指一个国家各个年龄阶段、各种类型和方式教育的系统化。

而早在20世纪20年代，陶行知就已经形成终身教育思想，并贯彻始终，他是我国现代终身教育的重要创导者和奠基人之一。他的终身教育思想，既传承了我国古代思想家、教育家的思想之精华，又集西方思想家、教育家思想理念之大成，并与我国社会实际相结合，创立了"与人生为始终"的生活教育和终身教育，贯穿于他30年的教育实践中。终身教育的最早表述为"education for the whole life"，译成汉语就是"生命全程的教育"，也就是陶行知常说的"整个寿命的教育"。20世纪30年代，陶行知又以简朴的语言，生动而完整地表达了这一思想。他说："生活教育与生俱来，与死同去。出世便是破蒙，进了棺材才算毕业。"

他的这一思想与当时国际上一些学者所提倡的"人从摇篮到坟墓都要受教育"的论说不谋而合。"活到老，做到老，学到老"是其核心，"教到老，学到老"是我们作为教师应该具备的人生态度。这样，就必须取消教育的时限，使教育贯穿于每个人的生命始终，成为一个人一生不受时空限制的活动。这就要求我们坚持终身教育。学校是文化的旅馆，只能暂住而不可久留。教师要在这个短暂的时间段内，重在给学生一把实用的钥匙，教学生自己以后去用，这也符合陶行知先生"教是为了不教"的教学思想。就这一点而言，我们教师必须有端正的教学态度——教到老，学到老。要做到这一点，陶行知先生早已给我们提供了办法："从事专题研究，在一个专题上继续不断探讨。面前的学生千变万化，面对的社会瞬息万变。如何面对，如何解决，便是学习，便是成功。"这就是陶行知先生所说的"一面教，一面学"——终身教育。

那么，如何提高学生的学习主动性，使学生掌握获取知识的方法，自觉学习知识？这就更需要我们教师一边教、一边学，努力实践，努力提高——终身教育。终身教育是我们教育的最终归宿，是继续教育的精髓。我们首先要认清终身教育观，全面、正确地认识这一理念。陶行知先生曾说："天天变动，就是天天受教育，差不多从出世到老，与人生为始终的样子。你哪一天生存不是学？你哪一天不是学生存呢？""学问没有止境……活到老，学到老，一直到进了棺材才算毕业。"所以，我们要树立终身教育观。

想一想就能得出差距，如果你有十年以上的教龄，那么，十年前你教过的学生和现在教的学生相比，无论是眼界，还是语言表达、思维方式等都存在很大的差别，因为科技在发展，知识也在不断更新，人的智力也在不断提升。书本知识在不断地更新，内容也越来越丰富，所以作为执教者、学生前行道路上的指引者，教师能原地踏步吗？这样的教师如"逆水行舟，不进则退"。和学生一起成长，是我最大的快乐。走进课堂，我才知道原来一个词语可以有那么多的用处和理解，一首诗里竟有那么多值得品味咀嚼的内容，一个场景可以用那么多的词语和语句来形容。于是，进步的快乐氤氲心头。此时才发现自己的知识是多么的贫乏！一位学生每天记住一个词、每天记住一个句子，那就是无穷无尽的，而我呢？不学习，最终会落于他们之后。现在的学习将是我们数年后与这些学生对话的资本。虽说"长江后浪推前浪，一浪更比一浪强"，但后浪要有力量才能推动前浪、掀起巨浪。所以，只有学习才是唯一的出路。

（安徽省合肥市大杨中心小学　江露露）

5. 师爱是关怀、宽容、欣赏、平等

我们要跟小孩子学习，不愿向小孩学习的人，不配做小孩的先生。

——陶行知

（摘自《陶行知文集》，第817页，江苏教育出版社2001年版）

师爱是教育永恒的话题。读《陶行知文集》，给我最大的感受就是：教育是一门充满爱的艺术。师爱的无私和广博是教育成功的秘诀。联想到我的班主任工作，我深深地体会到师爱的力量，也体验着那些爱的回应。

感受一：师爱是关怀

陶行知曾说："我们要跟小孩子学习，不愿向小孩学习的人，不配做小孩的先生。"一个人不懂小孩的心理、小孩的问题、小孩的困难、小孩的愿望、小孩的脾气的教师，如何能教小孩？如何能知道小孩的力量？又如何能让他们发挥出潜力？班主任的工作就是在对学生一点一滴的关怀中，把师爱传达给他们，让他们感受到你的关心和爱护。哪怕是教师的一个关爱的眼神，一句关切的话语，都会让他们的心灵如沐春风。发自内心的真挚的关怀能够使师生的心灵相通，从而获得教育的成功。

张同学是外地进京的孩子，在班上学习成绩一向不错，上课也一直非常认真。突然有几天时间，他上学迟到，上课听讲走神，作业也没能按时完成。我注意到他的这些变化之后，主动找他谈心，可他竟然说"没时间"。放学后我到他家家访，才发现原来是因为他的妈妈生病了，爸爸出差不在家，他一个人又要上学，又要忙着照顾生病的妈妈，我对他说不应

该为了怕影响爸爸的工作而不告诉他妈妈生病的事。之后我帮着他把妈妈送进医院,还和他爸爸取得了联系,告诉他家里的情况,请他尽快赶回来。在后来的几天里我帮忙照顾他妈妈,利用周末时间给他补课,直到他爸爸回到家中。后来他对我说:"老师,我们刚来北京,谁也不认识,妈妈生病了,爸爸也不在家,举目无亲的,我心里感到很无助。是您在我最困难的时候帮助了我,谢谢您!"在后来的学习中,他更加努力,学习成绩更好了,而且还主动承担了班级工作,成了我的得力助手。

感受二:师爱是宽容

学生是处于发展中的孩子,他们会有很多奇怪的问题。陶行知曾说:"民主的教师,必须要有:(一)虚心;(二)宽容。"

高一开学初,学校安装了多媒体设备,但是学生在学校玩电脑游戏的问题开始显现出来,而且越禁止玩得越厉害。一天下午,我抽查了一次,发现了三个男同学在玩电脑游戏。当时我很生气,很想大发雷霆,通知家长,然后上报政教处处理。等冷静下来,想想这样做不可取。这样只会使他们的自尊心受到伤害,不但达不到教育的初衷,还有可能适得其反。于是,我找他们一个个单独谈话,了解到他们三个非常聪明,却非常沉迷于网络游戏,上初中时他们就曾是屡教不改的"吧虫"。现在教室里安装了电脑,怎么能不玩呢?当他们知道我不准备请家长时,都大吃一惊。我告诉他们我的想法:新的高一,他们应该有一个新的起点,相信他们一定会改正,然后还准备让他们三个做班级电脑的管理人。三个学生都很感动,纷纷保证以后不再玩了,之后一段时间他们尽职尽责地管理,确实没有再玩过游戏,我也特别高兴。可是一个月后,我又抓住其中一个和别的班的学生一起在玩电脑游戏,我非常生气。看到他哭着跟我解释说是两个人想要比赛一次,忍不住才玩的,请我再给他一次机会。我同意了。从那以后,半个学期过去了,没人再发现有学生玩电脑游戏。我曾看过一篇文章,作者说道:"只要有需要,教师要接受学生一千零一次的反复和改正。"我想,这就是师者充满信任的爱和宽容吧!

感受三：师爱是欣赏

培养健康优秀的人才，创建团结向上的班集体，是每个班主任的梦想。而要实现这个梦想，就要树立对学生的欣赏意识，为学生营造一个良好的心理氛围，使学生健康成长。陶行知曾说："在共同生活中，教师必须力求长进。好的学生在学问和修养上，每每欢喜和教师赛跑。后生可畏，正是此意。我们极愿意学生能有一天跑在我们前头，这是我们对于后辈应有之希望。学术的进化在此。"

高一新班刚组建完，班里有几个淘气的男生，上课说话、不爱学习、偏科，这让老师感到很头疼。我注意观察了一下：这几个男生中曹同学最关心集体，王同学和郭同学一到篮球场上就生龙活虎，杜同学是被同学们称为"小贝"的足球爱好者，朱同学和杨同学则是网络高手……发现了他们的闪光点，就抓住了欣赏他们的理由。我不错过任何一个机会夸大他们的优势，激励他们进步，淡化他们的弱点。渐渐地，几个人在学习上、纪律上都有了不同程度的进步。有了进步，就又多了欣赏点。在别人欣赏的眼光中，我们班学生发挥了他们自身的优势，这个没有一个运动特长生的班级，在冬季越野赛20人男女大接力比赛中取得了第一名的好成绩；运动会上会操比赛第一，入场式队列评比第一，前导牌设计评比第四；艺术节中体操比赛第四，总分第三；还获得了百分赛评比的流动红旗。而我则欣赏每天窗明几净的教室，欣赏每天都快乐天真的学生的面孔，欣赏他们取得的点滴进步。身为他们中的一员——我，辛苦并快乐着！

感受四：师爱是平等

陶行知曾说："创造的民主是动员全体的创造力，使每个人的创造力得到均等的机会，充分地发挥，并且发挥到最高峰，所以创造的民主必然与我以前所讲的民主的创造有关联。民主的创造，是要使多数人的创造力能够发挥……民主的创造为大多数人的创造，承认每一个人都得到创造的机会，这是与专制的创造不同的地方。"

而在实际的教育教学中，学生却常常被教师分为"优等生"、"后进生"、"问题生"。很多教师不自觉地就把爱的目光投给了"优等生"，对"后进生"冷嘲热讽。作为一个具有广博师爱的教师，应该平等地对待每一个学生，让他们感受到教师的爱和信任是撒向每个人的，不能让某个学生的心灵因你而受到伤害。尤其是被认为"特殊"的学生。他们或许犯过一些错误，或许家庭有着不幸，或许学习上存在着某种障碍。但越是这样的学生，他们就越需要教师的关爱。

新时期带来很多新的问题，家庭的破碎给许多孩子带来了痛苦和困惑。开学初，我就了解到几个学生是单亲家庭的孩子。对于这样的孩子，我只会给予他们更多的关心和呵护，尽量不伤害他们原本就脆弱的心灵。金同学就是这样一个女孩子，她敏感、不爱说话、学习成绩不好。我在"无意中"给她安排了一个学习很好的同学做同桌，在"无意"中叫她到办公室补补英语，在节日里送去问候，"偶尔"提醒她注意自己的学习方法。她的学习慢慢地有了起色。

孙同学从初中就有逃学上网吧的经历。我从来不提起这件事，一视同仁地对待他。开学初就要求每个同学不迟到不早退，要从高一有个新的开始，看到他那充满希望和信心的眼睛，我知道他已经开始改变了。他逐渐地适应了新的生活。有一次聊天，他主动自嘲地提起了那段往事，我对他说："我看到的是你现在的进步，你的聪明、好学、懂事。"他的眼眶湿润了……

教师的爱就是这样于无声处见其广博和深厚。在教师的关怀中，学生体会温暖；在教师的宽容中，学生懂得反思；在教师的欣赏中，学生变得自信；在教师的平等看待中，学生学会尊重。师爱无私，师爱真挚。陶行知曾说："捧着一颗心来，不带半根草去。"这不正是师爱的写照吗？正是因为有了师爱，才有了教育的成功。

(北京市门头沟区大峪中学　王桂英)

6. 感悟陶行知的人格魅力

捧着一颗心来，不带半根草去。

——陶行知

（摘自《陶行知全集》中《捧着一颗心来，不带半根草去》一文，第235页）

陶行知先生虽然离开我们已经半个多世纪了，但是他的伟大人格和伟大思想仍然激励着、指导着一代代教育工作者。

感悟一："万世师表"，"一代完人"——知识分子道德超凡脱俗的仪型典范

凡是对陶行知先生有所了解的人都会竖起大拇指称赞道："陶先生不仅学问是一流的，其人品也是一流的，他实在是我们不可多得的万世师之表。"在公众呼唤诚信、呼唤人格教育的当今社会，再来回想陶先生的为人处世和人品，大有教益。人们常说"金无足赤，人无完人"，即便是历史上的进步人物、伟大的革命领袖也常有"四六开"、"三七开"之说，而陶行知先生竟然被人称为"万世师之表"、"一代完人"。他既是一位了不起的政治家、思想家，又是一位当之无愧的教育家和诗人，他的"思想是正确的，见识是高超的，志愿是宏大的，意志是坚强的，生活是刻苦的，做事是勇敢的，对人是诚恳的"。他为人一世，赢得了同行、同事、同志、同乡、同学们的一致好评，甚至冯玉祥将军都称赞他"利他无我超孔子"，是个超级圣人。"无论从公德师德，还是从大德小德来看，他都是当时知识分子道德超凡脱俗的仪型典范。他一生交友无数，而无负义负仁之事；

他一生经手募款无数,而无铢锱含混之处。"

感悟二:"捧着一颗心来,不带半根草去"——淡泊名利,真心为民的人生之路

综观陶行知先生的人生道路,其为人处世无不叫人肃然起敬,乃至心灵震撼。陶行知先生幼时家境清贫,几经辍学,15岁时才免费进入县城里的一个教会学堂,又历经艰难,考入金陵大学,后又经友人相助出国求学,在伊利诺大学攻读政治研究生学位,再后又转入哥伦比亚大学,师承当时世界级大师、著名哲学教授杜威,成为其得意门生并获得博士学位。20世纪初的旧中国,有如此高学历的海归派凤毛麟角,他完全可以青云直上,轻松享受高官厚禄,过荣华富贵的生活。实际上,先后有许多知名大学聘请他当教授、当校长,以至政府也曾任命他当安徽省教育厅厅长,他都没有去,而是断然脱下西装革履,坦然穿上布衣草鞋,与富翁生活作别、与阔人教育决裂,心甘情愿、安之若素地自入贫困,毅然决然地走到偏远的乡村去办幼稚园、办小学、办难童学校和职业学校,而且饱受经济拮据之苦,又横遭官方压制与刁难。这不仅当年海归派少有,今日海归派又有哪个能做到!

人常说,"经师不多,人师难找",陶行知先生则既为经师,又为人师;既有理论,又有实践,有理想,有远见,有办法,有才干。在最苦、最累、最难办的乡村教育、基础教育和职业教育的平民教育战线上,一干就是一辈子,办成了常人所办不成的事,干出了一番前所未有的大事,真正走出了一条"为一大事来,做一大事去"、"捧着一颗心来,不带半根草去"的人生之路。为了办学,他奉献了毕生精力。他缩衣节食,连身上替换的衣服都没有,贴身衬衣都要夜里洗出,第二天干了再穿,出门时只有一件破旧的晴雨大衣裹身,外出办事常常是一碗面条或两块烧饼充饥,而且连马车都舍不得坐——他把自己当参政员所得的为数不多的车马费都全数捐给学校。身为校长却连一般民房都不租,而是住在一座旧碉堡里,还让自己的妻子到药厂打工并兼理家务。他虽直接耳濡目染西方社会的"现

代文明"，却仍然保持着中华民族自古以来的传统美德。对内他孝敬父母，爱护妻儿；对外礼待他人，不负他人；即使到了国外，他也是一个公认的"最中国气"的留学生和讲学者。陶先生如此的高尚品德，怎不令人仰慕、钦佩！

感悟三："爱满天下"——毕生践行的人生信条

"爱满天下"是陶先生的人生信条。他毕生践行广博而深厚、纯净而无私的爱，成为"伟大的爱的大师"。他说："在我的世界里，小孩和青年是最大，比伟人还大。"他不仅爱自己的学生如同爱自己的孩子，无私地帮助自己国家的老百姓，而且还无私地援助全世界的劳苦大众。尽管自己办学的经费也很紧张，但当他听到印度遭灾后，当即发动师生以开荒所得折成现金，寄给印度的灾民。陶先生终生爱民、亲民，具有任劳任怨、勤勉不懈、吃苦耐劳的"牛脾气"，在他的身上，诗人的浪漫和热情与牛一般的脚踏实地的精神得到了最完美的体现。

感悟四："千教万教教人求真，千学万学学做真人"——身体力行的做人准则

"千教万教教人求真，千学万学学做真人"，既是陶先生对教育最深的感悟，也是他身体力行的做人准则。他对"求真、做真人"的要求一是要求知，学真本领，探求真理，为真理献身；二是要有真善美的人格，做高尚的人；三是不做人上人，也不做人下人，应做人中人，以人民利益为至高。这些要求，无论是现在还是未来，都不会过时！

感悟五："敬其所长，恕其所短"；"义则居先，利则居后"——严律己、宽待人的博大胸怀

陶行知先生一生对人"敬其所长，恕其所短"，宽以待人；对己"义则居先，利则居后"，严格要求。并且，他对子女要求也很严格。他的儿子到重庆找工作，晓庄学校副校长为其开了本校的毕业证，作为校长的陶

行知知情后，立即写信给儿子，将这张假毕业证收回，并告诫儿子："宁为真白丁，不作假秀才。"

感悟六："尊师不唯师"——追求真理，具有敢于挑战权威、勇于创新的精神

　　陶先生"尊师而不唯师"的精神也不失为我们的楷模。他曾经以王阳明"知行合一"的哲学为师，以至把自己的名字叫成"知行"。后来在实践中发觉这个老师的"知行合一"理论并不符合实际，而且长期谬误流传，害了不少文化人，于是将这个观点颠倒过来，改为"行知合一"，并把自己的名字也改为"行知"，从而完成了他本人由唯心论到唯物论的哲学转变。他的导师杜威是当时公认的国际大教育家、哲学学术权威，他很尊重这位老师，不仅在留学时专门投拜在他门下，回国后还想方设法请这位老师来中国讲学。但是这些并没有影响他对老师某些错误理论的质疑和修正。当他发现老师的"教育即生活"、"学校即社会"的教育思想并不符合中国的国情时，他把老师的命题连续翻了两次"半个筋斗"，把"教育即生活"改为"生活即教育"，把"学校即社会"改为"社会即学校"。杜威主张"做中学"即通过教师的做使学生思考，从而得到知识，而陶行知则将此思想发展为"教学做合一"，并且阐明了其中"做"的三层含义。他的这种"尊师不唯师"，探求真理、追求真知，敢于向权威挑战，不断创新的精神，正是我们今天应该特别提倡和学习的。

（山东省青岛市滨海学院院长　韩方希）

教与学

吾学篇

1. "生活即教育"的思想熠熠生辉

　　生活即教育。是好生活就是好教育，是坏生活就是坏教育。是健康的生活就是健康的教育，是不健康的生活就是不健康的教育。生活教育与生俱来，与死同去。出世便是破蒙，进棺材才算毕业。

　　　　　　　　　　　　　　　　　　——陶行知

　　（摘自《陶行知文集》中《生活即教育》一文，第354页，江苏教育出版社2001年版）

"生活即教育"是陶行知先生在质疑杜威提出的"教育即生活"的基础上提出的新的教育思想。

杜威的"教育即生活"与陶先生的"生活即教育"，从表面上看只是相同文字的排列词序不同，但实质上存在着教育思想上的巨大反差：生活的内涵要大于教育的内涵，这就是人们常说的"生活处处皆学问"的道理。

可见，陶行知先生提出的"生活即教育"是有着他丰富、深邃的指向的，也是他"生活教育"理论的核心。

在陶行知看来，教育和生活是同一过程，教育蕴含于生活之中，教育必须和生活结合才能发挥作用，他主张把教育与生活完全融为一体。"生活即教育"的核心内容是:"过什么样的生活便是受什么教育。"这与"穷人的孩子早当家"和"纨绔子弟少伟男"所揭示的真理是一致的。

同时,陶先生的"生活即教育"还应该包含这样的意思:教育教学不应仅仅局限于教室、课本,教师还应该带领学生到大自然中去感受无限风光的美好、体验写生的快乐、品味劳动的惬意……

陶行知先生特别重视生活教育的作用,在他看来,有了生活教育就能打破"死读书、读死书、读书死"的传统教育;有了生活教育,就能"随手抓来都是学问,都是本领";只要接受了生活教育,就能"增加自己的知识,增加自己的力量,增加自己的信仰"。

难能可贵的是,陶行知先生不把生活教育当做衡量教育、学校、书本的标准。他说:"没有生活做中心的教育是死教育。没有生活做中心的学校是死学校。没有生活做中心的书本是死书本。在死教育、死学校、死书本里鬼混的人是死人。"由此可见,陶先生的话是多么精辟而又发人深省。

另外,陶行知先生还指出,人们在社会上生活不同,所受的教育也不同,"过好的生活,便是受好的教育;过坏的生活,便是受坏的教育;过有目的的生活,便是受有目的的教育。"在我们的现实生活中就有不计其数的事例证实了陶先生的正确论断。

陶先生一再强调:"生活教育与生俱来,与死同去。出世便是破蒙,进棺材才算毕业。"可见,陶行知先生所说的"教育"是指终身教育。他坚决反对没有"生活做中心"的死教育、死学校、死书本。

这与我们现在所倡导的构建终身学习型社会、组织是相通的,与著名教育家于漪先生所说的"一辈子做教师"和"一辈子学做教师"意思是相通的。

总之,陶先生所提倡的"我们要活的书,不要死的书;要真的书,不要假的书;要动的书,不要静的书;要用的书,不要读的书。总起来说,我们要以生活为中心的教学做指导,不要以文字为中心的教科书"这种富有真知灼见的思想无疑为我们指明了努力与实践的方向。

(上海市闵行第二中学　许织云)
(安徽省五河县张集中学　程立畅)

2. 倡导"手脑并用"、推行"因材施教"带来的启示

> 人生两个宝，双手与大脑。用脑不用手，快要被打倒。用手不用脑，饭也吃不饱。手脑都会用，才算是开天辟地的大好佬！
> ——陶行知

（摘自《陶行知文集》中《手脑相长歌》一文，第482页，江苏教育出版社2001年版）

> 培养教育人和种花木一样，首先要认识花木的特点，区别不同情况给以施肥、浇水和培养教育，这叫"因材施教"。
> ——陶行知

（摘自《陶行知全集》中《中国教育改造》一文，第236页，四川教育出版社1991年版）

启示一：倡导"手脑并用"，是时代的"热情呼唤"

陶行知先生很早就积极倡导人要手脑并用，当然这也是对学生的要求。先生在《手脑相长歌》中指出："人生两个宝，双手与大脑。用脑不用手，快要被打倒。用手不用脑，饭也吃不饱。手脑都会用，才算是开天辟地的大好佬！"

陶先生以通俗易懂、朗朗上口的诗歌形式对手脑并用、二者不可偏废的道理作了深入浅出的阐述。可是，反观我们今天的教育，切切实实地按照陶先生所说的科学做法去执行了吗？事实不容乐观，甚至让人忧虑——在国际数学竞赛中，中国学生曾多次取得团体第一与个人第一的佳绩，但是在物理、生物、化学等实验性、操作性与动手能力要求高的

方面，却屡屡败下阵来；有不少被称为"天之骄子"的大学生，高考成绩让人对其竖起大拇指，却因为生活自理能力为"零"而不得不退学，否则就得请保姆或者父母辞职陪读。由此可见，我们为手脑发展的顾此失彼付出了沉重的代价，得不偿失，这就是我们没有听取陶先生的教诲而酿成的大错啊！

启示二：推行"因材施教"，贡献"创新命题"

陶行知先生对因材施教作出了这样的科学回答：培养教育人和种花木一样，首先要认识花木的特点，区别不同情况给以施肥、浇水和培养教育，这叫"因材施教"。

这就是说，教师培养教育学生，第一要务是对教育、教学、培育对象的特点了解清楚，包括家庭组成、经济条件、父母情况、个性习惯、天资禀赋等方面，只有对这些有了切实的了解，才可能有针对性地去培养、教育学生，否则，就无法实施有效的教育、教学和培养方法。

例如，有一位孝顺、勤奋，但家庭经济非常困难的学生，她妈妈因病卧床不起，生活不能自理，而且她爸妈的关系不好，分开生活。这样，照顾妈妈的重担就全压在了她的身上，该生每顿的生活费只能用 2～3 元钱，而且因为每天夜里要照顾妈妈，她自己只能睡 3 个多小时的觉，但她自强不息，在 500 多人的年级中成绩排在前 10 名。

对于这样的学生，学校、教师就无需在学习上给予过多指导，她需要的是经济上的扶持和帮助。

相反，对于一个家境富裕、头脑聪明却不思上进的学生，采取的教育方式就应与上面的这个学生相反。

可见，"因材施教"不仅仅是教育理念的问题，更应该落实在我们日常的教育教学工作中。

同时，陶先生还告诫我们：人像树木一样，要使他们尽量长上去，不能勉强都长得一样高，应当是"立脚点上求平等，于出头处谋自由"。

这样的直白话语，言简意赅。如果我们的教育工作者都能够深刻领悟陶先生的教诲，我们就不会再犯让每个学生都能够考出高分、满分这样的过错；就不会出现不依照学生的兴趣爱好，一味地让他们报考自己不喜欢、没有兴趣的特长班、辅导班和升学的专业、学校等情况。

（上海师范大学康城实验学校　程立海）

（安徽蚌埠市振兴小学　贾为峥）

3. 陶行知先生"教学做合一"的现实意义

先生的责任不在教，而在教学，而在教学生学。教的法子必须根据于学的法子。做先生的，应该一面教一面学，并不是贩买些知识来，就可以终身卖不尽的。

——陶行知

（摘自《陶行知文集》中《教学合一》一文，第37页，江苏教育出版社2001年版）

"生活即教育"、"社会即学校"、"教学做合一"是陶行知生活教育理论的主要内容。其中，"教学做合一"是生活教育理论的教学理论。它的含义是："教的方法要根据学的方法；学的方法要根据做的方法。事怎么做就怎么学，怎么学就怎么教，教与学都以'做'为中心。""教学做合一"教学理论是在"教学合一"的教学观念上发展形成的。这是我国近代新教育产生以来，在教学观念、教学思想上的一个重大变革。

今天，我国正在进行基础教育课程改革。它不仅仅是停留在"教科书的更换"等技术层面的革新，同时是对课程理念进行的创新与深化。它将实现我国中小学课程从学科本位、知识本位向关注每一个学生发展的历史性转变。教学，尤其是课堂教学是实施课程改革的主渠道，所以课程改革必须以课堂教学改革为突破口。改变传统教学中以教为中心，过于强调接受学习、死记硬背、机械训练的状况；倡导学生主动参与，乐于探究，勤于动手；培养学生的学习能力，成为具有创新精神和实践能力的人，是教学改革的主要任务。

在这一背景下，学习和研究陶行知的教育教学思想，对我们每个教师都具有很强的现实意义。它不仅能为课程改革提供多方面的理论养分，也有助于广大教师深刻理解和认同新课程改革的理念，内化新课程改革的目标和要求。

视点一："先生的责任不在教，而在教学，而在教学生学"

陶行知说世界上的先生可分为三种：第一种先生只会教书，只会拿一本书要儿童来读它、记它，把那活泼的小孩子作为书架子、字纸篓。第二种先生不是教书，乃是教学生，凡是学生需要的，他都拿来给他们。把学生需要的知识给学生，这比前一种好，但先生仍以教为中心，不是引导学生自己主动去学，学生仍然是在"被动的地位"，接受教师传授现成的知识。第三种先生不是教书，不是教学生，而是教学生学。陶行知认为第三种先生才是最好的，"因为先生不能一生一世跟着学生，热心的先生，固然想将他所有的知识传授给学生，然而世界上新理无穷，先生安能尽把天地间的奥妙为学生一一发明？"所以，"教学"的本质即"教学生学"。"教学生学"首先必须树立"以学生为中心"的观念，在教学活动中要尊重学生的主体地位，发挥学生的主体作用。

新课程实施要求从以教师为主的教学向以学生为中心的教学转变，设计教学时：一是要强调学生对知识的主动探索、主动发现和对所学知识意义的主动建构。二是要注重学习能力的培养，让学生学会学习，掌握学习和更新知识的能力，即"授之以渔"。现代社会正处于科学技术飞速发展、信息日新月异、知识更新周期加快的时期，如果学生要想适应社会发展的需要，就必须学会主动学习，具备终身学习的能力。这是现代社会高素质人才不可缺少的基本素质。三是要重视教学过程。新一轮的基础教育课程改革把教学过程看成师生交往、积极互动、共同发展的过程。课堂作为师生合作的一个学习共同体，其核心应该是一个探究真知的过程，是一个生命成长的过程，是一个心与心交融的过程。

视点二："教的法子必须根据于学的法子"

陶行知批评教学分离的教师"只管照自己的意思去教学生，凡是学生的才能兴味,一概不顾,专门勉强拿学生来凑他的教法,配他的教材",结果造成了"先生收效少"、"学生苦恼多"。他深刻地批判了"教授法",极力主张把"教授法"改为"教学法"。他说:"论起名字来,居然是学校;讲起实在来,却又像教校。"他提出先生"教的法子必须根据于学的法子"。

传统教学中,教师教什么,学生就学什么,学生不需要思考,只要学会就行。在课堂上,只有少数受欢迎的学生得到了锻炼的机会,大多数学生都是安静地听讲,从小坐到大,时光在不断重复中过去。这不仅让学生失去了学习的兴趣,更失去了体验生命成长的过程。这种课堂教学,忽视了作为教学主体的学生的主体价值,忽视了学生的多种需要与潜在能力,忽视了学生学习的个体差异。这就"使课堂教学变得机械、沉闷和程式化,缺乏生气与乐趣,缺乏对智慧的挑战和对好奇心的刺激,使师生的生命力在课堂中得不到充分的发挥,进而使教学本身也成为导致学生厌学、教师厌教的因素,连传统课堂教学视为最主要的认识性任务也不可能得到完全和有效的实现"。

真正有价值的课堂是在教学过程中充满了刺激和兴奋的、焕发生命活力的课堂。在课堂上,学生主动参与、乐于探究,在教师的指导和帮助下,进行正确或错误的尝试,经历新鲜和刺激的学习旅程,自由地表达自己的所思所想。在教师的尊重和欣赏下,体验获得新知的喜悦,感受发现问题、解决问题的兴奋;同时,也体验面临问题的困惑,体会挫折与失败的痛苦。这是一个人学习、生存、生长、发展、创造所必须经历的过程,也是一个人的能力、智慧发展的内在要求。

视点三:"做先生的,应该一面教一面学,并不是贩买些知识来,就可以终身卖不尽的"

陶行知说:"做先生的,应该一面教一面学,并不是贩买些知识来,就可以终身卖不尽的。""先生既没有进步,学生也就难有进步了。""好的先生必定是一方面指导学生,一方面研究学问。"我们常说要给学生一碗水，教师须有一桶水，实际上教师只有"一桶水"是远远不够的，教师应该有"源头活水"。

随着知识经济和信息化时代的到来，知识更新的周期变得越来越短，所以，教师必须不断地更新知识结构，才能适应时代的需求。如今学生获得知识的途径增多，自我学习的能力增强，教师在某些方面"后学"甚至不如学生的情况已屡见不鲜。新课程改革对教师在知识结构、思维方式、教学能力以及手段等方面都提出了新的更高的标准和要求。因此，教师必须树立终身学习的理念。只有不断学习，不断为自己"充电"，教师才能修炼成为有较深文化底蕴的智者。

新课程改革的实施特别注重教师的教育智慧，因为课堂教学的"预设"是必要的，但"生成"则更为重要，它是课堂教学的活力所在。教育智慧取决于教师的文化底蕴和学识修养、心性修养、精神修养。在课堂上，当教师所讲的是脑中思考的、心中流淌的，才会有滋有味，才会真正享受到教学的快乐，才会觉得自己是在过有智慧的生活。

视点四："教学做合一是以生活为中心"

陶行知说，"教学做合一是以生活为中心"或"以实际生活为中心"或"以事为中心"的。"所有的问题都是从生活中发出来的。从生活中发出来的困难和疑问，才是实际的问题，用这种实际的问题来求解决才是实际的学问。"因此，"教学做合一"的实质就是教学与生活实践相结合。教育面对的是人，而教育中的人，则是处在生活世界中的。

"生活世界理论"告诉我们，教育的最终目的是使人生活得更美好。我们所做的一切都是为了生活，生活对人而言是最大的概念。学习、工作都是在生活，在生活之外别再找什么来肢解生活。传统教育教学的最大弊病就是脱离学生生活，脱离社会实际问题需要，死记硬背，片面追求考试成绩，不重视学以致用和创新。脱离学生生活的知识传授所产生的效果往往是低效的，甚至是无效的。

新课程强调要关注学生的生活经验，强调重视课堂教学生活，强调教育教学要满足学生多样化发展的需要。所以，教育教学必须建基于学生的生活世界，关照学生的生活，重视学生已有的经验。教师要关注学生的生活世界，消除学生书本世界和生活世界之间的界限，将书本知识与学生的生活世界融通，与学生的经验世界融通，与学生的成长融通，与知识的发现、发展过程融通，使知识内容和学习过程充满鲜活的生活色彩和生动的生命色彩。

我认为，陶行知的教育教学思想在今天不仅没有过时，相反，在我国全面推进素质教育，大力实施新课程改革的背景下，仍有着重要的启发作用和积极的指导意义。

（青海师范大学附属第三中学　石学庆）

4. 感悟陶行知先生的"创造儿童的教育"理念

解放儿童的头脑、解放儿童的嘴、解放儿童的双手、解放儿童的时间、解放儿童的空间。

——陶行知

(摘自《陶行知文集》第749-754页,江苏教育出版社2001年版)

读陶行知先生的文章,给我印象最深的是关于"创造儿童的教育"部分。陶先生指出:我们的教育是"创造儿童的教育",而"创造儿童的教育"是指教育要在儿童自身的基础上,过滤并运用环境的影响,培养和发挥儿童的创造力。陶行知先生的创造思想主要体现在对儿童的"五大解放"上,即解放儿童的头脑、解放儿童的嘴、解放儿童的双手、解放儿童的时间、解放儿童的空间。教育要开发学生的潜能,就要做到在这几个方面对学生彻底解放。

理念一:创造儿童的教育,首先在于解放儿童的时间

陶行知认为学校不应该把儿童的时间排得太紧,不能"日间由先生督课,晚上由家长督课","把儿童的时间全部占据,使儿童失去学习人生的机会,养成无意创造的倾向",创造儿童的教育,首先在于解放儿童的时间。但综观当今教育,我们往往把儿童的学习时间排得很紧,以牺牲儿童的时间为代价来换取所谓的"成绩"。这就使儿童失去了学习人生的机会,养成无意创造的倾向。到成人时,即使有时间,也不知道该怎样去发挥创造力了。所以,教师应该把属于学生的时间还给学生,让他们有时间做自

己喜欢做的事，思考与探索自己感兴趣的问题。把学生从繁重的课业负担中解放出来，把自由还给学生，把童年的乐趣还给学生。

理念二：创造儿童的教育，还在于解放儿童的头脑

陶行知先生专门编了一首《手脑相长歌》，将解放儿童头脑的重要性写得生趣盎然："人生两个宝，双手与大脑。用脑不用手，快要被打倒。用手不用脑，饭也吃不饱。手脑都会用，才算是开天辟地的大好佬！"那么，如何解放儿童的头脑呢？这就要求教师要做到保护学生的好奇心，培养学生质疑的意识。儿童自从来到这个世界就开始认知这个世界，在他们面前，有许多不明白的问题，这就使他们有进一步探求知识的强烈愿望。因此，教师要呵护学生这种与生俱来的本能，培养学生敢于提问、善于提问的勇气。为了培养学生的这种能力，教师要多给学生创造提问的机会。对于同一事物，要求学生从各个不同的侧面去观察、分析，从不同的角度提出问题。

要解放儿童的头脑，教师还要做到要善于鼓励学生进行大胆想象，不要限制学生的思维空间，因为每一个学生都有自己独特的思维方式。

例如，在我们的数学教学中，有许多开放性的题目，都给学生留有很大的思考空间，因此我们要鼓励学生采用多种角度、从多个方面寻求答案，培养展开性思维方式。通过一题多解训练，可以提高学生思维的流畅性。通过一题简解（这里简是"简单"的意思），可以发展思维的变通性。学生在解题过程中，往往要受思维定式等因素的干扰，缺乏变通性。教师应该经常提醒学生在解题时，如果碰到较繁的题目，变换一下思维的角度，从另一方面去探究解题策略。通过一题优解，可以发展思维的独特性。教师应该鼓励学生跳出原来的框框，探求更佳的解法。只有这样，我们的教学才能打开学生的思维，才能解放他们的头脑，才能真正体现新课程的教学思想。

理念三：创造儿童的教育，还在于解放儿童的双手

陶行知先生说："头脑帮手生长，手帮头脑生长。脑与手联合才能产

生力量。"在教育教学中，我们往往有强烈的课堂表现欲，陶醉于自我表演式的滔滔不绝的讲解中。有这样一个故事：

> 有一名数学家和他的高材生被诬陷后，去坐牢了，判死刑前每人可以实现一个愿望。数学家说："我的唯一愿望就是让我再上一堂数学课。"而学生急忙说："赶快判我死刑吧！在我老师上课之前！"

这个故事告诉我们，教师过多的讲解霸占了学生的时间和空间，扼杀了学生的学习兴趣。所以，教师在教学中要实现自身角色的转变，还给学生在学习中的主体地位，把课上思考的权利和机会真正地还给学生。正如陶行知先生所说："事怎样做就怎样学，怎样学就怎样做。教与学都以做为中心。在做上教的是先生，在做上学的是学生。"因此，在教学中，应以陶行知的"生活教育"理论为指导思想，努力在"做"上下功夫。

在课堂上，我们教师要留给学生充分的活动空间，让学生自己去探索、体验和发现。只有这样，才能使每一个学生的潜能得以充分发挥。例如，教学"认物体"一课，可以把整节课以活动形式表现，让全班学生兴趣盎然地参与各个环节的活动。课一开始，老师在讲台上分别摆放圆柱体、长方体、正方体和球的教具，要求每个学生把自己带来的牙膏盒、魔方、茶叶罐和球等学具摆放在它的"朋友"旁边。学生肯定既兴奋又认真，能够一一上讲台认真地把自己的学具摆放在它的"朋友"旁。这样，全班学生很快就会发现作为"朋友"的所有物品，它们的形状相同。"找朋友"虽然会用去一定的时间，但学生头脑中留下了长方体、正方体、圆柱和球等立体图形清晰而深刻的表象。这样的课不仅让学生"动"了，而且课也"活"了，学生的空间观念也逐步形成了。

理念四：创造儿童的教育，还在于解放儿童的嘴

陶行知说："小孩子有问题要准许他们问，从问题的解答里，可以增进他们的知识。"所以我们要在课堂上建立一种平等、亲切、民主的师生关系，要耐心点拨，营造平等、轻松的学习氛围，让学生大胆说。同时，

教师还要发扬教学民主，善于倾听学生的意见，让学生敢于讨论、争辩。学生说错了，决不挖苦，允许学生发表不同的意见，努力营造一种宽松和谐、各抒己见的口头训练氛围。只有让学生有了言论自由，才能充分发挥他们的创造力，学生才能变成学习的主人。

陶行知先生作为近代最具影响力的教育家，他那博大的教育思想、求真的教育实践、"教学做合一"的师德风范以及"创造的教育"的教育理念，对21世纪的中国教育仍然具有非常重要的现实意义。作为一名教育工作者，我们应该不断地更新教育观念，以陶行知先生的理论为指导思想，引导学生手脑并用，通过亲身体验获取知识。同时注意培养学生各方面的能力，使他们成为具有创新精神和创新能力的有用人才。

（江苏省盐城市五星小学　陈雨芬）

5. 陶行知"教学做合一"教育思想的启迪

> 先生的责任不在教,而在教学生学。生活即教育,社会即学校,教学做合一。
>
> ——陶行知

(摘自《陶行知文集》,第1卷第21页,四川教育出版社1991年版)

启迪一:"教师的责任不在教,而在教学生学"——因材施教、启发式教学的教学方法

陶行知先生在教学方面有一整套独特的思想和方法,许多东西仍然值得我们今天在教学改革中借鉴。陶先生用"教学法"取代了传统的"教授法",强调"教师的责任不在教,而在教学生学",不仅要教学生"学会",还要教学生"会学"。陶行知反对满堂灌、填鸭式的教学方法,他曾用"喂鸡"的生动例子,说明这种方法的不可取;他提倡启发式教学,要求教师的教学活动要使学生"不得不愤,不得不悱"。他反对对学生只教知识而不教方法,他说"与其把学生当天津鸭儿填入一些零碎知识,不如给他们几把钥匙,使他们可以自动去开发文化的金库和宇宙之宝藏"。他特别强调要因材施教,反对抹杀学生的个性。他曾生动地比喻:"松树和牡丹所需要的肥料不同,你用松树的肥料培养牡丹,牡丹会瘦死;反之,你用牡丹的肥料培养松树,松树受不了,会被烧死。"陶先生在1946年创办重庆社会大学时,就按照学生的特长、爱好、兴趣分系,实行"新学制"和"选科制"。改革课程设置,除普通课外还设选修课、特修课,规

定学生可以根据自己的学习情况中途转专业等，在学习上给学生充分的自由。陶先生在教学中非常重视培养学生的思维能力和应用能力，也很注重学生语言表达能力的训练，同时在校内提倡学生自治。所有这些，都是我们应该在教学改革中大力倡导的。

启迪二："生活即教育"，"社会即学校"，"教学做合一"——理论联系实际，注重培养能力的教育教学原则

陶行知先生的"生活即教育"理论认为，教育的根本意义在于促使生活变化；他的"社会即学校"理论则进一步要求学生不仅要能适应社会生活，而且要从小就培养自己改造自然、改造社会的精神和能力。陶先生这种教育理论的基本原理就是"教学做合一"。仔细考究，这一原理与辩证唯物主义的科学认识论具有惊人的一致性。他说"先生拿做来教，乃是真教；学生拿做来学，方是实学。不在做上用功夫，教固不成教，学也不成为学。"可见，他特别强调的是"做中教，做中学"，通过老师的做（行），学生得到理解（知），再去做（行），这个过程就是实践——认识——再实践。在这个过程中，体现了教和学的统一、学和用的统一。它有利于克服理论脱离实际，有利于培养学生的自学能力和创造能力，更有利于培养实用型人才。这种方法对于我们今天的职业教育尤其具有特别重要的指导意义。

（山东青岛滨海学院院长　韩方希）

吾行篇

一，先生的责任在教学生学；二，先生教的法子必须根据学的法子；三，先生须一面教一面学。这是教学合一的三种理由。第一种和第二种理由是说先生的教应该和学生的学联络；第三种理由是说先生的教应该和先生的学联络。有了这样的联络，然后先生学生都能自得自动，都有机会方法找那无价的新理了。

——陶行知

（摘自《陶行知文集》，第39页，江苏教育出版社2001年版）

学校与管理

1. 校园管理,践行陶行知人文管理思想

为了孩子,甘为骆驼;于人有益,牛马也做。

——陶行知

(摘自《陶行知全集》第7卷中《武训先生画赞》一文,第960页,四川教育出版社1991年版)

人民教育家陶行知先生在他一生的教育实践中,在对学校实施人文管理方面积累了丰富的经验,形成了先进的教育思想,对当前深化教育改革、实施人文管理具有重要的启发和指导意义。

视点一:"以生为本"

"为了孩子,甘为骆驼;于人有益,牛马也做。"这是陶先生一条重要的办学理念。朴实平白的话语道出了学校管理必须遵循的一个最本质的原则,那就是为学生服务。为了更好地服务于学生,陶行知提出"我们要一切为了学生",即要把服务学生作为一切工作的出发点和归宿。

近年来,我校寄宿生增加到近300人,占全校学生总数的2/3。这些寄宿生远离家乡、远离父母,在学习生活中总有这样那样的问题。一些学

生在老师面前常常对自己的困难难以启齿，等到老师发觉时往往已是事过境迁。为了尽可能避免发生这种情况，学校配备了学生生活辅导员，每天安排多名学生志愿者和三名教师指导低年级寄宿生洗衣服、晾晒被褥等，并登记上报学生生活中存在的各种问题。生活辅导员不仅在生活上体贴学生，还负责对他们进行心理上的疏导，给予他们各个方面的关心和帮助。

但是，服务不能变成包办，更重要的是要让学生学会自立、自强，于是学校把"让每一个学生都成为生活自理能手"作为办学特色之一，经常对学生进行各种生活常识教育，如举行叠被子、缝衣服、钉纽扣等生活自理竞赛，切实提高学生的自理能力。为了保证学生的生活得以逐步改善，学校还筹集资金创办了"菜篮子"基地，让学生参与一定的生产劳动，从基地收获的蔬菜等也成为他们"免费午餐"的主要来源。

视点二："民主自治"

民主是陶行知办学思想的核心，他在《新教育》中强调："办好学校不靠一人，也不靠少数人，使每个学生，每个教员，晓得这个学校是我的学校，肯与学校同甘共苦，那才是共和国社会里的真学校。"这启示我们，学校管理必须集中全校师生的智慧才能，保障师生有参与和监督学校管理的权利，充分发挥师生的积极性，使他们真正成为学校的主人。

我校着重从以下两个方面构建民主管理体系：

一是拓宽民主渠道，推行民主决策。为了集思广益，我们设立了校长信箱，开通了网络信箱；聘请社会人士、离退休教师担任学校顾问，请他们为学校的建设积极地出谋划策；通过教代会、校务会议、教师例会等决定学校的重大事务；开展个别访谈；采取家访和召开家长会的形式，征询社会对学校的意见。有了这些顺畅宽阔的民主渠道，我们就能把群众的意见集中起来，提高决策的权威性和认同感，为最终决策提供可靠依据，保证决策的顺利推行。

二是加强学生的自主管理。陶行知先生说："学生自治是学生结起团体来，大家学习自己管理自己的手续。从学校这方面说，就是为学生预备种种机会，使学生能够大家组织起来，养成他们自己管理自己的能力。"基于这种认识，我们在班级中建立了多种岗位，并构建了班级岗位轮换和学生自主管理模式，把责任和权利还给学生，让他们个个有"官"当，人人有事做，时刻拥有"主人"的身份，从而最大限度地调动他们的积极性，以达到学生"自治"的目的。

视点三："人文教育"

根据陶行知教育思想，教师的人文素质可以概括为两点：一是要有"爱满天下"的情怀。教育首先是一种充满情感的教育，是一种"心心相印的活动"，只有懂得爱，才懂得教育；只有具备关爱学生的美德，才具备教书育人的资格。

本着这种认识，我校启动了旨在加强师德师风建设的"让校园充满爱"工程，首先是深入学习陶行知先生"捧着一颗心来，不带半根草去"的崇高精神和《教师职业道德规范》等，提高教师道德修养；其次是开展师德交流和师德标兵评比活动，形成竞争机制；第三是实行"爱心教育"，要求教师无论是在学生的学习上还是在生活上都要尊重、理解、宽容、信任、关爱每一个学生，使校园中洋溢着温馨与关怀。

教师的第二个人文素质是要有"敢探未发明的领域"、"敢入未开化的边疆"的开拓创造精神。陶行知先生强调，在教育由传统走向现代的今天，教师应该具备创造精神和创造能力。现代教育的主旋律就是创新，没有创新的教育等于失去了灵魂。为此我们采取"走出去、请进来"等方式不断引领教师更新观念，同时采用一系列奖励机制，鼓励教师在教学工作中进行大胆创新。

视点四："润物无声"

校园文化是一所学校办学理念的集中体现，是学校管理的基础。我们根据学校的实际情况，主要增强四种文化建设。一是环境文化。陶行知先生十分重视环境陶冶性情的作用，他在学校地址选择上要求"一要雄壮，可以令人兴奋；二要美丽，可以令人欣赏……"几年来，学校高度重视校园环境建设，致力实现"让每一面墙壁说话，让每一个角落传神"的境界。二是实践文化。根据陶行知先生"教学做合一"的教育思想，学校创办了"菜篮子"、茶园等多个农教结合基地，让学生适当参与生产实践活动，培养学生的实践能力。三是活动文化。我校所在地是闽东革命老区，有闽东红军枪械所、革命烈士遇难地等革命遗址。学校充分利用这些资源，打造"红色系列"活动，先后举办了"红色之旅"参观、"红色之歌"演唱、"红色故事"演讲等大型活动，加强了对学生的爱国主义和民族主义教育。四是兴趣文化。根据学生需要，学校开设了象棋、书法、英语、小记者培训、音乐等兴趣活动小组，为学生提供了锻炼及发挥专长的平台。校园文化的建设，丰富了学校的人文内涵，也使学校管理有了深厚的人文底蕴。

视点五："外围工程"

陶行知先生在《我之学校观》中指出："学校是社会生活的一部分，必须与社会生活息息相通。"长期以来，我校有效整合家庭与社会的教育资源，打破学校与外界的隔阂，把家庭与社会的人文关怀作为人文管理的"外围工程"，建立了家校联系制度，采取家访、召开家长会、举办教学开放日等活动，促进学校与家庭的沟通；同时争取社会力量的支持，组织学生开展各种社会实践活动，让学生接触社会、认识社会，在社会这所大学校中学会生活、学会做人。

人是教育的主体和核心，在深化教育改革的今天，学校管理者应深刻领会陶行知先生的教育思想，坚持以人为本，实施人文管理。只有这样，才能真正促进学校与教师、学校与学生、教师与学生的同步协调发展。

（福建省柘荣县黄柏中心校　游晔）

2. 学校德育,从"知"到"行"

吾行篇

从定义上说生活教育是给生活以教育,用生活来教育,为生活向前向上的需要而教育。从生活与教育的关系上说,是生活决定教育。

——陶行知

(摘自《陶行知文集》中《谈生活教育》一文,第819页,江苏教育出版社2001年版)

陶行知先生在《谈生活教育》中明确指出:"从定义上说生活教育是给生活以教育,用生活来教育,为生活向前向上的需要而教育。从生活与教育的关系上说,是生活决定教育。"多年的教育实践经验证明,学校德育要注重实践从"知"到"行",让学生亲身体验。生活教育是德育工作最有效的方法,是学生最喜欢的德育教材,也是成功的德育实践。

近年来,我校注重引导学生在实践中体验,在体验中成长,积极推行了体验式德育模式。对体验教育进行了一些探索,取得了一些成效。

探索一:走向校园,开发校园生活中鲜活的德育资源

校园是学生学习、生活、娱乐的场所。在这个小社会中,只要通过留心观察,就可以捕捉到许多鲜活的德育资源。

案例1

2009学年第一学期,六年级学生在学校食堂就餐时普遍出现浪费粮食的现象。六年级组班主任把此问题反映给大队部,大队辅导员连续三天全

程追踪拍摄学生就餐的表现，并让学生观看录像——录像中学生就餐时随意倒饭粒、饭盘里成堆的剩菜剩饭……观后，学生就"能否浪费粮食，我如何评价这种行为？""今后我会怎么做？"等作为话题，共同交流看法，达成共识。同时，全校开展"爱惜粮食、节约资源"活动，通过评比"校园文明之星"、"寻找校园不文明现象"，撰写文明提示语，评比优秀文明提示语等形式，培养学生爱惜粮食、节约资源的好习惯。还在学校网站上公布同学们评选出的"校园文明之星"。

案例2（摘自我校一位班主任的教育手记）

上课铃声响了，我进教室准备上课，看到教室里黑板的上半部分没擦，下半部分没擦干净。不知是哪位学生值日，如何让他和同学们认识到要把应该做的事做好呢？我温和地说："看得出，今天擦黑板的同学已经尽力了，可个子矮够不着，上半部分擦不到。他一定想仔细擦干净，可时间太紧了，他来不及了。"果然，一个矮个子的小女孩站了起来，一副歉意的表情。我给了她一个微笑，环视了四周后，我说："同学们，现在请大家拿起笔，今天，这节写字课改为作文课，在作文之前我们先来画一幅画，把刚才擦黑板的情景用简笔画画下来，好吗？"学生们静静地画了，大多数同学采用了漫画的形式，有的还加上想象的对话，如："看她怎样擦干净"、"别管她，我们玩我们的"。接着，我又问："你能用哪些词把自己画面的主题意思表达出来？"于是，"置之不理、熟视无睹、视而不见、事不关己、漠不关心"等词从学生口中蹦出，并且回答时没有了往日的自豪与激情，只有一脸的愧疚。我见时机成熟，便说："老师建议大家把自己创作的这幅画的主要内容和你的看法、想法写下来，好吗？"学生们表现出从未有过的认真和投入……从此以后，我上课之前的黑板总是干干净净的。

这两个教育教学案例仅仅是学校日常德育教育教学的缩影，从中可以看出教师们的教育观念，他们已经不再以"道德化身"的面目对学生进行耳提面命式的说教了。即使在学生犯错的情况下，也不是用简单的训斥来解决问题,而是自觉地把问题当资源,在心灵与心灵的对话中进行情感与思想的导引。这样,学生就拥有了自省的空间,真正成为教育的主体。让学生亲历实践——你会怎么做,他人有什么评价,从而在生活中真正树立起正确的是非观、善恶观,构建起自己的内心道德标准。

探索二:体验生活,开发家庭生活中多彩的课程资源

家庭是社会的细胞,家庭生活中蕴藏着取之不尽的教学资源。我校通过家访等形式,关注学生在家庭中的表现,并在家校联系本上专列一栏要求学生每天记录我为父母所做的一件事,定期开展检查,及时与家长反馈,与文明星评比挂钩。同时,每逢重阳节、母亲节、父亲节,学校组织形式多样的主题中队教育活动,让学生在享受爱的同时,懂得爱、感受爱、回馈爱。

 案例3

2009学年第二学期,我校学生在三八妇女节来临之际,各班组织丰富多彩的庆祝活动。如"我为母亲朗诵一首小诗"、"我给母亲的一封信"、"我为母亲做一件小事"、"我为母亲送贺卡"、"我帮母亲做家务"等系列活动,五(1)中队向全校作"感恩"主题班队活动汇报。班会通过"为何感恩、向谁感恩、如何感恩"三个篇章表达学生感恩的心。

道德行为的实践指导不能单靠课堂,还必须延伸至课外,贯彻到学生的日常生活中,与家庭生活、社会生活紧密结合,进行道德行为训练,促进"知行统一",养成良好的行为习惯。

探索三:走向社会,开发社会生活中丰富的教育资源

社会是学生课余生活的阵地,社会对学生的教育、影响和身心健康成长有着十分重要的作用。为此,我校开展"我是小记者"、"我是小农民"、"当一日环卫工"、"为老人送温暖"、"低碳环保小卫队"等社会实践活

动，引导他们走进社会，接触三百六十行的劳动者，了解各行各业的劳动在社会生活中的意义，让学生在这些实践活动中感受劳动的光荣，增强学生的责任感、环保意识和热爱祖国的崇高情感。

 案例4

2010年，我国西南五省区市遭遇严重旱灾。闻知此事后，校长在升旗仪式上对全校师生作旱情介绍，并提出节水、护水的倡议，发动学生为灾区捐赠一元钱。此倡议发出后，全校各班都行动起来，有的班级组织观看灾情视频图片，有的班级学生自发撰写节水、护水的建议书，有的班级学生踊跃捐款……

社会是大课堂，我们的学生长大后一个个都要展翅飞向广阔的社会大世界。因此，鼓励他们走向社会、观察社会，用自己的眼睛分辨是非、用自己的大脑思考现实。

以上所举的案例只是我校在德育教育教学中的小小片断。由此可以看出，学校应当把德育这根弦自然而然地贯穿于校园、家庭、社会各个层面中，做到"一枝一叶总关情"。

（浙江省慈溪市文棋小学　沈晨晨）

3. 发展人，是学校管理的关键要素

民主的校长，也有四种任务：（1）培养在职的教师，教师是各处来的，校长应负有责任使教师进步；（2）通过教员使学生进步并且丰富的进步；（3）在学校中提拔为老百姓服务的人，如小先生之类；（4）应当将校门打开，运用社会的力量，使学校进步，动员学校的力量，帮助社会进步。

——陶行知

（摘自《陶行知文集》中《实施民主教育的提纲》一文，第787页，江苏教育出版社）

1945年5月，陶行知先生在《实施民主教育的提纲》中提出："民主的校长，也有四种任务：（1）培养在职的教师，教师是各处来的，校长应负有责任使教师进步；（2）通过教员使学生进步并且丰富的进步；（3）在学校中提拔为老百姓服务的人，如小先生之类；（4）应当将校门打开，运用社会的力量，使学校进步，动员学校的力量，帮助社会进步。"多年来，我校始终借鉴陶先生的学校管理理念，把师资队伍建设、培养学生健全品格、提高家教水平作为学校管理工作中最主要的工作和职责来抓。

要素一：发展教师——以人文关怀锤炼师魂

1. 知人善任，用人之能

学校里的教职工，年龄有长有幼，能力有大有小，资历有深有浅。他们禀赋不一，性格各异，各有专长，有的精于教学，有的擅长研究；有的文笔优美，有的处事干练；有的外向开朗，有的内敛沉稳……学校就尽一

切可能为他们搭建展示才华的平台，为他们在事业发展的道路上，创造条件保驾护航；对于他们的缺点，我们也真诚相待，晓之以理，善意引导，让其扬长避短；对于德才兼备、有一定能力的教师，我校大胆提拔，让他们在工作的风浪中去接受锻炼。

2. 创设环境，激发教师潜能

为了激发教职工的工作潜能，我校是从以下几个方面来实践的：一是建立人格激励机制。学校是育人的场所，我们通过干部和教师的言传身教，建立起良好的校风，这是育人工作成功的基础。二是注重学校管理的特殊性。有人说，学校管理不仅要管住而且要暖住。所谓暖住，就是要善于进行情感投资，善于抓住教职工的优势、需要，从而激发其产生持久的工作积极性。三是启发树立成就目标。教师只有把自己的工作当成一种事业去干，才能在工作中充分施展自己的才华、发挥自己的聪明才智。对学校而言，要给教师提供个人成长、能力发挥、理想实现的条件和机会。

要素二：发展学生——用健康心育铸就学生品格

陶行知先生说过："与学生共生活，日久便成为学生的朋友……"学生的健康成长，不仅需要有一个和谐宽松的良好环境，还需要成人帮助他们掌握调控自我、发展自我的方法与能力。学校作为学生生活学习的主要场所，有责任、有义务对学生进行良好的人格培养教育。近年来，我校以爱为主旋律，以培养全面发展的健康学生为目的，高度重视学生的心理健康教育，将心理健康教育课纳入校本课程，纳入日常课程安排，作为对未成年人进行德育教育的切入点，并一改传统学科教学满堂灌的被动授课方式，采用角色扮演、情境设计、小组讨论、心理游戏、师生对话等形式，让学生以活动为媒介、经验为载体，在活动中获得感悟、体验，学会自我心理调节，深受学生和家长的欢迎。

1. 心育——渗透在学科教学中

课堂教学是学校教育过程的主体，更是学校实施心理健康教育的主渠道。在教学目标的确定、教学方法和手段的选择、教学过程的导入和实施等方面都要求教师巧妙地注入心育的内容，充分挖掘教材中蕴涵的心理教育因素，找准切入点，营造"尊重、信任、理解、关爱、激励、愉快"的课堂氛围，以这种自然而然的方式，达到"润物无声"的教育效果。

2. 心育——心理辅导、心理咨询有机组合

在开展心育的过程中，我们努力探索开展心理指导的方式、方法，寻求有利于学生心理健康的有效途径。经过探索、实验，我们发现，除学科渗透外，心理咨询和心理辅导的有机组合，对消除学生心理障碍、普及心理卫生知识、指导心理保健、培养良好的心理品质有很大好处。

 案例

我校六年级有一名学生叫胡玉琴，出生才几个月时，父亲因触犯刑法被判十余年徒刑，直到去年才刑满释放，十来年未曾谋面的父亲突然出现在女儿面前，让女儿无法接受，从不开口叫"爸爸"。这种状况让父亲很伤心，他为了改变女儿的态度，不惜用打来逼着女儿叫他，这样更加深了女儿对父亲的恐惧和鄙视。班主任了解情况后，积极与家长沟通，让家长认识到自己对女儿使用简单粗暴的做法是错误的；同时，老师找胡玉琴谈心，开导她认识父亲在一个人生命中的作用，并在班上召开"父爱母爱同样伟大"主题班会。在全班师生的耐心启示下，胡玉琴终于肯接近她的父亲了。

实践证明：用陶行知的教育思想引导未成年人正确认识自我及社会，充分发挥潜能，有效适应环境的变化，学会设身处地地为他人着想，善于合理地宣泄不良情绪，保持乐观开朗的心境，有助于塑造学生健全的人格。

要素三：发展家长——用现代育人理念拓宽家校桥梁

我校借鉴陶行知的教育思想，建立了"家庭教育现代化实验学校"，利用家长学校这块阵地，进行"家校结合，加强学生的养成教育"课题实验。

1. 用现代家教理念引领家教工作

为了增强家长的家教能力，我校通过网络平台，请学校的骨干教师给家长讲授家教的有关知识。学校还邀请家教名家来为家长作报告，如请共青团中央"知心姐姐"杂志社、心理健康教育全国巡回讲师团的邹嘉华教授作了一场以"怎样做个合格的家长"为主题的报告，请中国家庭教育研究会理事、中国国际公共关系学会理事计承光教授作了以"点燃孩子心中的灯"为主题的报告，每次讲座都吸引了一千多位家长来听；还邀请教子有方的家长作经验介绍。通过开展一些丰富多彩的培训活动，教师的业务水平得到广泛的锤炼，家长素质有了提高，增强了家长重视家教、宣传家教、运用家教的意识，在我校的教育教学工作中起到了不可或缺的作用。

2. 做好家访，送教上门，增进家校情感交流

由于我校有一千多名学生，每次家长学校开课时，我们只能分批有针对性地进行授课。对于有各种原因不能到校学习的家长，我们就送教上门，深入到学生家里去访问，了解学生的生活特点、兴趣爱好、家庭状况以及周围环境。对于个别有特殊情况的学生，教师多次上门，与家长沟通，寻求教育方法。

我校三年级有个同学个性强，上课不专心听讲，学习成绩不理想，经常违反纪律。老师有时批评该生，该生回到家在家长面前诉说对老师教育的不满。而家长偏听偏信孩子的话，反而怨怪老师。在家长学校开课时，我们请他母亲参加学习。在座谈会上，她听了关于我校现代化家庭教育实验活动情况工作的介绍，听了教子有方家长代表的经验交流，听了县关工委领导的肺腑之言，看到许多家长与学校的融洽关系，深受感动。认识到以前对孩子的教育方法欠妥当，决心多参加学习，多与班主任联系，努力教育好孩子。

3. 家校活动健康运行，使学校素质教育工作健康发展

自家长学校开办以来，为了不断总结经验，适时调整办学思路，勇于创新，我们学校在2003年开展了"为国教子，以德育人"的课题实验活动，提出了"好家长标准"，在广大家长中进行评比。

每年6月初，学校的家长学校还对毕业班的家长学员进行结业检测，统一发放结业证书。在开展家校联系活动中，教师调研了大量的正反两方面的学生个案素材，为学校如何办好人民满意的教育提供了宝贵的借鉴资料。近年来，我校家长学校工作在家长中有了一定的影响力，得到了社会的肯定，学校每次开展的素质教育活动都能得到家长的大力支持。这对我校深化教育改革、促进学生全面发展起到了很好的推动作用，也是学校健康发展的润滑剂。

（安徽省黄山市歙县行知小学　张渭娟）

4. 建"红领巾道德银行",立德育评价机制

> 在这共和的学校当中,无论何人都不应该取那武断的、强迫的、命令的、独行的态度。我们叫人做事的时候,不要和他说:"你做这件事,你应该这样做",我们要使得他明白"为何做这样事,为何这样做。"
>
> ——陶行知
>
> (摘自《陶行知论师范教育》中《学生自治问题之研究》一文,第294页,江苏教育出版社)

学校实施德育建设的效果如何,在素质教育的大背景下,已不能再用传统的分数或统一的标准来衡量,也不能通过对学生武断、强迫、命令、独行地说"你做这件事,你应该这样做"。教育前辈陶行知先生曾在论及师范教育时说:"在这共和的学校当中,无论何人都不应该取那武断的、强迫的、命令的、独行的态度。我们叫人做事的时候,不要和他说:'你做这件事,你应该这样做',我们要使得他明白'为何做这样事,为何这样做。'"这一观念在今天仍然十分值得我们学习借鉴。

我们学校通过实践得出以下认识:德育体验的评价机制应该建立在两个基础上,一是实现评价的内容由"知"向"行"全面转化,不能只停留在"知"的程度上,要综合考察学生"情"、"意"、"行"的状态;二是认同学生思想认识的层次性和多样性。

我校根据实际,制定并实施了文棋小学"红领巾道德银行"活动方案。采用量化计分方法,对学生的道德进行量化考核。"红领巾道德银行"设"总行"和"分行","总行"为学校大队部,各中队为"分行",并以

中队命名"分行"名称，各"分行"设立"分行行长"、"营业员"等岗位。"银行"里所吸收的"存款"是学生在思想道德上的点滴进步，在"行长"的主持下，由"营业员"负责记录"储户"的"存款"。"储户"可凭通知单到"营业员"那里"存款"，但违反了纪律，"储户"必须扣除相应的"币值"，通知单可由各老师、家长填写，也可由"储户"本人申请填写。

此评价机制，模拟生活情境，学生人人能参与、个个可攀登、人人会成功，让学生体验成功的喜悦。一改过去由老师说了算的评价方法，采取了自评、小组评、中队评、教师评、家长评等五评相结合的方式进行定性评比。每周，各"分行"按"存款"的多少，各班推选一名"校文明之星"和"班文明之星"，由大队部负责拍照，并在学校的宣传栏中公布；每月，各年级按"存款"的多少推选一名"月文明之星"，由大队部负责拍照，并在学校的网站上公开表扬；期末，各"分行"按"存款"的多少排定名次，前5%的"储户"被评为"道德大富翁"，之后10%的"储户"被评为"五星级道德银行家"，依次递减10%为"四星级道德银行家"、"三星级道德银行家"、"二星级道德银行家"、"一星级道德银行家"，并将此项荣誉写入素质报告单，发放奖状。通过这样的评比和展示，既让学生看到自己的成功，又让他们明确努力的方向，使明天的"我"比今天的"我"做得更好。我校每周还开展以"我进步了吗"为主题的讨论会，让每一名学生都能体验成功的快乐。

生活即教育，我们应该让学校德育真正延伸到学生的生活、生命中去，获得学生的认同。

（浙江省慈溪市文棋小学　沈晨晨）

5. 用"生活"来教育，给"生活"以教育
——我校构建"生活化课堂"的实践与思考

> 从定义上说，生活教育是给生活以教育，用生活来教育，为生活向前向上的需要而教育。从生活与教育的关系上说，生活决定教育。从效力上说，教育要通过生活才能发挥力量而成为真正的教育。
>
> ——陶行知
>
> （摘自《陶行知文集》中《谈生活教育——答复一位朋友的信》一文，第820页，江苏教育出版社2001年版）

我校地处江苏省苏州工业园区首期开发区，开放的工业园区为教育的发展创造了良好的环境，也向教育提出了更高的要求。随着新一轮课程标准的推行和课堂改革的实施，根据陶行知先生的"生活教育"理念，我们当下所倡导的课堂教学就是要"面向生活"。近年来，我校课堂教学改革探索的方向就是：课堂教学要"与时俱进"，构建"生活化"的课堂。

探索一："用生活来教育"——课堂教学生活化，凸现学生主体性

陶行知认为："教育必须是生活。一切教育必须通过生活才有效。"因此，要想使课堂教学达到较佳境界，就必须在课堂教学中，把学科教学的内容向社会延伸，注入生活的内容和时代的"活水"，做到"用生活来教育"，让社会生活进入课堂教学，让课堂充满时代的气息和活力，把学生置于"主动"地位，让学生自己主动学习、探究，以凸现学生的主体地位，让学生在课堂上学习知识的同时学习生活，努力做到"课堂教学生活化"。

在陶行知生活教育理念的指导下，我校通过大胆的课堂改革，使课堂一下子就变得生动活泼起来。

例如《新型玻璃》是小学中年级的一篇课文，里面介绍的几种玻璃都有独特之处，学生也很感兴趣，但周围生活中没有，教学只能"纸上谈玻璃"，学生印象自然不会太深刻。为了弥补这个不足，执教者在拓展课文内容时特意向同学们介绍了"减速玻璃"，并利用课余时间带着学生坐上大客车到高速公路上，亲身体验、认识"减速玻璃"。学生真真切切地看到了玻璃的减速效果后，有的兴奋，有的赞叹，有的沉默思考。此时的车厢就成了课堂，教师又抓住时机进行了创新教育：世界上所有方便、快捷的东西都是人创造的，只要勤学勤思勤动手，你们也一定能创造出更多更好的"新东西"来。

再如一堂数学课。在学生学完一种求五种平面的面积和小数的四则运算后，老师设计了一道"巧分花圃"的开放型问题：有一块长方形花圃，长8米，宽6米，现在要求把这个花圃中的一半面积进行绿化与美化。该如何设计花圃的建造方案，请画出草图。解题前，教者提示：可根据题目要求，综合所学的知识，自行任意设计，设计方案越多越好、越美越好，同时还要计算并标出有关数据。同学们一下子活跃起来，展开想象的翅膀，纷纷用笔和尺子在纸上画起了草图。整个课堂，同学们个个沉浸在探求知识的兴奋中，人人乐此不疲，就连一些平时所谓的"差生"也异常活跃，积极动起脑来。同学们八仙过海，各显神通，设计出各种各样美丽的图案。到下课时，全班40多名学生，每人设计的方案各不相同，多达几十种。许多设计都新颖别致，让人赏心悦目。

通过教学，不仅巧妙地帮助他们巩固了所学知识（分数知识、面积知识、巧分面积的方法知识），同时渗透性地进行了环保生态教育，培养了他们的美术设计、思维想象、交流交往、协同合作、审美鉴赏以及创新创造等多种能力，数学的"文化"功能也得到了最大程度的发挥。学生在课堂这一教学特定的时空里自由地发挥，全体学生各有所获——这才是实实在在的"生活课堂"，这才是真真正正以学生为主体的生活教育！

在课堂教学中，我们将结构化的以符号为主要载体的书本知识重新

"激活",实现了以下三个方面的沟通:书本知识与人类生活世界的沟通,与学生经验世界和成人的需要沟通,与发现发展知识的人和历史沟通。通俗地讲,就是使知识恢复到鲜活的状态,与人的生命、生活重新息息相关,使它呈现出生命态。具有内存生命态的知识,最能唤醒、激活学生学习的内存需要、兴趣、信心,同时提升他们主动探求的欲望和能力。

探索二:"给生活以教育"——学生生活学习化,发展学生创造性

陶行知先生认为:"到处是生活,即到处是教育;整个社会是生活的场所,亦即教育之场所。"在教学中,除了让学生在课堂上学知识、用知识外,更多的时间则是要求我们教师强化"开放教育"的理念,让学生深入生活,最大限度地拓展学习的时间、空间和内容,激发学生在生活中学习、巩固、运用所学知识的兴趣,培养学生在学校生活、家庭生活、社会生活中时时学知识、处处用知识的良好习惯,真正做到"学生生活学习化",进而激发、培养学生的创新意识和创新能力,发展学生的创造性。我们认为,"学生生活学习化"主要包括以下三个方面。

一是日常生活"学习化"。学生的生活是非常丰富的,除了学功课、做功课外,他们还要去书店、上超市、逛市场、看电视、观球赛等,这些都为他们运用所学知识提供了良好的机会。结合所教学科,教师们在这方面作了很大努力,同时他们在布置这些"探究性作业"或"长作业"时均能提出明确的要求,在教学评价中加以激励和引导,让学生们把日常生活与所学的各科知识相联系,为拓宽他们的学科知识创造了条件。

二是校园生活"学习化"。宽敞美丽的校园环境、多姿多彩的校园生活,为学生在生活中学知识、长见识提供了条件。我们学校有"太阳花"电视台、广播台、校园网,有各类科技、艺术兴趣小组,有定期与不定期的读书节、艺术节、体育节、科技节、文艺演出、演讲比赛、航模比赛、野营军训和春游秋游等校园活动,为锻炼学生的各种能力、提高学生的综合素质搭建了良好平台。

三是社会生活"学习化"。陶行知先生说:"教育可以说是书本的,其

力量极小。拿全部生活去做教育对象，然后教育的力量才能伟大。"这就要求教育必须与社会生活密切联系起来。社会生活"学习化"，就是让学生走出课堂、走出校园，积极投身到社会这个大环境中去，自觉运用所学知识参与社会实践，如参与社会调查、参观浏览、社区服务等活动，从而增强学生的参与意识、合作意识、环境保护意识、实践意识和创新意识等。

由于我们在这方面开展的活动较多，现仅撷取一个，以便"窥一斑而知全豹"。

"小眼看园区"——这是六年级学生的一次校外综合实践活动。身处园区的孩子，了解园区吗？为了让孩子们做到"两耳要闻窗外事"，校方开展了这项活动。同学们在朱小萍老师的指导下，分成若干小组，他们利用各种机会和时间走访园区内各大跨国公司、银行、机关、邻里中心和社区等，然后把取得的第一手材料加以整理，编写成调查报告，以电子幻灯片（PPT）等形式显示，在班上演讲。活动中，孩子们从不同侧面了解了园区，知道它广阔的发展前景，许多同学纷纷表示要好好学习，立志长大后为园区的更大发展作出自己的贡献。这一活动，对整个学校的综合实践活动产生了积极影响。另外，学校假期"专题作业"——"我的旅游方案"、"过年，我为家里做什么"、"春节风俗的演变"等，一时掀起整个学校的"探究作业"热潮。

"行动是老子，思想是儿子，创造是孙子。"让我们沿着这一创造力培养必须遵循的历程，以新一轮课程改革为方向，以"综合实践活动"为抓手，努力挖掘学生的创造潜能，把游戏的、实用的、感性的、审美的生活引进课堂，并从课堂引向课外，使教育真正成为学生精神变革、生活实践、创新创造的生活过程，从而让教育焕发出生命的活力！

（江苏省苏州工业园区车坊实验小学　缪建平）

6. "学而自治"与"文明自律工程"尝试

> 学生自治是学生结起团体来,大家学习自己管理自己的手续。从学校这个方面来说,就是为学生预备种种机会,使学生能够大家组织起来,养成他们自己管理自己的能力。
>
> ——陶行知
>
> (摘自《陶行知全集》中《学生自治问题之研究》一文,第29页,四川教育出版社1991年版)

现在孩子的家庭条件大多比较优越,又大多是独生子女,同时享受到几个家长的疼爱,成了家中的"小太阳"。我校是全寄宿制学校,每一年的新生中都会有很大一部分学生不会整理书包、不会叠被子、不会打扫卫生,甚至不会自己吃饭。我们依据《小学生守则》对学生进行教育,同时学校也出台了一系列规章制度,如"六不规定"、"小学生一日常规"、"学生安全防范条例"、"学生文明礼仪常规",以此来规范学生的行为。我们通过规范,摒弃学生身上的陋习,剔除那些影响学生身心健康的因素,积极寻找规范与自主、共性与个性之间的结合点,引导学生自主管理,以达到文明自律。

引导学生自主管理,其根本在于培养学生自主管理的能力。但是培养学生自主管理的能力,必须通过一定的途径。我校以"文明自律工程"为学生自主管理的核心活动,根据阶段的推进和学生能力的增强,不断创新和深化。我们构建了"全员、全程、全面"自主管理网络,搭建了多种形式、多个层面递进发展的学生自主管理平台,培养学生自主管理的能力,在实践中不断完善"文明自律工程"。

文明自律工程一:"孝心行动"

当前独生子女的教育问题已经成为焦点,一直被社会所关注,但至今还没有找到很好的解决办法。随着时间的推移,独生子女暴露的问题越来越多、越来越严重。我们的家长恨不得把所有的爱都献给孩子。家长是无私的,他们不需要孩子给自己任何爱的回报。长此以往,我们的孩子将会只知道索取爱,而不知道如何付出爱。如何才能改变这样的现状呢?

学校在对学生进行教育时,首先,应注重培养他们"学会做人"。但"学会做人"是一个比较笼统的概念,所以学校认为要让学生学会做人就要从培养学生的"爱心"做起,而爱心培养的抓手在"孝心",因为"百善孝为先"。为此,学校为每一位学生制作了一张精美的"孝心卡"。孝心卡上的内容有:为爸爸妈妈洗一次脚,给爷爷奶奶捶一次背,给长辈端一杯茶,帮家长做一次家务等。学校要求学生每次回家都根据实际情况有选择地做"孝心"作业,回到学校在班级里进行交流。也许一开始学生会把它当做老师布置的家庭作业,但随着时间的推移,"作业"就变成了自觉行为,并逐渐成为自身的良好品德。更为重要的是,学校让学生在体验中学会了如何"爱",在行动中逐渐建立起了被爱心唤醒的文明自律意识。

 案例1

孝心卡的神奇功效

李某是一位聪明但比较调皮的小男孩,因为贪玩,成绩没有达到父母的要求,而且生活习惯也越来越差。因此,他没少受父母的责备,严重时还免不了受皮肉之苦。有一段时间,他和父母的关系变得非常紧张。为了改变现状,父母为孩子选择了转学。三年级的他在父母的带领下来到了寄宿制学校——宁波万里国际学校。第一周回家的那天晚上,孩子端来一盆洗脚水走到妈妈身边说:"妈妈,我给你洗脚!"长时间没有听到儿子叫妈妈的母亲在发愣中流下了幸福的泪水。第二天,家长打电话到校长办公室说出了自己孩子的变化,充分肯定了学校布置给学生的"孝心"作业。现在李某在父母的心目中又是个好孩子了。孩子与家长之间的沟通也没有障碍了，孩子的学习成绩也有了很大进步，而且特别让人高兴的是现在孩子变得很快乐。

文明自律工程二："公益实践"

一直以来，学校的卫生等劳动实践都是在学生被动的状态下完成的，就连学生参加学校的公益实践活动也是被动的。那么，什么样的"行"才是符合小学生心理需求的呢？在创设德育实践活动时，首先要考虑的是符合学生的心理特征，我们不能把学生概念化，学生应该是鲜活的个体；我们更不能把学生看成"小孩子"，他们是具有独立思想的人。我们给学生搭建实践的平台，根本目的就是让学生在实践中养成行为自律。

一开始，我们结合学雷锋活动，确定每年三月为校园公益实践月，以此来增强学生的公益实践意识，培养学生的社会责任感。我们将校园模拟成社区，因地制宜，多方开拓校园公益实践空间，让学生在模拟的社区中开展各种公益实践活动。学生们主动申请打扫公共卫生，主动为老师整理办公室，主动为食堂阿姨干力所能及的事，主动为同学补习功课等。随着活动的进一步推进，我们把校园公益实践的时间从每年三月延长为所有在校时间段，公益实践的内容从校园公共区域卫生自主承包到学生自主管理日开展特色公益实践；从学生集会行进自觉维护到文明就餐自我管理；从班级自愿者到学校自愿者，校园中出现了一批批的活雷锋。公益实践活动让学生懂得了文明和自律的重要性：只有人人都文明自律，整个校园才会更加美好。

 案例2

地上的纸屑不见了

有一段时间，校园中的纸屑特别多，少先队大队部立即发出"你丢，我捡"的号召，一部分少先队员积极响应，一开始效果比较明显。但是，这样的活动没持续多久，校园中又出现了纸屑满地的现象。主要原因是志愿者越来越少，他们说，这纸屑怎么捡得完呢？后来学校反思管理行为，觉得这"你丢，我捡"的口号本身就有问题，没有解决"丢"，我们再怎么捡也是白搭。学校针对这一实际问题，及时提出了"校园公益实践活动"，号召全体学生积极参与到美化校园和为他人服务中来。活动分为三个步骤，即"公益"体现在三个方面：一是自觉维护校园环境，不乱丢垃圾，发现垃圾及时处理；二是对校园公共区域进行划块，班级自主包干，定期清理，自主维护；三是每人每学期主动为学校或他人做5件以上好事，以获得公益服务成绩5分。此项活动开展后，校园环境大为改观，校园里再没见到乱扔的废纸了。

文明自律工程三："组建心理疏导互助团"

学生在成长中所遇到的困惑是多方面的，也是我们大人所不能理解的。也许有些问题对于我们成年人来说不是问题，但对于处在儿童时期的学生却是大问题。例如，五六年级的学生开始有朦胧的对异性好感的倾向，如果老师和家长不引起高度重视，学生的困惑就会不断加剧，有可能会给学生带来不良后果。学生在成长过程中所引发的心理问题是很多的，仅仅依靠老师有时不一定能够很好地解决学生的问题，因为老师不容易深入地走进学生的心里。所以我们本着"学生教育学生"的原则，组建学生群体之间的心理疏导互助团。

学校要求各班根据实际开展不同形式的学生自主管理，建立学生自主管理小组，营造学生自主管理班级氛围。在班级自主管理过程中，学校让教师成为学生成长中的导师，负责对学生思想引导、生活指导、作业辅导、心理疏导，同时要求导师帮助自己的学员建立起学生之间的心理疏导互助小组，鼓励学生通过同龄人的自我疏导，完善自身的心理素质。

 案例3

"我的地盘我做主"学生心理疏导互助团

邱翠丽老师根据学生的管理能力，建立了班级学生心理疏导互助团，贝珂谕同学是互助团的组长。她们利用个别谈心、集体游戏、温情激励等有效方法，成功地帮助几名女生解开了心中的疙瘩，取得了班主任都无法达到的教育效果。

陶行知先生说："有的时候，我们为学生做的事体越多，越是害学生。因为为人，随便怎样精细周到，总不如人之自为。"我们的"文明自律工程"尝试还在不断进行中，文明自律领域也在不断拓展中，因为我们坚信，文明自律工程培养了学生的独立性、创造性、自控性、主动性等能力，为他们将来进入社会提前进行了实习。

（浙江省宁波市万里国际学校小学　汪阳合）

教书与育人

1. 教学生做人，从小事抓起

教师的职务是"千教万教，教人求真"；学生的职务是"千学万学，学做真人"。

——陶行知

（摘自《陶行知文集》中《小学教师与民主运动》一文，第975页，江苏教育出版社2001年版）

陶行知先生曾说："教师的职务是'千教万教，教人求真'；学生的职务是'千学万学，学做真人'。"那么，对于我们教师而言，如何才能让学生学会做人呢？如何才能使其成为对家庭和社会有用的人呢？这就要求我们教师从小事抓起，培养学生基本的责任意识。

于是，我在班里提出了"三负责"口号：一是每个人必须对自己负责，二是对班集体和同学负责，三是对家庭和社会负责。并以四招为抓手开展工作。

抓手一：学生自管——班干部和同学共同管理

为了让班里的每个成员都能各司其职，激发每个人的集体荣誉感、增强每个人的责任感,我在班里实行了班干部和一位同学轮职管班制度。也就是检查记录每天的出勤、早操、卫生、上课纪律以及突发事件等工作,由班干部和全班中轮换的一个同学共同管理,小事两人商量处理,大事向班主任汇报后再处理,每天下午开班会作总结。

这项管理措施既使得每位同学都能从班集体的角度来思考自己平时的言行举止是否符合班规要求,又锻炼了他们的组织管理能力,同时还增强了每个同学对班集体的责任感。在各项活动中,我们注意培养学生的团结合作精神,提倡同学之间应互相尊重、互相体谅,要求同学严于律己、宽以待人,以达到自我管理、自我教育的效果。

抓手二:制度约束——在常规活动中培养责任感

由于学生的学习任务繁重,我把培养学生的习惯养成工作贯穿到各项常规活动中去,这样做既能保证教育的连续性,又省工省时。

为了调动学生参加集体活动的积极性,我通过一定的制度、规则,对违规者进行必要的惩罚,对守规者给予必要的奖赏,变学生被动参加集体活动为主动参与集体活动,充分发挥活动的效用。这不但使学生不需要花费更多的时间,还使同学以更高的热情投入到各项活动中。在参与这些活动的过程中,学生的规则意识、责任意识得到了提高。

例如上学期的运动会和越野比赛。一开始,总有很多同学怕吃苦不愿意报名参加,甚至有个别同学还看班干部的笑话。于是,我召开了一次"班级是我的家"的班会,结果这学期全班同学踊跃参加,取得了两次运动会第一的好成绩。再如本学期的生物竞赛,一些同学把参加竞赛看成了负担,怕影响正常的学习,不愿意参加。但在三位老师的耐心解说和轮番辅导下,参赛的同学在省级和国家级的比赛中,都取得了优异的成绩,为自己和学校争了光。看一看自己的成绩,相信如果下次再举行这种活动,学生一定会想起这三位老师是怎样辅导自己的,对他们今后的工作也很有帮助。

抓手三:细致分工——引导学生树立责任意识

为了增强每个学生的责任意识,我对全班每个同学都做了分工,班级具体的工作由班长负责，同时班长还要负责班级的总体纪律，团队工作由团委书记负责，学习由学习委员负责，把各科分解到课代表，并且每个学生要写出自己每学期的学习计划，分月考、期中、期末三部分。每一阶段结束，学生要对照计划作出总结。班级的值日工作也具体到人，擦黑板、扫地、打清水、送垃圾桶、班级玻璃的擦洗等都具体到人，每个学生都有明确的任务，都有如果自己今天的工作做不好，就会影响整个班级的责任意识。使学生明确做人要求和自身职责，"认识自我，战胜自我，开发自我"，"学会做人"。

抓手四："日行一善"——培养学生的爱心观念

为了培养学生的爱心，我号召全班同学每天为别的同学做一件好事，通过"日行一善"来表达自己的爱心。如主动拣拾垃圾，主动帮生病的同学值日、打饭，主动为老师收拾讲桌、打扫办公室的卫生等，从而形成了良好的班风。

同时，我还倡导学生自我谈心、自我帮助，用自己的爱去感化别人。我把全班46名学生分成9个小组，让每个小组的学生互相督促、互相帮助，任何一个同学的优缺点都可以在小组活动中展示，优点在全班表扬推广、缺点在小组分析纠正。通过这种方式，许多同学的不良习惯消灭在萌芽状态，也使学生形成了"我为人人，人人为我"的爱心观念。

每个周一的下午是学生双休日后的第一个班会时间，每次我都要求学生讲讲双休日在家的幸福、温馨的感觉，以此来感染更多的同学。每到星期五下午，我就故意将各种值日都停下来，期待学生主动参与值日。刚开始，只有班干部留下来收拾，后来有个别其他同学加入，队伍逐渐增大，最后全班同学都行动起来。周五放学后，大家一起动手把教室收拾好了才离校。通过这项活动，全班同学凝聚在一起，同时也体现了同学对班集体的爱。

(黑龙江省齐齐哈尔市第五十九中学　姜林)

2. 陶行知教育思想在历史教学中的实践

> 好的先生不是教书，不是教学生，乃是教学生学。
>
> ——陶行知
>
> （摘自《陶行知文集》中《教学合一》一文，第37页，江苏教育出版社2001年版）

陶行知先生认为："好的先生不是教书，不是教学生，乃是教学生学。""社会即学校"、"生活即教育"、"人人是先生"等教育观念和理论，与今天我们所倡导的新课程理念不谋而合。作为一名初中历史教师，我经常思考：怎样才能实现"全面提高学生素质"这一教学目标呢？通过学习陶先生的理论，我认识到，陶行知的教育思想对学生自主、合作、探究学习方式的改革，有着积极的指导作用，并在自己的教学中进行了一些探索。

探索一：如何引导学生自主、自动、自由地学习

1938年，陶行知先生到武汉大学作演讲。他从皮包里抓出一只大公鸡，又从口袋里掏出一把米放在桌子上。接着，用左手按住鸡头逼它吃米，大公鸡只叫不吃。他又掰开大公鸡的嘴，把米硬塞进去，大公鸡仍挣扎着不吃。当陶先生松开手，把大公鸡放在桌上，它就开始吃米了。陶先生用这个深入浅出的道理告诉我们：学习同大公鸡吃米一样，是自觉自动的行为。老师按住学生的头，把知识硬灌给学生、硬喂给学生的做法，是使不得的。学生最大的能力莫过于学会自己学习，尊重是学习的前提、放手是成功的基础。

为此，我在合作探究学习之前，就向学生说明合作学习的内容和目标是什么，怎样完成任务，评价的标准是什么，放手让小组的同学积极参与。教师充当好"管理者"、"促进者"、"咨询者"和"参与者"的角色，督促学生展开合作交流活动，并及时调控学习进程，保证学习活动有条不紊地进行。在合作学习的过程中，我还依据陶行知先生"生活即教育"的原理与方法，把学生请上讲台，让学生当"小先生"，教师"既当先生，也当学生"，学生"既当学生，也当先生"，进行教师与学生的角色转换，实行小先生制。在学习过程中，台上的小老师提问的学习内容除出自教材外，还涉及从计算机网络、电影电视、广电报刊等媒体中所获取的信息知识，学生间交流踊跃、参与积极，学习主动、自由。

探索二：如何促进学生快乐、兴奋、幸福地学习

陶行知曾对教师说过："你的鞭子下有瓦特，你的冷眼里有牛顿，你的讥笑声中有爱迪生。"每一个人都渴望得到别人的欣赏，同样，每一个人也应该学会去欣赏别人。欣赏与被欣赏是一种互动的力量源泉。教师要学会赏识学生，鼓励学生积极发言、发表自己的看法，对于学习不同的见解要给予肯定，不要挫伤学生的积极性；说不定他们中的某些人将来就成为"爱因斯坦"、"牛顿"、"瓦特"或者"爱迪生"了呢。

因此，在日常教学中，我尽可能地多接触学生，把自己融入学生中间，让学生接纳我。在课堂教学中，我还恰当地运用肢体语言、亲切的眼神、和蔼的态度、热情的赞语来缩短师生心灵间的距离，即使在批评学生时也会说："你下次会做得更好的！"即用表扬的"武器"来婉转地批评学生。在小组讨论时我也不会轻易否定学生的看法，而是把不同的意见组织起来，先在小组内讨论，如果不能解决再进行更大范围的讨论，营造一种探究学习的浓厚氛围。在学习《改革开放》一课时，我让学生开展社会调研，调查改革开放30多年来家乡发生的巨大变化；汇报时一个平时成绩较差的学生答得很好，我及时表扬了他，他眼里溢满感激；从此，在我的课上他总是积极回答问题，他的历史成绩也有了很大进步。

探索三：如何激励学生敢问、勤问、问到底

质疑问难是探究学习的一种有效方式，也是陶行知先生一贯的治学思想。陶先生在《每事问》、《问到底》的诗中说道："发明千千万，起点是一问。禽兽不如人，过在不会问。智者问得巧，愚者问得笨。人力胜天工，只在每事问。""天地是个闷葫芦，闷葫芦里有妙理。您不问它您怕它，它一被问它怕您。您若愿意问问看，一问直须问到底！"每每吟诵陶先生质朴而富有哲理的诗文，在教育教学中就会获得智慧的启迪和行动的力量。

在课堂教学中，教师要通过创设新情境或提出新颖有趣、富有挑战性的问题，激发学生学习的积极性，训练学生运用已有知识和经验解决问题的能力。例如在讲授"西安事变"时，我提出了这样一个问题让学生思考："张学良、杨虎城扣押蒋介石以后，该如何处置？是杀，是关，还是放？"初中生对这样的提问十分感兴趣，他们积极思考，热烈争论，最后统一认识。这样做，不仅帮助学生认清了和平解决"西安事变"的重大意义，也激发了学生的思考。又如在讲解"辛亥革命"这一节时，我组织小组开展"辛亥革命到底是成还是败"的辩论会，让学生表达自己的观点和疑惑，让学生在争辩中进一步理解历史、感悟历史。历史合作探究活动的内容丰富多彩、形式多种多样，教师还可以通过历史游戏设计、历史问题辩论、人物角色扮演、小论文以及历史遗址实地考察、探究成果报告会等形式来实现。

探索四：如何让学生在历史学习中吸取人生的智慧

陶行知先生说："道德是做人的根本，千教万教教人求真，千学万学学做真人。"开展小组合作探究学习需要积极的学习态度，更需要良好的人文素养。起哄、嘲笑、自卑、冷场、阴阳怪气等，是学生在合作学习过程中经常出现的问题。为此，我首先教育学生要学会尊重别人，认真聆听别人的发言；要对自己的表现有信心，不自卑，主动参与学习，每个人都要大胆地谈论自己的看法和想法；要有统一的学习目标，有集体主义精神，为他人着想。其次，结合学习的内容，挖掘教育渗透点，深化对学生的人文素养教育。

在学习《科学技术成就》一课时，我结合袁隆平和邓稼先勤奋刻苦钻研的事迹，不失时机地对学生进行坚持不懈、不断探索和勇于创新精神的教育；在学习网络时代时，我让同学们讨论为什么说网络是一把双刃剑，提高了学生判断是非的能力。

知易行难，贵在实践。只要我们善于思考、勤于实践，陶行知先生的教育思想一定会在新时期的初中历史课堂教学中绽放出智慧的光芒。

（山东省淄博市沂源实验中学　朱秀婷）

3. 当学生喊出"凭什么"时，任何说教都是苍白的

> 真教育是心心相印的活动，唯独从心里发出来的，才能打动心的深处。
>
> ——陶行知
>
> （摘自《陶行知全集》第 2 卷中《这一年》一文，第 446 页，四川教育出版社 1991 年版）

作为一名人民教师，我对陶先生所说的："真教育是心心相印的活动，唯独从心里发出来的，才能打动心的深处。"深有感受，因为我曾遇到过这样一件事："老师，咱们班有人用计算器做作业！"课代表小声地把这个消息告诉了我。"哎，知道了。"我一边飞快地在心里盘算着该如何给学生说明不能在平时作业中使用计算器的理由，一边向教室走去。

在简单的说明之后，我下了一条命令：今后谁再使用计算器就没收。课堂在我的掌控之下有条不紊地进行着。该做练习了，我心里暗暗得意，看来这一批学生还是比较听话的。"老师，小 A 还在使用计算器。"话音一落，所有同学的目光都看向了小 A。小 A 是我们班一个各科成绩都非常好的同学，个性很强，在班里很有影响力。我知道，大家都在看我怎样处理小 A。如果这件事情处理不好，恐怕今后班中使用计算器的风气再也刹不住了。"小 A，你怎么……"我的话还没说完，小 A 就有些恼羞成怒了，她干脆把计算器拿到了桌面上，气哼哼地说："凭什么不让我用计算器，我就用，管得着吗？"怎么办？强制没收？正巧在这时下课铃声响了，我宣布："大家先下课休息吧，小 A，我下节还有课，你先冷静一下，等你想好后我再找你谈，好吗？"

课下，我认真地做了自我反思：《数学课程标准（实验稿）》在第二学段教学目标中明确指出"开始借助计算器进行复杂计算和探索数学问题、获得解决现实生活中简单问题的能力"。计算器在教学中具有重要作用，不仅在于能够进行复杂的运算，更重要的是学生借助计算器可以解决更为实际的问题、探索更加富有挑战性的规律。例如，利用计算器，我们就能处理很多实际问题中的统计数据，这使得统计的学习更加贴近生活；利用计算器，我们就能探索很多数字的奥妙，探寻有趣的数学规律。在这些探索活动中，目标不再是进行计算，而是通过对结果的猜想、尝试、验证、总结，发展学生的思考能力，培养他们对数学探索的兴趣。

小学阶段是计算能力的最佳培养期，而且这对于培养学生的认真、细致、耐心、不畏艰难的优秀品质，以及踏实、求真的科学态度都有极大的好处。我不让孩子们使用计算器，是为了培养他们的计算能力，这个本意是好的，但他们能理解吗？尤其是我生硬的讲解并不能使孩子们信服，所以我只有让孩子们真正意识到老师是为他们好，他们才可能自觉按照老师的要求去做，否则，即使他们没有当着我的面使用计算器，但谁又能够保证他们私下里不用呢？

第二天，上课时我先在黑板上写道："计算器一定最好吗？"让同学们讨论，然后适时地提出，让我们来一场数学竞赛。让学生自愿分成两组：计算器组和笔算组，计算三组题进行比赛。

第一组题：1.2＋0.8　2.4÷4　6.8×0.1　9.5－7.6
第二组题：34.5－8.6－11.4－4.5　3.15×0.5＋4.85÷2
　　　　　8.9×7.2÷7.2÷8.9　　（100＋0.1）×2.3
第三组题：0.89×4.36　　　　　41.44÷0.56
　　　　　5.76÷0.24×136　　　5.68×2.3－2.64

比赛结果不言而喻，第一组口算和第二组简算，笔算组获胜；第三组计算器组获胜。学生通过比赛认识到"计算器计算并不一定是最好的，它并不能代替口算、笔算；它只不过是学习数学的工具之一，绝不能依赖它"。

至此，我抓住契机顺势引导：科技再发达，计算机再方便快捷，都不能取代对人脑的思维训练。计算能力不仅仅是学习数学的重要基础,也是今后我们学习物理、化学、生物、经济学的基础。在计算的过程中,还可以培养我们的观察、比较、分析、推理等能力,学会迁移、转化、列举、验证等数学思维方法,培养创新能力。计算器应该作为我们学习的一个工具,它的合理使用能代替机械性的繁杂计算,对于一些如探索规律或较大数据的计算时,运用计算器可以节省教学时间,提高对较大数目和复杂运算的准确性和速度,能够让我们把时间和精力转移到理解数学、探讨数学和应用数学上来,使数学学习更有趣、更轻松、更广阔、更加丰富多彩。但我们也应当全面发展估算、口算、笔算、简算等多种计算能力,并能够根据问题合理地进行优化选择。否则,就好比人依赖拐杖一样,一旦没有可依赖的计算器,会连最简单的计算都做不好的。

　　下课了,小 A 主动找到我,没有等她开口我就先说了:"小 A,昨天老师没有给你们讲清道理……""老师,我错了,我知道您为什么不让我们用计算器了,我今后再也不用了。"小 A 抢过我的话说。"不对,用还是要用的,不过好钢要用在刀刃上。"我和小 A 都笑了起来。

　　一次小小的比赛,化解了我和学生之间的矛盾,也让我感悟到:当学生喊出"凭什么"的时候,教师的任何说教都是苍白的,只有让学生从心里信服,教育才是成功的。

(北京市芳草地国际学校世纪小学　刘颖欣)

4. 把"小先生"请上讲台

> 小学生不但要自己做小先生，并且要教别的小孩做小先生，最要紧的是要教自己的学生做小先生。
>
> ——陶行知

（摘自《陶行知文集》中《怎样做小先生》一文，第237页，江苏教育出版社2001年版）

我们知道，传统教育是教师站在台上讲，学生坐在台下听，讲台为教师所独有，把学生当做被动的"容器"，当做"鸭儿"填，教师与学生处在相互对立而又不能互相取代的主客体关系上。陶行知对此作了尖锐的批评，并提出了自己的主张——"在劳力上劳心，以教人者教己"，在方法上提出了"教学做合一"、"以教人者教己"的主张。陶先生认为："教育者与受教育者之间没有严格的界限，教人者不但能教人，也应教己，而学人者在接受教育的同时，也能教人、觉人，也即人人都是教育者，人人都是受教育者。"这就是后来陶行知提出的"即知即传，自觉觉人"的教育理论，在这个理论的基础上他又提出了著名的"小先生制"，他倡导"小学生不但要自己做小先生，并且要教别的小孩做小先生，最要紧的是要教自己的学生做小先生"。

受陶先生教育理念的启发，我在教学中就如何让学生当小先生进行了一些尝试。

尝试一：把学生请上讲台，让学生成为"小先生"

受陶行知"小先生制"教育思想的启发，我在讲授每一节课前，都用

"小先生"的方法，把学生请上讲台，让学生当"小老师"，向同学们提问题。结果每节课前学生都积极准备问题，争相上台当小老师。既锻炼了学生敢上台说话的勇气，也调动了学生的积极性，收到了出乎意料的好效果。讲台上，学生态度认真，板书工整，普通话标准，语言清楚、准确，完全没有了过去那种被点名起来回答问题时的吞吞吐吐、词不达意的窘态。记得有一位名叫吴凯文的女同学，在讲完《灿烂的青铜文明》后做题巩固时，我设计了十二生肖藏问题的办法，让她上来当小老师提问题让学生做。结果她的大方、使用计算机的熟练让在座听课的老师赞叹不止。刚一讲完，教室里就响起了热烈的掌声。

学生通过课前搜集资料，撰写讲稿，精心备课，然后上台讲课，既动手又动脑，还要动口，这种对手、脑、口的并用训练，使学生的记忆能力、想象能力、思维能力、自学能力、语言表达能力等都得到了锻炼。而且，学生"为教而学"，正如陶行知所说："为了使别人明白，对自己所教内容便自然而然的格外明白了。"

尝试二：把讲台让给学生，让学生当"小先生"

"小先生"在台上讲解时，教师以学生的身份在台下认真听、认真记，而后给予中肯的点评，及时表扬、及时纠正错误、补充缺失，把学生带到更高的学习境界。这样，学生"既当学生，也当先生"，教师"既当先生，也当学生"，学中有教，教中有学，互学互教，相互促进，共同提高。

把讲台让给学生，让学生当"小先生"，一改过去教师一讲到底的传统做法，不仅在形式上给学生以新奇感，而且把过去只属于教师的讲台变成了众多学生施展才华的"舞台"，大大调动了学生学习的积极性、主动性。

尝试三：推行"小先生制"，在班上开展"一帮一"活动

我们根据陶行知"小孩可以教小孩"的教育思想，"即知即传，自觉觉人"的教育理论，借用陶行知大力推行的"小先生制"，在班上开展了

"一帮一"的比赛活动,就是一个优秀生帮助一个后进生,列出"结对子"的名单,还要求学生开展比赛,看谁的"对子"进步更快。通过这一活动,后进生由于经常得到优秀生的帮助,克服了学习上的困难,进步很大;优秀生向后进生讲解的同时,自己也得到了提高,达到了互教互学、转化后进生、培养优秀生的目的。不仅如此,这样做还解决了我们历史教师因所教班级多、学生多而难以落实因材施教的困难。

陶行知说:"得到真理的人便负有传播真理的义务。"要"即知即传,自觉觉人",不仅自己知道了,还要让更多的人知道,自己觉悟了,还要去觉悟他人。因此,把讲台让给学生,不仅仅是让学生讲课,还有一个很重要的内容,那就是让学生把在课外听到的、看到的、学到的知识拿到课堂上介绍给同学们听,以达到传播知识、拓宽知识视野、激发学习兴趣的目的。

(山东省淄博市沂源实验中学 朱秀婷)

5. 案例教学还原生命课堂

你若把你的生命放在学生的生命里，把你和你的学生的生命放在大众的生命里，这才算是尽了教师的天职。

——陶行知

（摘自《陶行知文集》中《中国大众教育的问题》一文，第541页，江苏教育出版社2001年版）

连接教学与案例教学的纽带是生活中一个个鲜活的案例，如何让它走进学生的心田，如何实现以人为本，还原生命课堂，都需要从教者颇具耐心、充满爱心地解读案例，从中挖掘育人的"种子"，不断"浇水"、"施肥"，待日后找到合适的土壤，才会生根、发芽，长成参天大树！

陶行知先生说："你若把你的生命放在学生的生命里，把你和你的学生的生命放在大众的生命里，这才算是尽了教师的天职。"这句话对我的启发很大。历史教学如何凸显育人功能，在德育方面该如何下手，如何让死寂的课堂彰显生命的存在？带着种种疑问，我开始在我的课堂上开垦试验田。

试验一：以点带面，激起学生潜意识的共鸣，学做真人

通常我们进行道德教育时，往往大而全，冠冕堂皇之语周且密。试想，学生一天要上六节课，每节课都有当天难忘的场景，一周下来，半年下来，教育还会留下什么？所以，细节决定成败并不是要面面俱到、口干舌燥。有时我们撇去一些自以为的重难点，加入一些题外音，往往能大大增强我们课堂的教育效果。每节课都有其闪光点，就看我们教师如何挖掘

并利用好这一育人的最佳素材。所以,教师应该在选好人物、典型案例等必备素材后,布置场景、渲染气氛,音画齐出,以烘托主题。相信此时学生的内心一定是不平静的,许多新的想法都会如泉涌出。

例如,在讲到《鸦片战争》这一章节时,可以把林则徐作为一个亮点。我在课上通过对林则徐说的一句"苟利国家生死以,岂因祸福避趋之"展开,从其言,观其行,大丈夫本色跃然生动起来,让学生畅谈林则徐的言行,以及赋予他怎样的情感?若当时你作为林则徐手下的兵将,你会有何想法?由此让学生走进历

史,亲自体会这一情感。当课堂气氛达到高潮时,教师可立即设问:和平年代我们该怎样发扬这种精神?具体该怎么做?时空的距离迅速拉近,学生就会在这一特定人物身上发现许多闪光的智慧,潜移默化地将爱国爱民族的精神理解透彻,这样做比高谈阔论更有收获。

试验二:行胜于言,用事实打开朦胧的谜团,学做真事

言不在多,贵在精。一言可以兴邦,一言可以误国。真正的教育者应该是个发现者、观察者,做学生进步的守望者;而不要做催生软壳鸡蛋的疾风劲雨,披星戴月不舍昼夜的苦行僧;要以积极的心态创造性地处理突如其来的种种问题,这些健康向上的情绪无时无刻不在感染着我们的学生,潜移默化之中也会由量变转向质变。让我们的学生用心感受着人间的真善美,用实际行动远离假恶丑。为此,课堂中的有效案例就为我们铺平了道路,让我们聆听到了生命充盈而灵动的声音。

例如,在讲到七年级历史上册《诸子百家之儒家》时,我结合当今构建和谐社会的主题,讲到孔子的儒家思想在今天仍然会大放光芒,同时在这一点上进行了深刻的情感升华:孔子提出仁,何谓仁?己所不欲,勿施于人;如何学会换位思考等。而这一切单凭语言不会有太好的表达效果。于是,我选取了生活中热点的城管问题来例证。

联系现实　活学活用	出谋划策　大显身手
案例叙述： 　　河北人，军人转业做保安，连续几个月没领到工资，为生计买了一辆三轮车在马路边摆摊卖烤肠。 　　城管监察大队队长2006.8.11执法遇到崔，扣押了三轮车。崔急了，因为车是借钱买的，请求把三轮车留下。你夺不撒会，就在争执一刹那，崔冲上去抢票向车，他的手和拳随了一下，他以为李刺他，随手一切切脖动刀刺中了李的颈部李当场死亡2007.4.10北京中级法院以故意杀人罪严处崔死刑 　　就这样一次执法行动改变了两个人的命运。两个家庭陷入无尽的痛苦。然而，类似城管与小贩冲突事件，每个城市每天都在上演猫捉老鼠的游戏。你来我跑，你追我赶……	同学们，请你试着以孔子的"仁者爱人"、"为政以德"的思想，来看待城市管理问题，怎样才能避免这类悲剧的重演？ 仁者爱人提倡爱朋友和他人，己所不欲，勿施于人，如果城管队长加强沟通，能站在小贩立场，理解他们的艰难处境，就能避免这种的管理。各级政府若能为政以德，协调各方利益，悲剧也可以避免。

　　李志强，城管监察大队队长，2006年8月11日，李队长执法时遇到崔英杰，扣押了他的三轮车。崔急了，因为车是借钱买的，请求李队长把三轮车留下。争执中，崔手中的刀刺死了李志强。2007年4月10日，北京市中级人民法院以故意杀人罪判处崔死刑。一次执法行动，改变了两个人的命运。然而，类似城管与小贩的冲突事件，城市里每天都在上演……案例出示（见上图）后，我请一位同学朗读。我沉痛地说道，同学们，一次普通的执法行动却酿造了两家人的悲剧。学生们渐进悲痛情境，这时我及时出示问题：同学们，请你试着以孔子的"仁者爱人"、"为政以德"的思想，来看待城市管理问题，怎样才能避免此类悲剧重演？学生的回答很精彩，很多创造性的建议可以给我们的行政执法人员足够的启示。

　　试验三：动之以情，晓之以理，用真情唤醒学生沉睡的心灵

　　美国著名心理学家阿尔特·蒙荷拉比把语言的表达效果概括为：一句话影响力＝15％声＋20％色＋25％姿＋40％情。在课堂上，如果你声情并茂地讲述案例故事，学生会紧随案例的节奏，时而凝神聚听，时而捧腹大笑，时而怒形于色。用真情赢取真心，博取共鸣，产生生命交响曲，共同演绎人间大爱，课堂会成为温馨的殿堂。可见，成长中的学生具有很强的可塑性，关键在于如何挖掘、如何设置好这一呼之欲出的塑造点。

　　例如，在对八年级历史书上册《同仇敌忾　抗战到底》一文的讲解中，我发现一个爱憎鲜明、反差极大的教学案例，以此来对学生进行生命情怀的爱国情感教育。同样是军人，我军能从国际人道主义出发，善待敌方的俘虏乃至其刚学会走路的孩子，战争无情却显大爱，绝不殃及无辜的

生命，显现了军人的至爱情怀和海纳百川的胸襟与气魄；然而手持军刀的日本武士却无视生命的存在，肆意屠杀手无寸铁的无辜百姓，这种灭绝人性的杀人比赛令人发指。

于是，伴随着班得瑞的钢琴曲 *The First Snowflakes*，图片缓缓进入，旁白：战争带给我们无尽的痛苦，也有切肤的思考。观察以下一组镜头，谈谈你的所思所想？在班得瑞深邃明哲、启迪智慧的音乐声中，孩子们的情感受到了强烈的冲击，回答问题时妙语连珠，对生命所寄予的情感自然迸发。

陶行知先生曾语"生活即教育"，教育的真谛在于学生学做真人、学做真事、善用真情。守望教育，需要从守望生命的课堂开始。

（江苏省宿迁中学初中部　伏军）

6. 有种教育叫润物无声

捧着一颗心来，不带半根草去。你们抱着这种精神去教导小朋友，总是不会错的。

——陶行知

（摘自《陶行知文集》第 5 卷中《捧着一颗心来，不带半根草去》一文，第 235 页，江苏教育出版社）

我那天晚上的心情本来很好，可晓倩家长的一个电话，立刻把我推向了"痛苦的深渊"。"王老师，孩子今天交营养餐费，找回的 20 元钱放在书包里，回到家发现钱不见了……"为了安慰家长，我忙说："您放心，明天我来处理这件事。"家长的电话放下了，我的心却揪了起来。作为班主任老师，最头痛的就是处理丢钱事件：一是钱上没有任何记号；二是不能翻学生的口袋，要尊重学生的人格，保护他们的自尊心；三是教师没受过专业的侦破训练。如何处理好这件事可真是棘手。这时我的头脑中闪现出一个孩子的面孔，他以前曾有过几次偷别人钱的行为，可经过教育，他已经很长时间没再犯了，他与晓倩是同桌，难道又是他干的？如果直接问他，又怕冤枉了孩子；如果真是他拿的，他死不认账我又该怎么办？姑息他一次就是纵容他再次犯错误。

第二天晨读时，我把他单独叫出来，关切的看着他，想从他的眼睛里找到些什么，但他却和我四目相对，我一无所获。于是我缓和了一下气氛，说："请你仔细回忆一下，昨天有没有做过不该做的事？"他眨巴着眼睛，摇着头，在我的追问下，也只是说了些无关痛痒的事。怎么办？我又不能直接问他有没有偷别人的钱。

记得陶行知先生说过:"真教育是心心相印的活动,唯独从心里发出来,才能打动心灵的深处。"他忠告教者,要"捧着一颗心来,不带半根草去。你们抱着这种精神去教导小朋友,总是不会错的。"于是,我拉起他的手,和蔼地问:"你觉得王老师平时对你好吗?"这句话仿佛触动了他,他把头低下了,喃喃地说:"很好。"我把手搭在他的肩上,俯下身来看着他的眼睛,笑着说:"老师怎么对你好的,能说出来给老师听听吗?"他慌忙移开了视线,愧疚地说:"我给您添了那么多的麻烦,您却不讨厌我;我闯了那么多的祸,您都能原谅我;我学习不好,您不但不嫌弃我,还给我补课;有一次我生病了,您跑前跑后为我端水送药……"我把他的手拉得更紧了,又一次俯下身,看着他的脸,诚恳地说:"老师对你好是因为我把你看成是我自己的孩子,可是现在老师遇到了麻烦需要你帮忙:昨天晓倩的家长给我打了电话,我一夜没睡好……"我的话打住了,眼睛紧紧地盯着他,看到他的手一抖,我心里就有数了,追问道:"老师只想听你一句实话。"犹豫了片刻,他抬起头,眼里满含着泪水:"老师,对不起。晓倩的钱是我拿的。"

这件事成了我俩之间的秘密。现在他已跨进了高中的门槛,后来我收到了他的一封情真意切的来信:"王老师,谢谢您,是您让我懂得了如何堂堂正正地做人,是您的师爱无痕才让我永远地放下思想包袱,让我这一生都能抬起头来走路……"对待这样一个有着不良习惯的学生,我庆幸我没有因为他偷了同学的钱而直接揭其短处,而是循循善诱,使他最终认识到自己的错误;使孩子体会到老师对他的尊重、包容、鼓励和关爱,也感受到得到尊重后的幸福。是啊,无痕的教育是我们教师帮助学生改正错误的一剂良药。

我们为人师者,不要急于将我们的规则与道德强加于学生的思维,也不要对他们一时的错误不留情面地大加训斥,而是要把我们的鼓励、赞扬、信任或批评都蕴含在眼神、表情乃至隽永的故事中,为他们创设一种

吾行篇

温和而无痕的教育氛围。真正的师爱是一份等待，是一种倾听，是一份宽容，是一种尊重，是一份耐心！教育的无痕是一种润物无声的境界，也是我们从教者永远的追求。

（山东省荣成市第二十三中学　王丽新）

教与学

1. "解放儿童"与"深度课堂"探索

我们发现了儿童有创造力，认识了儿童有创造力，就须进一步把儿童的创造力解放出来，就是要"解放小孩子的头脑，解放小孩子的双手，解放小孩子的嘴，解放小孩子的空间，解放儿童的时间。"

——陶行知

（摘自《陶行知文集》中《创造的儿童教育》一文，第919页，江苏教育出版社2001年版）

我们学校曾在对学生学习状况的调查过程中，问学生：课堂中最喜欢做的事是什么？80%的学生都选择了"听老师讲课"。为什么学生喜欢在课堂中听课呢？我又与部分学生进行了深入交谈，把他们的答案归纳起来有以下三点：①我们已经习惯了听老师讲课；②上课时不想回答，也不想提问；③认真听课，以便完成作业，下课就自由了。

从学生的回答中我们不难发现，学生已经习惯于被动学习；学生不想思考和提出问题，因为我们的课堂学习中没有探究任务，不需要学生的提问，教师把时间都占用了，学生把课堂学习当做一种被动的任务。

我们很想改变学生被动学习的现状，试图通过"深度课堂"来寻找课堂学习和"解放儿童"的有效机制，让学生真正体验到学习的快乐。那么，"深度课堂"主要有哪些表现呢？

表现一：深度课堂第一个指标———"自由度"

这里所说的自由度是指学生自主学习在课堂教学中所占的比率。希尔伯曼撰写的《积极学习》一书中，一项关于"学生对所学内容的平均回忆率"的调查引起了我们的关注，原来教师讲授的平均回忆率只有5％，而学生教别人平均回忆率高达95％（如下图），学生的自主学习竟是如此重要。

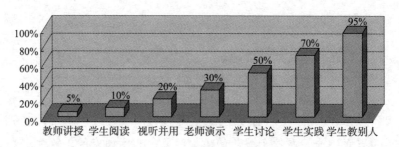

为了保证在课堂教学中学生的主体地位得到巩固，我们对课堂教学评价进行了量化探索，规定课堂上教师要精讲，学生要多练。不仅要求教师的讲课时间不能超过15分钟，学生自主学习的时间不能少于10分钟，而且教师布置的作业要保证至少有2/3的学生能当堂完成，作业批改坚决不过夜。我们还进行了颠覆性的课堂教学改革，变"教学"为"学教"，通过先学后教的课堂学教模式、学案、教案共进课堂以及"以学论教"的评价方式，把学生从传统的被动学习中解放出来，以此来保证学生自主学习的落实。这些要求不仅是针对教师的，也是针对学生的，让学生在自主学习的过程中得到更好的发展。只有建立在规则上的自由，才是真正的自由。我们在课堂上给学生设立规则、制定要求，以循序渐进的方式提高学生自主学习的能力。

可见，"自由度"带给学生的是从被动到主动的主体解放。

表现二：深度课堂的第二个指标——"广度"

这里所说的广度有三层含义，一是教师在课堂教学中对学生的关注面；二是教师课堂教学中知识的拓展面；三是教师引导学生从课内走向课外所创建的坡面，也就是一个斜面。我们认为，学科教学都不是孤立地存在于课堂中的，而是要把课内与课外、学生与教师、教学与教材紧密相融，树立"今天走进课堂就是为了明天走出课堂，今天走进课本就是为了明天走出课本"的教学理念，把课堂的空间和课本的空间以学生的发展为原则进行放大。

我们开始在语文学科上把相应的课外经典阅读纳入到整个语文教学系统中，制定了小学生校本精读书目、必读书目、选读书目，一个学期的语文学习内容从一本教材延伸到十本文学作品，极大地丰富了语文学科的底蕴。

我们的课堂也发生了变化，课堂教学不再单一，从书本延伸到课外阅读成了我们课堂教学的重要内容。因此就有了从"文本"导出"书本"的教学模式；也有了从"文本"导出"作家"的教学策略，一位教师在上完《自己的花是给别人看的》一文后，让学生阅读季羡林的散文系列；还有了从"文本"导出"主题"的教学形式，学习课文《临死前的严监生》，在学生学完了解了严监生的吝啬形象后，教师就引导学生进行了"吝啬鬼"主题小说的阅读。

案例1

《刷子李》教学片段

师：《刷子李》是谁的作品？

生：冯骥才的。

师：对，是他的作品。那么，你们认为他的作品有什么特点？

生1：语言风趣、幽默。

生2：人物描写活灵活现。

生3：看这样的故事有点像看小品一样。

师：对，你们说得很好，说明通过今天的课，你们初步了解了冯骥才作品的特点。那么，你们知道《刷子李》选自冯骥才的哪部作品集吗？

生：《刷子李》选自《俗世奇人》。

师：对，冯骥才的《俗世奇人》共有18篇作品，每篇记述一个奇人趣事。今天我们欣赏到的是"刷子李"，那么，"泥人张"又有怎样的本领呢？请你们猜一猜。

……

师："快手刘"又是一个怎样的奇人？

……

师：请同学们课外欣赏冯骥才的《俗世奇人》，一周以后，我们再来交流读书心得，进一步体会冯骥才作品所带给我们的独特文学魅力。

从文本导出书本，教师把书本作为学生走进大语文领域的钥匙，打开无边界语文教学和深度语文课堂的探索大门。当然，除了从文本引出的课外阅读，我们还开设了名著导读课，为学生的课外阅读点亮一盏明灯。我们已经从单本导读过渡到主体式导读，让学生的阅读成系统化状态发展。

可见，"广度"带给学生的是从有限的课内到无限的课外的一种解放。

表现三：深度课堂的第三个指标——"温度"

课堂是有温度的，教师为课堂教学所投入的热情是温度，学生为课堂学习所表现出来的兴致也是温度，师生关系融洽、教学互动和谐、思想火花迸发、课堂气氛活跃等都是温度。

窦桂梅老师说："没有温度的男人，在课堂上是立不起来的空麻袋；没有温度的女人，在课堂上就是一只没人爱的旧瓷碗。"在课堂教学中，教师要传递的不仅仅是知识，还有从自己身上生成的"精、气、神"。

温度包含"情感、情境"两个方面，教师的激情和学生的热情所形成的是温度中的情感，课堂中师生关系融洽、教学互动和谐所创建的是温度中的情境。

教师要学会控制温度，让温度成为服务于教学的催化剂。课前，有温度地解读文本、有温度地开展备课、有温度地了解学情；课中，用激情激发学生的热情、用激情点燃学生的好奇、用激情启迪学生的思维；课后，用温情评价学生的书面作业、用温情化解学生心中的疙瘩、用温情融洽与学生家长的关系。

案例2

"情境实践性"作文教学片段

师：同学们，你们当过记者吗，有过采访经历吗？

生：没有。

师：那么你们想当记者吗？

生：想！

师：今天，汪老师满足大家的要求，让咱们班全体同学都过一把记者瘾。你看，老师给同学们带来了什么？（教师拿出事先准备好的小记者证）

生：小记者证！（掌声响起）

师：这一节课我将给每个同学15分钟的自由采访时间，让你们走出课堂去采访你想采访的对象。那么，在采访之前我们要做好哪些准备呢？还有，你现在的心情又是怎样的？

……

师：可以说同学们此时的心情是很复杂的，这也是很正常的，希望你们拿出勇气，争取采访成功。大家准备好了吗？

生：准备好了！

师：采访活动现在开始，出发！

（学生走出教室，开展采访活动）

生活化的课堂就应该能：凸现课堂教学的生命意义，呈现书本知识的生命状态，体现学生主动发展的生命需求。这一堂作文指导课，把课堂教学的价值取向从单一的教学质量上升到人的生命高度，这是一堂有温度的作文课。

"温度"带给学生的是一种心灵的释放,是一种学习兴趣的激发。

"千教万教,教人求真,千学万学,学做真人。"陶行知先生的话时时在耳畔回响。儿童是有个性的生命体,唯有适合学生个性发展的教育,才是真正的教育。

(浙江省宁波市万里国际学校小学　汪阳合)

2. 课堂的生命活力："教学做合一"

教学做合一是一种生活法，也就是教育法。它的含义是：教的方法根据学的方法；学的方法根据做的方法。事怎样做便怎样学，怎样学便怎样教。教与学者以做为中心。在做上教的是先生，在做上学的是学生。

——陶行知

（摘自《陶行知文集》中《教学做合一下之教科书》，第405页，江苏教育出版社2001年版）

新课程强调实践活动的重要性，提出了"采用活动的方式进行教学"。陶行知的"教学做合一"理念鲜活地生存于这种教学方法中。我在教《谁是最值得尊敬的人》这一课时，置课堂于新鲜的环境中，让学生在做中思、在做中学。

做法一：在参观中唤醒学生的道德意识

杭州湾跨海大桥的建设给我们家乡带来了新的变化，它与家乡的329国道互为立交。陈家村的部分居民把新居民区安置在离学校只有200米左右的地方。我在教学时把学生带去现场，让学生根据自己的视角去观察、发现和交流。

还未到新居民区，一位学生便自豪地说："我家就住在第二栋楼，有三间楼房，很宽敞，欢迎同学们到我家做客。"另一位学生远远地就用手点着数了："1，2，3……十间一排，一栋连着一栋，这里已建好的新房子有300多间了。"走进新居民区，学生还未发完心中的感慨，有的已经开始显示自己的神通了,有从东数的,也有从西数的,有两人一组观察的,也有四五人一组分工协作的。

　　一会儿,我和学生们便坐在一棵大银杏树下开始交流了。一位学生说:"我数过彰和边的小别墅有 22 幢,不临河的有 40 幢,还有大别墅有 19 幢。""这些别墅的造型一致,外墙的颜色一致,说明这里的小区是经过精心规划过的。""是啊,这里的房子多了,高档了,这就是变化。"我的话音刚落,一位女生说:"我发现这里的道路宽阔,路旁的绿化成行,可见现在的居民既讲究住房舒适又重视环境保护。""不错啊,你们看,"站在她旁边的高个子学生指了指身边的这棵银杏树说,"这么大的一棵树是移植的,这么大的草坪也是种植的。可见这里的居民的环保意识很强。"这时,一位从城区转学过来的学生的发言让我们这些农村学生也感到惊喜:"我发现了一处与城市相同的地方,就是这个新区也看不到所谓上墙的'规定',不像农村有些地方的墙上写满了红红的村规民约。从另一方面说,这里的居民很文明,遵守'规定'已经是一种习惯,不用一些条条框框来约束了。"是啊,这些新楼房、新别墅和满目的绿色说明现在的居民富裕了、文明了。"居民的住房变化了,由原来低矮的小房变成如今的别墅,更重要的是这一代居民的生活观念也有了很大的变化,比以前更开放、更富有创造性。"另一位学生接过话茬:"不错,不过居民观念的转变离不开党的改革开放好政策。因为墨守成规和固步自封已经跟不上生活的节奏了,也不再适应现代社会的发展了。一句话,遵纪守法并且能发展自己的人最可敬。"

　　这样,我把思想品德的教学课堂移到校外的教学现场,在一个可以触摸的学习环境中让学生"在做中学",老师和学生的心灵在感受和交流中融合,教师教得轻松,学生学得也轻松。置身其中,唤醒的是学生的道德意识,并以独特的童心视角去审视这里的一草一木所焕发的生命力,去审视这里的楼房、别墅折射出的红火生活的后劲。学生真切地感受到家乡的巨大变化:新一代居民不仅从住房上发生了巨大变化,也在思想观念上发生了变革性的变化,他们用自己的劳动改变了生活、改变了自我。从而使学生更加深了对家乡劳动人民的热爱。

做法二：在劳动中提高学生生命体验的感悟

我带领学生去参观家乡的一家打火机制造公司，公司老总很热情地接待了我们。他向同学们介绍了公司的发展史后，对同学们说："今天，我也过一回做老师的瘾，给你们布置一道特殊的作业，可以吗？"说着，他对我笑了笑。我说："可以啊，就是给学生的压力不能太大。"他说："好的，就是每人安装100个打火机喷杆零件的皮圈。至于待遇，因为你们是一群特殊的'工人'，所以工资也特殊，也按件计算，是普通安装工资的10倍。""好！"学生们一听做作业还有工资拿，高兴地跳了起来，积极请教安装的技巧。老总的脸上也露出了少有的兴奋，他把我们带到了公司会议室，并准备了相应的安装工具。学生们在听明白了老师傅讲解的技术要领后，就埋头做了起来。

在一个长只有15毫米、外圆不到2毫米的喷杆的凹槽上要安装两个皮圈是一件不容易的活儿，在近一个小时里，最快的学生完成了92个，最慢的学生只完成了25个。老总看了，笑笑说："看似简单的安装却有很多的技巧，这就需要我们掌握一些安装的知识啊。没做好的可以拿回家去做，两天后交到公司办公室。100个喷杆零件一个也不能少，完成了领工资。"每个学生都按时完成了这份特殊的作业，也拿到了一份沉甸甸的属于自己的工资。

尽管这份工资不多，但意义却不小。它为我组织学生进行一次关于家乡话题的讨论奠下了基础："联系课文《谁是最值得尊敬的人》，你拿到这份工资时，第一感受是什么？""我想买一些学习用品，这样会使这次劳动更有意义。""我觉得这份工资很珍贵，因为它是我第一次靠自己赚的钱，是对我学习劳动技能、体会劳动辛苦的一种总结。""是啊，正因为有了家乡人辛勤的劳动，家乡才会有今天这样大的变化。""这次老师给了我一次直面生产劳动的机会，我在'小'喷杆里看到了'大'生活。""我拿到工资时，也为家乡创造了财富，做了一点贡献。""对，尽管我们作出的这点贡献对于家乡来说微不足道，但把这些'微不足道'都汇聚起来，也可以为改变家乡的面貌出一份力。""我在这份工资里看到的是我们正在逐渐变化成一代现实中人:既讲学习,也讲经济效益。有知识的劳动者最可敬。""说得很有道理!"我感慨地说,"我们家乡现在和将来都需要有知识、有技能的人。"

这样的劳动实践置学生于现实生活的大背景中,强化思想品德教育的内容和生活化的教育思想,使学生更明白自己是一个现实中的人,生活需要技能和知识,我们也需要战胜困难的斗志和力量。"做中学,学中做"的教育思想在这种特定的环境里焕发了强大的生命力,激起了学生内心的情感反应,以这种特殊的形式体验生命和改变自己生命的感觉。学生体验到的不仅是家乡的变化,还有父母的辛苦、劳动的可贵,更有对现实生活的思考和生命丰富多彩的感悟。

教学的过程中,我曾有过"望尽天涯路"的渴望,也曾有过"为伊消得人憔悴"的付出。最终,我寻找到了"那人却在灯火阑珊处"的真谛——让课堂焕发出生命的活力。这一切,我想正是缘于我对"教学做合一"思想的实践,缘于学生喜欢在新鲜环境里学习的需要。

(浙江省慈溪市掌起镇中心小学　陈其浩)

3. 小学数学教学中运用"小先生制"提高课堂效率

从我们的经验来讲，小先生运动有下述优点：1. 通过教别人，孩子们学得更多。把知识冷藏在脑子里的人学得最少。2. 知识不再是买卖的商品。教育成为人人可以免费得到的礼物。它像空气，人人可以呼吸；它像水，人人可以饮用；它像阳光，人人可以享受。3. 老少共同进步。成人与儿童经常接触，共同增长知识，可以使老人年轻起来。4. 它帮助解决了子女教育那不可克服的困难，使我们能够把初级教育扩展到全国的一半人口，而这是其他任何方法都办不到的。5. 随着小先生的出现，学校本身也有了新的变化。从前，乡村学校在农村中是孤立的。现在，小先生就像通电的电线，把乡村学校和每家每户联结起来。

——陶行知

（摘自《陶行知文集》中《人民的教育运动》一文，第748页，凤凰出版传媒集团2008年版）

"小先生制"是我国著名教育家陶行知先生所倡导的一种帮教助学形式，在当时那个特定的年代，对普及教育起着不可磨灭的作用。现在虽然已经迈入21世纪，但其观点和做法仍给我们以启迪，值得我们仿效和推行。

由于家庭文化背景、学生的接受能力等差异，学生的数学水平参差不齐。有的学生对数学有浓厚的兴趣，有的学生怕学厌学情绪与日俱增。如何改变这种状况呢？我的做法就是大力推进陶行知的"小先生制"。那么，如何在小学数学教学中充分运用"小先生制"，实施民主教学，优化师生、生生情感，从而提高教学效率与效益呢？以下是我采取的一些做法。

做法一：独具慧眼选好"小先生"

陶行知说："小先生是与他人分享教育的儿童。"小孩是怎样教别的小孩的呢？陶先生说得好："他在做上教。他一面做，一面学，一面教，他的教育力量有时比教师大得多。"因为儿童与儿童在学校里朝夕相处，语言、心理比较接近，相互之间更容易沟通，而教师与儿童之间毕竟还存在着一定的"代沟"。

因此，挑选"小先生"的首要条件就是学习上要追求真知；其次还要求"小先生"树立为同学服务的意识，具有一定的组织管理能力，数学解题的方法、能力具有示范性，数学作业格式规范，学习成绩优异。根据这些要求，我挑选出一名具有一定天赋的数学尖子，在学生中也有较高威信，让他担任数学课代表。选好课代表非常重要。例如我曾带过的一个班，最初班级数学水平一般，但启用另一名数学课代表后，在她的带动下，班级学习常规以及数学整体水平都有了较大的提高。

这些"小先生"的任务主要有：一是对新课的作业先期进行检查，发现问题及时对同学进行个别辅导；二是每天及时督促本小组的一些好偷懒的学生认真按时完成作业；三是协助管好课间无老师时班上学生的学习纪律，特别是防止同学抄作业等不良现象的发生。

做法二：建立激励机制，激励人人争当"小先生"

陶先生说得好："小先生不但自己做小先生，而且要教别的小孩做小先生，更要紧的是要教自己的学生做小先生。"古人也说过"青出于蓝而胜于蓝"、"弟子不必不如师"。这些话都是讲徒弟通过自己的努力，能胜过师傅。因此要让学生确立这样的观念——眼前的这个"小先生"不是一成不变的，如果不经常学习新的知识将来还有可能要拜昔日的"徒弟"为师呢。只有建立"师徒"转化的激励机制，才能使"小先生制"处于良性循环之中，从而推动班级整体水平的提高。

为此，我们曾采用"分组·竞赛"机制，具体操作是这样的：每学期根据原来的情况，把班上的学生分为A、B、C、D、E五个小组，代表上、中上、中、中下、下五种水平，请每一小组的第一名担任这一小组的组长（A组由第二名担任组长，第一名则担任全班的总组长），并设计表格请小组长在上面详细记录小组中每名学生在每次课堂、课堂作业或测验的等级，两周小结一次，凡数学学习水平下降的则降组处理，学习水平提高的则上升到上一等级组。并事先约定只有进入A、B两组的同学才有资格做别的同学的"小先生"。这一机制的推行，使班级的数学学习呈现出你追我赶、不断进取的勃勃生机。

做法三：提供机会着力培养"小先生"

　　一是利用课堂教学这块主阵地，多多锤炼"小先生"。数学教学中有不少老师的角色也可以让学生担当，体验当"先生"的感觉。例如批改作业，一般情况下都是老师的"专利"，我却找机会让他们练习打"√"，看谁打的钩漂亮，也学着老师的样子去写行书的"优"，同学们个个学得兴致勃勃，人人都想试试当"小先生"的感觉。在课堂上，我有目的、有意识地让他们当堂互相交换批阅一些当堂作业或小测试，以培养"小先生"们及时发现"学生"学习上的问题的能力，并帮助同桌找出错误的根源，探寻解决的方法。

　　二是充分利用兴趣小组，让"小先生"先行一步。让他们学习课本上没有的内容，使其开阔视野、提高兴趣，然后再发动他们去教其他学生。

　　三是开展丰富多彩的竞赛活动，提高"小先生"的各种能力。近年来，我们开展了口算比赛、解应用题比赛、绘数学图表比赛、做几何数学模型比赛、奥林匹克数学竞赛等活动。通过一系列比赛活动的开展，大大增强了"小先生"的参与意识和竞争意识，也提高了"小先生"的各种能力。

做法四："师""徒"结对转化差生

　　陶先生说："小先生原则的由来是很简单的。任何人只要有追求真理的精神,他便取得小先生的合格证明。"到了一定时期,班内学生水平优、良、中、差四流分化是必然趋势,如何帮助后进学生向优良等级转化呢?首先,根据平常"分组·竞赛"的成绩建立"优秀生"和"后进生"档案,然后考虑座位、家庭住址远近、性别差异等因素,合理地进行师徒结对,建立帮教助学网络。再具体落实帮教内容和形式,如成立"小小组",定时定量地要求"小小组"的"小先生"进行辅导。"小先生"通过这样的方式,"以教人者教己",一方面因为自己当了"小先生",对自己的要求也更高了,对于学习的内容有了更深刻的探究;另一方面,徒弟在师傅的指导下,数学学习也有了很大进步,于是"小先生"的劲头越来越足了,真可谓是相得益彰。

　　总之,正如陶行知先生所说:"在小先生手里,知识是变成空气,人人得而呼吸;知识是变成甘泉,处处得其润泽。"但愿"小先生制"能在积极推进素质教育、开放教育和新课程改革的今天,更加发挥其以一带十、整体提高的作用。对"小先生制"的尝试,我们才只做了一些工作,还有更多的教育改革等待着我们去实践与探索。为此,我们将不断努力。

(江苏省苏州工业园区车坊实验小学　缪建平)
(江苏省苏州工业园区娄葑学校　莫忻娟)

4. 我和学生一起进行思维能力的创造

吾行篇

> 手和脑在一块儿干，是创造的开始；手脑双全，是创造教育的目的。
>
> ——陶行知
>
> （摘自《陶行知文集》中《创造的教育》一文，第491页，江苏教育出版社2001年版）

陶行知强调培养人的创造能力，主要是指以下三种能力：一是"治学"能力，即自动、自学和自得的能力；二是思维能力或认识能力，即观察、分析、综合、推理和判断的能力；三是"治事"能力，即手脑并用、能言能行、善待人、会办事的能力。"手和脑在一块儿干，是创造的开始；手脑双全，是创造教育的目的。"陶行知先生主张，创造教育应从儿童抓起。

如何能在教学中培养学生的思维能力呢？有两个案例给了我深刻启发。

案例1

这是一节普通的练习课，主要是通过练习巩固学生对平移的认识。由于学校电教设备先进，我们教师讲起课来游刃有余，学生也很快学会了有关平移的知识。为了趁热打铁，家庭作业我也布置了和课堂教学统一的练习。

第二天，我满心欢喜地批改学生们的练习，可意外的是，竟然有58%的孩子的作业做错了。

（1）填一填。

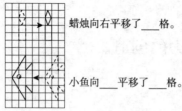蜡烛向右平移了___格。

小鱼向___平移了___格。

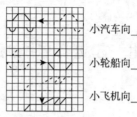小汽车向___平移了___格。

小轮船向___平移了___格。

小飞机向___平移了___格。

（2）画一画。

向上平移3格。 向右平移3格。 向左平移7格。

我沉着脸走进教室，学生们并不知道现在的我怒火中烧，他们一个个围着我问："老师，这节课学什么？"看着孩子们天真烂漫的笑脸，我的火气已经消去了一半。上课了，我并没有急着"兴师问罪"，而是轻声地说："同学们，你们昨天做作业时，有没有遇到什么困难？"有的孩子摇头，有的孩子面面相觑，有的孩子低声交流。一会儿，有几个孩子举起了手。"老师，您的白板是高科技，可以平移题目中的图形，可是我们的数学书和练习册都是死的，不能动。所以，我觉得做作业并没有老师上课时那么容易。"这个小男孩刚说完，我发现有很多孩子都点头表示认同。又有一个孩子说："昨天，我把平移几个格当成了两个图形之间的空格了。"我心里一惊，是呀，我怎么没想到这些，看来出现的这58%的错误率是因为我自己教学没有考虑全面，过分依靠科学技术而忽略了让孩子们自己去思考探索解题的策略。我赶紧笑着说："你们说得太对了，这节课我们就来解决你们的问题，好吗？""好！"全班同学齐声回答。

师：看第一题，你有什么好办法？

生1：我在两个蜡烛上找两个点，数这两个点，就行了。

有的学生补充道：找的这两个点必须一样，也就是必须是相对应的两个点，比如一个图找蜡烛的火苗，而另一个图找蜡烛的底部就会犯错。

生2：找的点最好是在方格纸的交点上，这样好数清楚平移了多少格。

生3：我用自己的手指或铅笔当这支蜡烛，一边移动一边数，直到与第二个位置相重合为止。

有学生反驳道：蜡烛比铅笔细，在移动过程中铅笔会挡住视线，如果没有移动到位或者移动过了怎么办。还有第二道题，铅笔没有那么粗，如何代替。

生4：看来数两幅图之间的空格肯定不对了。

生5：我觉得找两个对应点，数两个点之间的小格，这种方法好。

我一听，正如我意，看来学生们找到了和我一样的解题办法，这节课上到这里也该可以了吧。这时，班上一个平时不爱说话的孩子小奕举起了手，他站起来说："可以数两幅图之间的空格，不过数完后再加一。"

立刻有学生反驳道："数两幅图之间的空格是错的，你听讲了吗？"我心里非常赞同这个反驳的学生，于是随口问小奕道："你认为你的方法对吗？""对，您看我这道题用这个方法与您的答案一样。"不让他认错我还不死心，我又问："能说说你这么做的道理吗？""我们原来学过间隔加一是总长度。"我既没有反对也没有赞同，只说："那你再做几道题试一试。"

我们接着又数小鱼平移了几个格，大部分孩子用找对应点的方法做对了这道题。

一个学生举手说："老师，我用了小奕的方法，不对，少了两格。"这时小奕沉默了，大概过了三四分钟，他一边举手一边说："老师，这次我一定对。不是间隔格数加一，而是间隔数加上本身图形所占的格数。"我暗自赞叹：聪明！

有的孩子不死心又接着发难："这个小鱼占几个格，怎么数，从头数到尾，还是数鱼翅的地方，间隔也不一样。"又是一阵沉默。

我说："没关系，我们接着研究，来看小汽车这道题。"

一会儿小奕说："和数点的方法一样，拿汽车这道题来说，如果你是从车顶数间隔，那就加上车顶所占的格；如果你数的是车身的间隔就加上车身所占的格。"

我们又实验了几道题目，发现使用小奕的方法真的可以。

我庆幸没有扼杀小奕的想法，其实上课就是我和孩子们一起成长的过程，我们一起享受着成长的快乐。

案例2

今天该讲第二单元《镜子中的数学》,说实话,这样的课是我最不喜欢的课型。所以,我把这节课当成活动课来上,按照教案按部就班地进行。

首先是引入。

师:在生活中,照镜子时会出现什么现象?

师:你觉得这些现象和数学有什么关系?这节课我们就来研究有关这些现象的知识。(出示课题:镜子中的数学)

其次是动手实践,合作探究。

先是教师示范。

(1)在黑板上贴一个大大的黑体字——"王"的一半。然后问学生:"凭你多年的生活经验,把镜子放在虚线上(对称轴),你会看到镜子里有什么样的图形,整个图形是什么样?"

(2)指名请学生说一说。

(3)真正把镜子放在虚线上,让学生说一说看到了什么?有什么发现?

(4)指名请学生回答(看到"王"字,镜子内外的图形具有轴对称的特征)

再是试一试(通过操作活动,使学生认识镜面对称现象)。

(1)根据一半图形进行猜测,然后再实践验证。

让学生把镜子放在虚线上,看看镜子里的图形和整个图形。

(2)说一说,看到了什么?

(3)这条虚线在对称图形中叫什么?

(4)想一想:小朋友照镜子时实际是几时?

(5)指名请学生说一说自己的判断方法。

学生们好像也不太重视这个知识,有的孩子甚至拿自己准备的镜子玩。看到这个情景,我非常恼火,决定出一道题考考这些顽皮的孩子,给他们一点教训。这时我正好看到这样一道题："想一想，小朋友照镜子时实际是几时？"对，就拿这道题为难他们。（为了增加难度，我将教材中的电子表换成了时钟）

我得意洋洋地问学生："这道题怎么办？"

一个正在玩镜子的男生立刻说："老师我们再用镜子照回去，就可以了，我们拿镜子放到镜子里的钟面上，看自己镜子里的时间。"立刻有人附和道："负负为正，好！"没有难住他们，我不甘心，正想再追问还有什么好方法时，另一个女生反驳道："考试时，怎么办，能带镜子考试吗？"这一问，还真难住了很多人，全班马上安静了。一会儿，又有人举手站起来说："可以把练习纸拿高，翻过来，透过阳光看，就是正确时间了。"立即全班同学都拿起了练习纸，像那个女生说的那样操作起来，"真的可以"，"我看到了"，"真神奇"，"太有意思了"，大家纷纷说着自己的感受。这时我发现有一个孩子却没有这么做，我让全班同学安静，问他："你为什么不和大家一起试一试呀？""老师，您监考时有没有见过全班同学都拿起卷子对着窗户看来看去的呢？"其他同学对这个孩子嗤之以鼻，我立刻回答说："同学们，老师还真没有发现考试时拿着卷子，像你们这样做的考生。"几乎全班同学都发出了叹息声，有的孩子还说："这也不行，那也不行，老师，您说到底怎么办呀？"说实话，我只是出这么一道练习题为难他们，自己也没多想，被学生这么一问，我还真不知道如何是好。但也不能告诉学生说我也没想好，我只能让学生们再想一想。

片刻后，有个女生说："老师，我的方法是在钟面的右面画一个钟面的轴对称图形。""那多难画呀！"又是一片寂静，"可以在12点与6点之间画一条直线，利用这条直线做对称轴，画时针、分针的轴对称图形，如果时针、分针就在对称轴上，也就是时针、分针正指着12或6，那么就不用动了。""这个方法好，省事。"接着又有一个学生说："我发现一个规律，用12减去镜子中的时间，就是正确时间了。"

快下课时，孩子们说："老师，我们喜欢这节课，虽然您老出难题，但我们都战胜了困难。"有的学生说："镜子中的数学太神奇了。""老师，以后多上一些这样的课吧，太有挑战性了。"

课后，我进行了反思，这一堂课让我感受到了课堂再生资源的宝贵，因为课堂上的再生资源有时会让学生和老师有一种豁然开朗的感觉。在我看来，这些都是学生在积极发散自己的思维，在课堂中调动学生的思维，使课堂变得轻松又有意义。

(北京市海淀区七一小学　李莲莲)

5. 言之有理·言之有物·言之有序
——在实践活动中"优化"儿童作文

> 生活是教育的中心。教育要通过生活才能发出力量而成为真正的教育。
>
> ——陶行知
>
> （摘自《陶行知文集》中《谈生活教育》一文，第820页，江苏教育出版社2001年版）

新课程标准指出："小学生作文能把自己的见闻、感受和想象写出来，做到内容具体，感情真实，有一定条理，语句通顺……"这正如名家所言："若骛旁义，虽非背道，已成异趋，终其身达理真、情切、意达之目的，亦未可知也。"事实上，语文正是源于生活，用于生活，发展、完善于生活的。教师可以凭借语文与生活的密切联系，运用陶行知先生的"生活教育"理论实施生活化教学，也就是将教学活动置于真实的生活背景之中，激发学生听、说、谈、写的强烈愿望，将教学的目的要求转化为学生的内在需要，让他们在生活中学习语文。

下面，我结合学生生活中的实践活动谈谈该如何引导学生优化作文。

探索一：在活动中学会"倾听意见"，使作文"言之有理"

借春游活动的机会让学生走向社会、走向生活，在生活中学习语文，这不失为很好的时机。春游快到了，从男生的欢呼雀跃、女生的窃窃私语中可以看出学生都特别兴奋！然而，对于同学来说，活动结束又要写春游作文了，老生常谈，有点扫兴。这时候，老师可以换种形式安排作文练习。

学生要求自己分小组。是老师分组还是学生自由分组？我首先让学生展开辩论，在整个辩论活动中要求学生必须学会倾听，倾听之后才能去反驳别人。这个过程培养了学生养成"倾听"的良好习惯。

如何保证活动的正常开展，怎样贯彻执行学校有关春游的规定呢？在学生自由分组后，我要求学生学写活动倡议书。于是，每个小组分工合作，热烈讨论，专人负责记录。结果不到20分钟，各小组的活动倡议书都已完成。其中最出色的一份是这样写的：

（1）有集体观念，个人服从小组，小组服从集体。

（2）有纪律观念，统一穿校服，少带休闲食品。

（3）有时间观念，上下车准时。

（4）有安全意识，乘车、游玩时注意安全。

（5）有环保意识，带好垃圾袋，爱护绿化环境。

（6）有合作意识，互相帮助，遇事多商量。

虽然言语不多，但是学生确实是从多方面考虑如何组织自己的小组去活动，如何去享受权利的同时履行自己的义务，如何去拥抱大自然。经过交流，有的小组重新调整自己的计划，有的小组增添其中的项目，有的小组把不用提醒的删去……在整个过程中，学生学写的倡议书不仅仅是活动要遵守的内容，还是他们小组语言功底的展示，更是他们在认识上的升华。

探索二：在活动中鼓励"说心里话"，使作文"言之有物"

在写作文的时候，教师总是抱怨学生不能把作文写具体。但教师却没有注意到学生在写作文时有的只是胡编乱造，讲的全是空话，这怎么能把作文写具体呢？要鼓励学生"说心里话"，怎么想就怎么写，这样才能写出言之有物的作文来。

学校组织学生到东山雨花胜景进行"定向探宝活动"。中午，师生坐在大草坪上休息。一些平时学习比较差的学生特别放松，乘机在草坪上打几个滚，从他们的一言一行中，你简直难以想象他们写的作文是如何空洞乏味的。

小潘同学坐到我旁边说："陆老师，给你吃巧克力！"这是一位从不准时完成作业的调皮学生，特别是写作文，总是只写几行就完事了，每次都会被要求重写，可最后还是不能达到要求。我们友好地聊天说笑。在这放松的时刻，看来以前我是如何批评他的，他都抛到九霄云外去了。"陆老师，我想去买风筝，我太想放风筝了，你同意吗？"小潘试探性地问。因为有规定不能擅自离开队伍去买东西。这孩子还记得这条纪律！凭这一点，我就遂了他的心愿。

只见小潘熟练地放着刚买来的风筝，眨眼工夫风筝稳稳地飞上了天空，他俨然一个放风筝的"高手"。周围同学很是羡慕。真的不能小瞧他，他也有"一手"。于是，我让小潘同学介绍自己放风筝的绝招。他落落大方地介绍了放风筝要注意的几个细节：端端正正地举风筝，迅速飞奔，顺势放飞，逐渐放线。这就是写作文的几个步骤呀！在讲自己的得意之举时，小潘竟如此头头是道。可见，这是他的心里话。如果让他写出来，他一定也能写得很好。

可见，"生活的空间有多大，语文学习的空间就有多大。"让学生与社会生活感应，与自然欢娱。活动过后，再让学生把自己如何"探宝"的过程介绍给别人，尤其是让他们把自己最不容易找到的一步介绍清楚。这样，学生就能抓住重点进行写作，而且是津津乐道、言之有物。

探索三：在活动中引导"口语交际"，使作文"言之有序"

陶行知先生认为，"到处是生活即到处是教育，整个社会都是生活的场所，即教育之场所"。语文课程标准也强调要"充分利用学校和社区等教育资源，开展综合性学习"。语文教学除了要立足课堂，还要扩展时空，延伸触角，向学生生活的各个领域拓展。从学校、大自然、大社会中求得鲜活的教材，让学生综合性地学习语文、运用语文。

在一次活动中，看见商贩摊上有许多漂亮的小玩意，几个女生闹着去买了花花绿绿的头饰，煞是好看。但是同样的质地、相同的样式，价钱却不同，有8元的、有6元的，因为是从不同的摊贩手中买到的。

平时，学生不知如何去花钱。在"口语交际"课上，让学生进行购买情景模拟练习，可是效果不明显。想到陶先生曾说："生活是一部活的教科书。"于是，我灵机一动说："老师也想买一个，谁来帮我的忙？不过，要把6元的价钱再往下压低一点儿！"于是，生活中的交际课开始了。

先请学生说说去购物要注意些什么？大家纷纷讨论起来，结果一致认为要注意：礼貌待人，货比三家，讨价还价……

最终，女生一个个打道回府，说："不行，最低价6元，小贩说不买就算了，不要再讨价还价了。"

小邱同学自告奋勇："陆老师，我去！"在我刚接这个班的时候，小邱连作业都不会做，让他抄也不能抄像样。我不放心，于是让买到8元头饰的女同学陪小邱一起去。最后小邱竟然以5元的价钱买回头饰，讨价还价的理由是什么呢？

让学生模拟刚才的购物过程，小邱购物赢得的理由是：

"我们班同学已经买了你几个了，你就当做少赚点吧！"

"放心，我不会对别的商贩说的。"

"我要完成老师的任务，你就可怜可怜我吧！"……

这些理由看似可笑，但是，在买东西进行口语交际时，就是抓住商贩的心理特征，一步步地打动商贩，以最低价成交。平时，他说的话总是前后无关联，常常惹得大家哄堂大笑。于是，我让小邱把自己购物的过程写下来，这次他写得非常有条理。我不禁感慨，在生活中学习语言，再转化成书面语言，竟会如此成功。

在实践活动中，因为引导学生去做、去学、去触动学生内心的琴弦，他们自然就乐于作文，使作文得到优化。看来，在教育教学中，还是要引导学生投入生活。这正如陶行知先生所强调的"生活是教育的中心"，"教育要通过生活才能发出力量而成为真正的教育"。

（江苏省苏州工业园区星海小学　陆彩萍）

6. "行而知之"真妙境
——"行知理念"的一次成功体验

  行动是老子；知识是儿子；创造是孙子。有行动之勇敢，才有真知的收获。

——陶行知

  （摘自《陶行知文集》中《教育的新生》一文，第554页，江苏教育出版社2001年版）

  1934年，陶行知先生就明确提出"行是知之始，知是行之成"，把行动置于生活教育的主导地位。他说："行动是老子；知识是儿子；创造是孙子。有行动之勇敢，才有真知的收获。"并进一步解释说，"知识的妈妈是行动"，"由行动发生思想，思想产生新价值，这就是创造过程"，并由此建构了"教学做合一"的经典教育理论。

  在全面推行新课程、实施素质教育的今天，陶先生这一理论对当下的教育教学仍有重大的指导意义。因此，笔者结合江苏教育出版社出版的必修四"笔落惊风雨"模块中的一篇课文《雨霖铃》，对如何运用这种理念进行了探究。

案例

  教师将已经批阅的学生作业分类整理待用，并主持课堂活动。

  (1) 请姚乐同学介绍关于"雨霖铃"的词牌。

  (2) 知人论世：走进柳永。请史运同学介绍，朗读他的预习作业"《雨霖铃》背后"，教师作适当补充。

(3) 因声求气：注意该词的节奏和韵律，读出词人的情感。学生自我陶醉式地自由朗读，张学标同学演读，欣赏多媒体视频的诵读，超越自我展示读。

(4) 整体把握：围绕"伤离别"三字构思：先写离别之前，重在勾勒环境；次写离别之时，重在描摹情态；再写别后想象，重在刻画心理。

(5) 感受细节，把握意境：对长亭晚——张亚萍同学读自己的感悟"《伤离别》赏析"。

执手相看泪眼，竟无语凝噎——汤婷同学读自己的感悟"《雨霖铃，响彻心扉》赏析"。

今宵酒醒何处，杨柳岸晓风残月——张倩婷同学读自己的感悟"《心随舟行，杨柳青青》赏析"。

教师对其精彩处进行表扬并点评。

(6) 感悟与交流：

①请石莹峰同学读他的预习作业"《雨霖铃》有感"。

②请张倩婷同学读她的预习作业"感人心者莫先乎情"。

③请夏娇同学读她的预习作业"片时骤雨，缠绵千年"（同学们的感悟、赏析都很精彩，但文字较多，此处不作转录）。

④请学生点评完后，教师再对三位同学的预习作业以及学生的点评进行总结式点评。

⑤教师向学生交流自己的下水作业——

痛，也是一种境界，黯然销魂者，唯别而已。有一种离别，它实属血的浸染；有一种牢记，它实属生命鲜活的印痕。有时我们所经历的，也正如柳永一样是我们最终所要裂变的；我们所裂变的，也正是我们最终所要珍惜的。历史，总以无声的轨迹在运行中悄然演化；心灵，总是以某种痛楚的存在而悄然变得异常丰饶和多姿……

执手相看泪眼，竟无语凝噎。想此泪珠儿必会从春流到夏、秋流到冬、流到千年后的今天，滴落在每一个有情人的心田，溅起阵阵涟漪，直到永远。

今宵酒醒何处，杨柳岸，晓风残月。一阵冷风驱散了酒意所带来的半麻木状态，唯有一弯残月斜挂天边。这时的内心痛楚，真有点像麻醉药失效后的伤口所发出的阵痛那样，分外地钻心、分外地锐利——这种"新鲜"的心理感受是只有"肤受者"才能身领心受的，又哪能是局外者所能悬想而得的。

无论时代如何变换，每一个民族的文化中都会有一些最本质的东西在不断地传承着。就那让生命的航船，驶入那暮霭沉沉的楚天吧；就让那生命的写意，在你经典而永恒的旋律中，青翠、常绿、永世、亘古。

用课件播出、教师读完之后，让学生点评。
（7）探究艺术技巧：在小组合作探究交流的基础上，请同学发言。如何精心选择意象，请恽郑浩同学作具体说明。

寒蝉：秋蝉的鸣叫本已凄凉，寒蝉就愈发使人感到特别的悲苦。
长亭：送别饯行之处，离愁别绪的象征。
秋雨：秋雨也会使人感到凄凉。
三者合在一起，渲染了一种令人心碎的悲凉气氛。酒，杨柳，晓风，残月。（略）集中写了这么多最能触动离愁的意象，又写得那么鲜明、那么生动。这，正是它感动了一代又一代人的根本原因。

还有哪些艺术表现手法，请同学们合作探究，交流。（5分钟）

董洁——想象，虚实结合
黄婷——白描
王超——因景设情，情景交融
张亚萍——点染
王琦——心理刻画

以上同学的发言都能结合词作进行具体的说明分析，教师借机表扬、鼓励他们的发现，并对难点进行补充性说明。

（8）让学生进行"学习总结"（写在听课笔记本上）：这节课我体验到了＿＿＿＿，认识到了＿＿＿＿，学到了＿＿＿＿的表达技巧。在学习方法上，＿＿＿＿地方要改进。（3分钟）

（9）让我们再次走进那让人感动千年的美妙意境，一齐背诵全词。

（10）仿照与创新——教师布置课后作业：运用本课所学的一种或两种艺术手法，描写一次别离情境。取材可以是现实生活中的——如父子别、同窗别、朋友别、兄弟别等；也可以是历史或文学作品中的——如易水别、汉宫别、垓下别等。篇幅为200字左右。

（下课）

陶行知先生所说的"教学做合一"理念，是将"教"、"学"、"做"三者合为一体的意思。在这一理念的指导下，结合自己的教育实践，笔者以为，学生的"行"与"做"的确是第一位的，是一切教育的起点，高效的教学必定要一切从学生的"行动"出发。

行动一："行"之有趣——设疑激趣是起点

兴趣是最好的老师，高中生对新奇的事物有着好奇心，处于花样年华的他们对爱情诗词更是充满好奇和兴趣，笔者抓住他们的这些心理设疑激起他们的兴趣，必定能调动他们的好奇心，在行动中充满趣味。

行动二："行"之有的——选准目标是关键

学生在兴趣的激发下，在自主学习、行动起来之前，笔者先给了他们一个指导，作了一个科学安排。

（1）诗意的直觉。在阅读该词时，要将全部精力专注于词中所描写的情境，让它笼罩住你的全部意识，使你聚精会神地欣赏它、体味它，以至于把它以外的一切事物都暂时忘掉。

（2）名理的知觉。诗歌阅读中的"知觉"是对于各种事物之间关系的感知和领悟，也称"名理的知觉"。阅读时所感觉到的意象与其他事物的关系，就是"名理的知觉"，就是诗歌的"意义"。意义都从关系见出。因此，我们的注意不能在某一意象本身停住，必须把它当做一块踏脚石，跳到与它有关系的事物里去，归纳到一个概念里去。

接着，我要求学生在"诗意的直觉"的基础上，结合所搜集整理的资料，进行碰撞和对接，要有自己的感悟、自己的思考、自己的发现。最后，让学生动手写随笔。在课堂教学环节，教师充当主持人的角色，有序指导学生动起来，让学生有更多的发言机会，从而获得成就感和幸福感，快乐主动地学习。因此，不论是词牌介绍、作者介绍、还是词人情感、艺术技巧探究，都交给学生去完成。语言的功夫是通过吟咏朗读培养的，因此在朗读环节，教师变着花样地诱导学生诵读，在反复吟咏中感悟语言的魅力。

行动三："行"之有样——交流示范是榜样

感悟与交流环节是本课的重点之一，这一环节不仅训练学生倾听的能力、培养学生虚心向别人学习的态度，更重要的是通过交流能碰撞出更多的智慧的火花，丰富每一位同学的思想，也使每一位同学的思维都被调动起来，从而有新的发现和心得。

教师的下水随笔，不仅充分体现了对学生的尊重，把自己放在与学生平等的地位，对同一篇课文共同学习、共同交流，才能真正发现学生在学习中可能遇到的困难、困惑，同时也是一种引领、一种示范、一种提升。

教师通过批阅学生的随笔，听同学们交流，也同样学到了很多东西。例如，汤婷同学的"你终究是一只偶尔飞累，停在我肩头的百灵鸟"。教师的职责就是引导学生"向着创造之路迈进"。"教师的成功是创造出值得自己崇拜的人。先生创造学生，学生也创造先生，学生先生合作而创造出值得彼此崇拜之活人。"通过这一实践，我对陶行知先生之言有了"肤受者"才能身领心受的体会。

行动四：行之有续——更上层楼是佳途

对于本课所学的知识、培养的能力、学习方法的指导，我让学生用3分钟总结反馈，并动笔写下来，不仅是为了及时巩固，更是为了让学生能一课一得，让他们有收获感、喜悦感，养成勤于动笔的好习惯，为完成进一步的训练做铺垫。课后的短文片段写作是一种专项训练，也是对课堂成果的巩固，更是课堂教学的后续。虽然难度不大，但有一定的挑战性，相信会再出现不少佳作。

"人生两个宝，双手和大脑。用脑不用手，快要被打倒。用手不用脑，饭也吃不饱。手脑都会用，才算是开天辟地的大好佬！"陶行知的《手脑相长歌》说的就是要培养学生"自主"、"自立"、"自动"的创造能力，就要一切从学生的"行动"开始。

（江苏省武进高级中学　赵军）

7. "活"教育教出"活"数学

> 先生的责任不在教,而在教学,教学生学。
>
> ——陶行知

(摘自《陶行知文集》中《教学合一》一文,第37页,江苏教育出版社,2001年版)

在新课程背景下,小学教育倡导充分调动学生的学习积极性,改进教学方法,让学生主动参与教学、学会学习,树立"活"的教学思想、"活"的教学观。这也正是陶行知先生所提倡的"活"的教育。他指出教育儿童就要承认儿童是活的,要按照儿童的心理进行教育,要顺导儿童的能力去做,要承认儿童有活能力。要用活的人去教活的人,拿活的东西去教活的学生,拿活的书籍去教小孩子。陶行知先生一贯反对:教师——教死书、死教书、教书死;学生——读死书、死读书、读书死。

对此,我在实践中进行了一些尝试。

尝试一:用"活"的教育思想去教育"活"的学生

数学应用题取材于现实生活,是对实际问题的简化和模拟,教师应根据教学大纲、教学目的辅导学生,挖掘应用题那枯燥文字中所隐含的"活"的因素。把文字所表示的书面知识,恢复为原本的"活"的东西。

例如教学应用题:买3个排球要75元,买7个同样的排球需要多少元?过去是死扣类型,指出这是归一应用题,然后讲解此类题型的解题方法。现在则要引导学生从实际生活中挖掘出"单价"、"数量"、"总价"这三个抽象的概念,再联系实际生活知识理解三者之间的关系。应用题教学既要体现其应用性,又要体现其"活"的内容。

在教学中,教师要尽可能多地挖掘出"活"的思想。当然,这里的"活"的思想除了教师在教学时要先找出其中"活"的因素外,还要求教师对数学知识的认识要远远深刻于学生。也就是说,不能忽略小学数学知识的特点,要辅助学生发展其思维,使其能运用知识解决简单的实际问题。教师的教不仅要使学生会解这一道题目,更要使学生掌握解题的方法,从而能够举一反三、触类旁通,成为"活"的学生。

尝试二:用"活"的题目去教学"活"的学生

陶行知认为:"书籍有死的有活的。书籍所记载的无非是人的思想和经验,那个人的思想、经验要是很高尚的,与人生很有关系的,那就可算是活的书籍;反之,便是死的书籍。"那么,在小学数学学科中,哪些才算得上是"活"的知识呢?新教材经过多次修订,越来越接近学生的实际生活,删除了繁难的计算、应用题。在教学要求上,主要要求加强对学生的思维训练与能力培养,而又不断调整深度以适应当代儿童在年龄特征上的发展。总之,教材越来越朝"活"的方向发展。但在教学上,还要多用"活"的题目去教"活"的学生。

例如在教学分数的基本性质后,出题 4/6 =(　)/3 = 6/(　) =(　)/(　),比谁的答案多。又如在教学分数的初步认识后,展示由红黄蓝绿黑组成的彩色纸条,让每个学生说出含有分数的语句(如红色占这张纸条的1/5,黄色占这张纸条的1/5,红黄占这张纸条的2/5等)。

再如高年级应用题:果园里有桃树60棵,＿＿＿＿＿＿,橘树有多少棵?让学生根据算式:60 × 4/5;60 ÷ 4/5;60 × (1 + 1/5);60 × (1 − 1/5);60 ÷ (1 − 1/5);60 ÷ (1 + 1/5) 等补上合适的条件。

也可以根据条件提出不同的问题来编应用题。例如:一批化肥有120吨,第一次卖了总数的1/3,第二次卖了总数的1/4,＿＿＿＿＿＿?

(可以提:第一次卖了多少吨?第二次卖了多少吨?两次一共卖了多少吨?第一次卖完后还剩下多少吨?两次卖完后还剩下多少吨?)

教师要在自身对教材"活"的因素的深刻体会下,再结合学生的生活经验、知识基础精心挑选，改编适合学生的应用题来进行教学。这正是陶行知先生的"拿活的东西去教活的学生"教育思想的体现。

尝试三：用"活"的教学方法去教"活"的学生

教学思想方法的运用与教学知识的掌握、教学技能的形成是教师教学能力的体现，而发展学生的数学能力是小学数学教育的核心目标。在教学中能有效地实现这一教学目标的教学方法，就可称为"活"的教学方法。活的教学方法至少有以下三层含义：第一，教学以学生个体发展为中心，使学生自己学会分析与解答；第二，教师的教学方法能随学生的个体差异而灵活变化；第三，教师的教学方法能跟着教育改革与自身认识的提高而不断地提高、不断地更新完善。

陶行知最反对"教死书"、"读死书"、培养"书呆子"的教育，反复强调"先生的责任不在教，而在教学，教学生学"，"教的法子必须根据学的法子"，"学生怎么学就怎么教"，强调要"将开启文化宝库的钥匙交给学生"。

例如低年级教学8+9，让学生摆圆片，说出你是怎样想的。学生纷纷举手发表不同的意见。有的说从8中拿1与9先凑成10，再加上7得17；有的说从9中拿2与8先凑成10，再加上7得17；有的说把9分成1与8，8与8相加得16，再加1得17。又如中年级教学长方形的面积，教师可让学生用1平方厘米的面积单位去测量一个长方形，看长方形包含几个这样的面积单位，从而让学生自己总结出求长方形面积的计算公式。在数学教学中，要让学生多动手操作，通过圈圈、画画、摆摆、剪剪、拼拼，以引导学生动脑思考，不懂的可以进行小组讨论。总之，要运用各种"活"的教育方法来教"活"的学生。

综上所述，在小学数学教学中，我们教师应当以学生群体与个体的发展需要为着眼点，以陶先生的教育思想为指导，以"活"的教学思想为中心，赋之以"活"的教学方法，培养学生的自主学习能力和自我发展能力，培养出当代素质教育的"活"的学生。

（北京市芳草地国际学校世纪小学　乔海燕）

8. 边教边学边做
——蹦蹦跳跳认方向

教的法子必须根据于学的法子。

——陶行知

（摘自《陶行知文集》中《教学合一》一文，第38页，江苏教育出版社2001年版）

"教学做合一"是陶行知先生教学理论中的精彩一笔，陶先生认为"做"就是教学中的实践环节，只有采用"做"这样的实践环节才能让"教"与"学"合一。

对于小学低年级的学生来说，他们的思维特点与身心发展水平都决定了他们更乐于"做"。因为他们年龄小，好奇、好动，对新知的学习依赖于自己的具体经验。数学课程标准中也着重强调要培养学生的实践能力。

苏教版二年级上册的"认识方向"，正是培养学生实践能力的载体，也是让学生在"做中学"，体现出鲜明的"教学做合一"的特点。

下面，笔者就以"认识方向"为案例，详细叙述一下我们是如何"教学做合一"的。

 案例背景

认识方向是苏教版教材小学二年级上册的教学难点，在生活中辨认东南西北的方向更是难中之难。造成这一现状的原因主要是学生对所处环境的方位认识缺乏生活基础。那么，我们怎样通过课堂教学帮助学生弥补这一不足呢？

笔者在实践中，尝试引入一种新的教学方式——跳操，力求改善学生对方向认识的先天不足，提高教学效率。所谓跳操，是指数学课堂中具有数学意义的肢体活动。通过跳操这种身体动作，能直观形象地将方位知识用相应的肢体语言加以表达，使方向认识与具体动作联系在一起，帮助学生理解、内化数学知识，达到化难为易的效果。

 案例描述

师：谁知道太阳从什么方向升起？

生齐说：东面。

师：现在面向太阳升起的方向站立。

（生全体起立，面朝东方）

师：你的前面是什么方向？

生1：东。

师：你的后面是什么方向？

生2：西。

师：你的左边是什么方向？

生3：北。

师：你的右边是什么方向？

生4：南。

师：下面大家跟着老师边指边说方向。前面是东，后面是西，左边是北，右边是南。

（生说到什么方向伸长手臂指到什么方向。说方向时语气有节奏：前面是——东，后面是——西……用唱读的语调说）

师：现在大家面朝东站着。你能看到教室里东、南、西、北面各有什么东西吗？请同桌互说。

（生同桌互相说说）

生1：教室的东面有黑板，南面有窗户，西面有拖把，北面有同学们写的字。

师：西面有卫生角和黑板报，北面是书法作品。现在请所有人面朝东站立，边指边说教室的东南西北各有什么。

（生全体起立，手指东方，说：教室东面有——黑板，南面有——窗户，西面有——黑板报，北面有——书法）

师：如果我们面朝南，那么你的前面是什么方向？后面是什么方向？左面是什么方向？右面是什么方向？请你们面朝南站，并和同桌说一说。

生1：我前面是南，后面是北，左面是东，右面是西。

师：现在说的方向和刚才面朝东时说的不一样了。为什么前后左右的方向变了？

生2：因为我们站的方向变了。

生3：我们脸朝的方向不一样了，原来朝东，现在朝南。

师：看来面朝的方向不一样，那你的前后左右的方向就会变。但是东面这个方向变了吗？

（生沉默，不知道怎么回答）

师：刚才我们面朝东站，东在哪儿？请指一指。

（学生一齐伸手指前面黑板的方向）

师：后来面朝南站，东面在哪儿？请指一指。

（学生有的犹豫了一下，有的还是指着黑板的方向）

师：东变了吗？

生齐说：没有。

师：无论我们面朝什么方向站立，东面永远都是这个方向不变。

（师边说边手指着东方）

师：东的右边是什么方向？左边是什么方向？

生1指一指说：右边是南，左边是北。

师：南的右边是什么方向？

生全体面朝南站，指一指说：西

师：西的右边是什么方向？左边是什么方向？

生全体面朝西站，指一指说：西的右边是北，左边是南。

师：北的左边是什么方向？右边是什么方向？

生面朝北站，指一指说：北的左边是西，右边是东。
……

案例分析

据江苏省教学质量抽样测试显示：在"方位识别"能力上，农村的孩子比城市的孩子能力强。我分析了一下原因，估计与成长环境有关。农村比较开阔，太阳、河流等可以确定方向的大自然标志物多而且清晰，农村孩子从小就能准确判断生活中的东南西北。所以农村人在指路、认路、找陌生地方等需要确认方位时，都习惯于用东南西北表达：先朝南面走，看到××然后向西走……而城市里的孩子生活的环境高楼大厦比较多，道路纵横且方向杂乱，不太容易在生活中判断东南西北的方向。城市人指路时一般这样说：先直走××米，然后向右转××米，看到红绿灯再右转……看来，确定方向的能力差异是由环境影响造成的。我们怎样才能克服不利因素，让学生尽可能地掌握知识、形成技能呢？我运用"跳操"的方法，使学生身临其境，把自己代入到问题中，然后通过看、比、指、说，找到答案。

在上面的案例描述中，有四次这样的跳操活动。

一是建立概念。面朝太阳升起的方向站立。指一指东南西北，并唱读前面是——东，后面是……第一次确定了生活中的东南西北。

二是物位对应。面朝东站，指一指、说一说教室里东南西北各有什么。既帮助学生利用教室里各方位的标志性物体记忆东南西北四个方向，也是对方位知识的运用强化。

三是理解内化。面朝南站，指一指、说一说前后左右各是什么方向。使学生理解站的方向不一样，其前后左右相对的方位是会变的，但真正的东南西北四个方向是固定不变的。

四是体会联系。面朝东站，指一指、说一说东的左右各是什么方向。面向南方站呢……使学生体会东南西北的相对关系。

蹦蹦跳跳认方向很好地体现了在"做中学"的教学理念，突出了陶行知先生的"教学做合一"的教学思想。低年级学生的年龄特点和心理发展水平决定了他们必然会爱上跳操这样的肢体运动。通过跳操这样边指边有韵律地说,既直观形象,又提高了学生的学习兴趣,加深了学生对方位的认识与理解,提供了解决方位问题的一种简单方法,使原本困难的方位学习变得简单易懂。同时,学生在学习中动静结合,将动作与数学内容联系起来,更容易引起知识的再现,从而帮助记忆。蹦蹦跳跳认方向让我们的数学课堂活了起来、乐了起来。

(南京信息工程大学附属实验小学　周云)

9. 从陶行知先生"喂鸡"谈合作学习

> 教育就跟喂鸡一样，如果强迫学生学习，把知识硬灌给学生，学生是学不进去的。但若让他自主地学习，充分发挥他的主观能动性，效果就好得多。
>
> ——陶行知
>
> （摘自《陶行知先生1938年在武汉大学的演讲稿》）

在当今时代，合作意识、合作能力已经成为人们生存发展的重要品质。在新课程理念下，合作学习作为一种重要的学习方式越来越受到教育工作者的重视。于是，小组合作成了课堂上不可或缺的教学情景。可是，当我们真的走进小组学习的现场时，看到、听到的却令人失望：要么是优生一个人滔滔不绝，其他学生只是个陪衬，要么是孩子们围在一起东拉西扯。可以说，在很多课堂上，因为孩子们缺乏合作的愿望和意识，合作只能流于形式，没有多少实效。这种现象不由得让我想起了陶行知先生喂鸡的故事（这个故事大家一定都耳熟能详，在此不再重述）。陶行知说："教育就跟喂鸡一样，如果强迫学生学习，把知识硬灌给学生，学生是学不进去的。但若让他自主地学习，充分发挥他的主观能动性，效果就好得多。"

课堂上，如果我们一厢情愿地让学生合作、逼学生讨论，就像硬按着鸡头让鸡吃米一样没有效果。那么，怎样才能让鸡心甘情愿地吃米呢？那就要把米撒在地上，给鸡以充分的自由。同样，对于合作学习，我们为什么不可以让学生在需要中进行自主的合作呢？于是，结合教学内容，我开展了一次数学实践活动——《调查十字路口的车辆情况》，以在活动中培养学生的合作意识。

在活动开始前,我把班上的18位学生分成三组,采取自愿结合的方法,以便他们更好地完成调查。至于小组合作时应该注意什么、怎样分工,我故意只字未提。学生因为缺乏经验,一开始肯定会遇到很多问题,也不会主动合作,这都在我的预料之中。让他们先碰壁然后再自己想办法,这正是我的初衷。

咱俩合起来一人数一人记

第一天早晨,孩子们兴致勃勃地来到十字路口,选好合适的位置,紧张的统计工作开始了。你瞧,一个胖乎乎的小男孩忙不过来了,看了车辆顾不上记,记了又顾不上看,急得像热锅上的蚂蚁。我站在旁边默默地看着,并不介入。这时,一头汗水的他问旁边的高个子男孩:"我来不及啊,你边看边记来得及吗?"

高个子男孩说:"来不及啊。"

"那咱俩合起来一人数一人记,你看怎样?"

高个子男孩说:"好!"

说完,只见高个子男孩注视路口,嘴里说着:"汽车、汽车、摩托车、汽车……"胖男孩认真地记录着,两人相视而笑,顾此失彼的状况消失了。

再看其他学生,也都慢慢地合作起来了。

合作意识是一种隐性的"知识",它嵌入于人的实践活动,无法剥离。教师是无法通过语言直接将合作意识传授给学生的,学生只有在实践体验的过程中才会滋生这种意识。陶先生通过"喂鸡"向我们诠释了这样一个道理:活动时教师不能越俎代庖,事无巨细地把什么都给学生交代得清清楚楚。假如我事先已经安排好两个人怎样分工、怎样记录等,学生没有经历手忙脚乱、急躁困惑的过程,他们对合作的感受一定不会像那两个小男孩那样深刻、那样愉悦。所以,在合作教学中,教师的任务之一就是创造条件,让学生亲身经历这个过程,使他们真切体会到合作的重要性和必要性，从而产生合作的心理需求。例如，在教学对 100 以内数的认识时，我只要求学生带 20 根小棒，课上却让他们用小棒表示 65、98，学生在一筹莫展后恍然大悟，发现与同学合作是解决小棒不足的良方。重要的是，学生经历了这些过程，在以后的学习生活中，他们会自然而然地想到合作。这样，合作的种子才能够在他们的心田悄悄萌发。

 案例 2

那就把我们组拆掉算了

随着活动的不断深入，我的要求也越来越高。在进行活动时，要求学生既要统计车辆（包括机动车辆和非机动车辆），又要注意车辆的行驶方向，同时还要考虑各个时间段。这么多的工作项目、这么大的工作量，任凭组内 6 个同学如何组合、如何合作都很难完成任务。于是，有学生意识到"同学与同学之间的合作虽然能解决不少问题，但仍然是有限的。如果真想完成任务，还需要小组与小组之间的合作"。这时有人提出："干脆把三个小组合并成两个小组，这样每个小组就有 9 个人。"可是，把哪个小组拆掉呢？大家都沉默了。过了 5 分钟，三组的小组长说话了："既然一定要拆一个组才行，那就把我们组拆掉算了，这样可以给那两个组各增加 3 个人。"虽然有点依依不舍，但为了完成任务，组员还是同意了，很快加入到新的合作团队中去。

实践活动具有一定的综合性和挑战性。在开展活动的过程中，分组活动本身就营造了共同学习、探索和研究问题的团队氛围，学生可以在完成共同目标的过程中互相交流、互相帮助。另外，学生还会根据当前的任务，在目标的驱动下自动调整合作方式，以求得任务的完成和认知水平的发展。在这一过程中，学生的合作意识不断得到强化，合作能力也得到了逐步提高。

合作不是教师强加给学生的一种行为，而是发自学生内心的一种需求、一种共同的心理趋向。在活动中，"一人数一人记"是合作，"拆掉算了"也是合作，而且是一种新的更深层次的合作。但无论是哪种合作，都是应实际需要而产生的，都是建立在学生自悟自得、自主自愿的基础上的。也正因为如此，才使得学生在主动合作中取得了活动的成功，实现了合作意识的内化与合作能力的提升。所以，在教育教学中，教师应该努力践行陶先生的教育理念，充分发挥学生的主观能动性，为学生创设合作化的学习情景，搭建合作意识形成的平台；让学生在自主学习中学会合作，在合作中学会学习、学会发展。

（河北省秦皇岛市海港区东港里小学　唐爱华）

10. 创新教学方法，设计童趣性、分层性作业

事怎样做就应当怎样学，怎样学就应当怎样教。

——陶行知

（摘自《陶行知全集》，第3卷第645页，四川教育出版社2005年版）

"教学做合一"是陶行知先生在教学方法上的创新。针对传统的教授法，他在教学论方面提出："教的方法要根据学的方法。""事怎样做就应当怎样学，怎样学就应当怎样教。"明确提出了教师教学要以学为根据、为学服务，教的原理要根据学的原理。另外，在教学方法上要遵循因材施教的原则，考虑到学生的学习兴趣和爱好，及其心理特点和个性差异。

因此，教师首先要设计好童趣性作业。新课程标准也指出："从学生熟悉的生活情境与童话世界出发，选择学生身边的、感兴趣的事物，以激发学生学习的兴趣与动机……"在作业设计时，教师要从学生的年龄特征和生活经验出发，设计具有童趣性的作业，以激发学生的学习兴趣。例如在教学"乘数是一位数的乘法"后，我们设计了一道"帮助小兔找门牌号"的游戏性作业。具体内容是：小兔接到小熊打来的电话，邀请小兔到它家去玩，小熊说它家的门牌号是108号。可小兔到了小熊居住的小区一看就傻眼了，原来这里的门牌号都是一些乘法算式，你们能帮小兔找到小熊的家吗？为了改变原有计算题枯燥、乏味的现象，我们还设计了一些如"小熊闯关"、"小壁虎找尾巴"、"给红花配上绿叶"等游戏性作业，把一道道计算题融入故事情节中，让学生在轻松愉悦的氛围中掌握运算的方法、提高计算的技能和学习的兴趣。

又如在教学"认位置"一课后，我们要求学生回家和邻居小朋友一起做猜左手、右手、左脚、右脚的游戏：把一个小朋友的眼睛蒙起来，让他用手摸另一个小朋友的手和脚，说出摸到的是哪一只手（脚），并说出是根据什么辨认出来的。这样的作业学生非常乐意去完成，"得法于课内，得益于课外"，使课后游戏成为课堂教学的后续延伸活动。再如在教学"毫米、分米的认识"后，我们让学生回家当一当小小实验员：拿一瓣蒜头放在盛有少量水的盘子里，先观察它几天后开始发芽，再记录发芽一周内蒜叶的生长情况，完成下表：

发芽后的天数	第一天	第二天	第三天	第四天	第五天	第六天	第七天
蒜叶的长度/毫米							

这样的作业既巩固了课内知识，又满足了学生的求知欲、激发了学生的学习兴趣。

学生的差异是客观存在的，为了遵循陶行知先生所倡导的"因材施教"原则，让每个学生都能获得必需的数学知识，不同的人在数学上得到不同的发展，我们可以设计分层性作业。

首先是"套餐"型。根据学生的不同层次设计模拟练习、变式练习、发展练习三类作业，让学生根据自己的实际情况自由选择自己需要的作业。例如在教学"长方体和正方体"之后，教师设计了以下作业。

一星级：一个长方体纸盒的长是6厘米、宽是4厘米、高是3厘米，做这个纸盒需要多少平方厘米的纸？这个纸盒的体积是多少？

二星级：一个长方体纸盒的棱长总和是52厘米、长是6厘米、宽是4厘米，它的体积是多少？

三星级：一个长方体纸盒的底面积是24平方厘米，底面周长是24厘米，它的表面积是108平方厘米，它的体积是多少？

这种设计可以让不同层次的学生找到适合自己的作业，调动了学生做作业的积极性，同时又具有挑战性，避免了作业的单调、枯燥。

其次是"自助餐"型。传统作业都是由教师布置、学生完成，学生往往是出于应付性心理，主动性不够。因此我们提倡把学生的需要放在首位，和学生协商作业内容，让学生自主选择自己喜欢的作业。例如在教学"分类"之后，我们和学生协商："学习了分类以后，你打算给自己布置什么作业呢？"由于这部分内容与学生的生活联系紧密，学生的积极性很高。有的说："我想整理自己的书包。"有的说："我想给自己的玩具分分类。"有的说："我想整理自己的书柜。"有的说："我想到超市看看分类情况。"……这样，让不同的学生根据自己的兴趣爱好、能力水平，给自己布置适合自己的作业，学生做起作业会很有主动性，而且其作用也远远超过了作业本身所起的作用。

我们在中高年级的自助餐数学作业中，还采用了完成"数学乐园"的方式。"数学乐园"由五个栏目组成（如下表），这样既突出了学生的主动性、自主性，又赋予了学生以人文关怀，使学生乐于接受，使作业成为学生探索与实践的广阔天地，把学生视为负担的完成作业过程转变为学生收获自己劳动果实的丰收过程。

数学乐园表

数学直通车：默写近期学习过的概念、定律、法则或常用公式	
知识万花筒：根据当天教学内容适当选择练习	
粗心大意回收站（错题卡）：对自己在课上和平时练习、测试中出现的典型错误进行收集并改正	
数学自助餐：在"习题超市"中选择适合自己的作业内容	
生活五彩园：记录自己动手、动脑实践的过程及体会等	

（说明：除第二个栏目作为每天的作业外，其余栏目均因人而异，由学生自主自愿完成。）

（浙江省天台县外国语学校　戴银杏）

11. 让学生在课堂上做"问"的主人

> 天地是个闷葫芦，闷葫芦里有妙理。您不问它您怕它，它一被问它怕您。您若愿意问问看，一问直须问到底。假如我重新做一个小孩子，我要问，虚心的问，问古、问今、问未来；问天、问人、问万物。问清楚致用。

——陶行知

（摘自《陶行知全集》中《每事问》、《问到底》一文，第49、50页，四川教育出版社，1991年版）

把"问"的权利还给学生，让学生做"问"的主人，让学生感受到自己是学习的主人，变被动为主动，变"老师要我学"为"我要学"。新课程改革所倡导的这种教学理念与陶行知先生多年前在晓庄师范教学中所倡导的教学理念不谋而合。我想，当学生学会了提问，满脑子都是疑问并勇于表达时，我们的自主学习、探究学习也就真正落到实处了，我们的学生也就成为真正意义上的新课程改革下的学生了。那么，如何让学生真正成为"问"的主人呢？下面，我将谈谈我自己在这方面的几点做法。

做法一：让学生在情境中质疑

平等、民主、轻松的课堂氛围有利于学生发问，有利于缩短师生之间的距离、增加教师的亲和力。因此，教师要建立民主平等的师生关系和生生关系，努力营造民主和谐的教学氛围，让学生意识到自己就是学习的主人，从而在课堂上勇于发问、勤于发问、善于发问。

例如在教学《三袋麦子》时，板书完课题后，教师就说："今天，老师给你们带来了几位特殊的客人。"同学们环视了整个教室，没有发现什么。看着同学们疑惑的目光，教师再出示"小猪、小牛和小猴"的图片，"你以前认识它们吗？请说说你印象中的'小猪、小牛和小猴'。"等学生介绍完，教师接着说："今天，'小猪、小牛和小猴'来到了我们身边，你有什么问题要问它们吗？"创设了这样的教学情境，学生就会感到心情舒畅，其思维也就很活跃了。只有这样，学生才敢于并热衷于发表自己的见解，点燃求知的欲望，一个个踊跃质疑：小猪会怎样对待麦子？小牛会怎样对待麦子？小猴又会怎样对待麦子？它们三个的结果如何？

再如在教学《特殊的葬礼》一课时，教师放起了哀乐，学生就问："老师，您为什么放这种音乐？"然后教师再板书课题，此时学生心中的疑问也接踵而来，纷纷举手提问："老师，这个葬礼特殊在哪里？""这个葬礼是谁主持的？""为谁举行葬礼？""为什么要举行葬礼？"教师创设情境，使学生很想知道事情的经过，从而纷纷主动提问。可见，教师要给学生创设质疑的良好情境，让学生在情境中质疑，成为"问"的主人。

做法二：让学生在探究中解疑

学生自己质疑后，再引导他们尝试着自己解疑，学生会倍感亲切，乐于合作、勇于探索，从而获取知识。因此在学生质疑后，教师不应该直接为学生提供答案，而应该把探究知识、获得知识的权利还给学生。教学过程要围绕问题的解决展开，充分激发学生的主体意识和进取精神。因此在学生质疑后，对于那些一目了然的问题，可以以提问的方式让学生回答；重点问题则可以通过分组朗读、讨论、勾画等方法，让学生在探究中解决问题，获取知识。

例如在学习《黄鹤楼送别》一课时，学生质疑：文章是从哪些方面表达出李白与孟浩然之间依依惜别的感情的？在教师的引导和鼓励下，学生分组选择自己喜欢的方法解决了这个问题：有的组用朗读勾画法，画出重点词句；有的组分角色朗读，再分析讨论；有的组还加上动作表演，在表演中感悟。在自学过程中，教师深入各组进行点拨，和同学们共同讨论学习，最后汇总学习结果，引导学生自己进行小结。

再如在学习《爱如茉莉》一课时，学生质疑："为什么说'爱如茉莉'？"接着，教师让学生在课文中找出可以让他们感受到"爱如茉莉"的细节描写，然后在小组内讨论交流。在这个教学环节中，教师不能做旁观者，而应该起到穿针引线的作用，适时对学生加以点拨和引导。这样师生共同参与的解疑过程最大限度地激发了学生的学习兴趣、发挥了学生的潜力，使学生在质疑探究中合作学习，学得愉快、学得轻松。

做法三：让学生在拓展中再质疑

学生在解疑后，往往会获得一种成功的满足感。但是，学生在学习中只有永不知足、不安于现状，才能不断探索，并在探索中不断进步。那么，如何使学生在学习上永不知足，以达到知识和能力的飞跃呢？这就要求教师引导学生在知识的延伸、拓展中再质疑。

例如在教学《学会查"无字词典"》一课时，在学生明白道理后，教师可以引导学生再质疑：我们生活中还有哪些现象可以用"无字词典"来解释呢？这样一石激起千层浪，能够引发学生的激烈讨论，再配以教师的及时点拨，学生再次巩固了对"无字词典"重要性的认识，也为养成良好的学习习惯打下了基础。

再如在教学《云雀的心愿》时，在学生明白道理之后，经过教师的引导，学生接着质疑："我们究竟该如何阻止人们破坏森林呢？又该如何保护地球呢？"此时，同学们思维的闸门被打开了，通过小组讨论，有的说："我们要积极宣传森林对环境保护的重要作用。"有的说："我们要多种一些树，不能乱砍滥伐！"还有的小朋友甚至突发奇想："我要写一封信给联合国秘书长，请他呼吁全世界人民一起来保护森林。"

正如陶行知所说："天地是个闷葫芦，闷葫芦里有妙理。您不问它您怕它，它一被问它怕您。您若愿意问问看，一问直须问到底。"因此，教师要把学生教出"问题"来，让学生做"问"的主人，让学生自己质疑、自己解疑。这样才能调动全体同学的学习积极性，培养新一代有胆识、有创新能力的人才。

（江苏省南京市栖霞区化纤小学　陆京华）
（江苏省南京市栖霞区教研室　陈道佩）

12. 重视儿童创造力培养，设计开放性、综合性作业

> 我们发现了儿童有创造力，认识了儿童有创造力，就须进一步把儿童的创造力解放出来。
>
> ——陶行知
>
> （摘自《陶行知全集》第 3 卷中《儿童的世界》一文，第 645 页，四川教育出版社 2005 年版）

陶行知先生说："我们发现了儿童有创造力，认识了儿童有创造力，就须进一步把儿童的创造力解放出来。"他还说："教育不能创造什么，但它能启发儿童创造力以从事于创造工作。"小学数学教学应该把小学生创造性思维能力的培养放在重要位置，设计好开放性作业。要做到这一点，需要通过以下几个途径。

途径一：解题策略开放，培养学生思维的独创性

由于思考分析的角度不同，同一道题目会有多种解答方法。教学时，我们充分挖掘教材中多解的因素，结合学生的认知水平和已有经验，引导学生进行多角度、多渠道、多式样的尝试，寻求新颖独特、有创造性的解法。

例如旅游中的数学问题：同学们要去动物园，动物园的票价是：成人每人 10 元；儿童每人 5 元；10 人团体每人 6 元。我们班有 50 名同学以及 3 位老师，如果都去参观，你能算一算怎样买比较省钱吗？

此题具有一定的开放性，它要求学生应用分析的方法将几种不同的买票方案进行比较，得出划算的结果。学生的购票方案基本上有以下两种：

①将师生分为成人与学生两组,分别购票:$3×10+5×50=280$(元)
②将师生合为一个团体,以团体名义购票:$(50+3)×6=318$(元)

学生不难从以上两种购票方案中找到比较划算的结果。但这题还不能到此为止,而应充分挖掘其智力因素。可以启发学生思考:"在什么情况下师生分别购票是划算的?又在什么情况下以团体的方式购票划算?"从而得出第三种购票方案。

③将7名学生与3位老师合为一个团体,以团体名义购票,剩余43名学生购买学生票:$10×6+43×5=275$(元)

上述例子能够引发学生在更深的层面上进行思考,对多种解法进行比较,从中选择最划算的购票方案,从而较好地培养学生思维的灵活性和独创性。

途径二:题目答案开放,培养学生思维的广阔性

同一道题目可能有多种答案,这样的作业有利于加深学生对所学知识的理解,拓宽其思路,避免其思维过程的片面性、单一性,从而较好地培养学生思维的广阔性。

例如在复习长方形的周长和面积时,我们设计了"摆一摆、画一画、算一算"的操作计算开放题:同桌合作,先利用18根1厘米的小棒摆一摆,再画出你所摆的长方形,在图上标出数据,并计算出你所画图形的面积。

该题为学生根据自己的意愿设计一个长方形提供了机会,有的小组设计的长方形面积较大,有的小组设计的长方形面积较小,有的小组设计了一个长宽是倍数关系的长方形等。这个题目让每个学生都能积极参与,亲身体验知识的获得过程,探究发现"长宽之和必为9厘米"的规律。

途径三:所求问题开放,培养学生思维的灵活性

给出已知条件,让学生自主提问,并探求其所有可能的结果。在教学中加强对习题的拓展引申,引导学生进行多向思维练习、克服考虑问题的单调性,培养学生灵活的思维方式和良好的认知习惯。

例如在复习年、月、日时,我们设计以下习题:根据香格里拉大酒店的营业时间表,提出自己喜欢的问题并解决它。学生提出的问题各不相

同，但主要分两步进行。

（1）利用普通计时法来表示24时计时法的营业时间。

①香格里拉大酒店中午的营业时间是从上午11:00到下午2:00。

②香格里拉大酒店晚上的营业时间是从下午5:00到晚上9:30。

（2）比较或计算营业时间。

①香格里拉大酒店中午的营业时间有多长？

②香格里拉大酒店晚上的营业时间有多长？

③香格里拉大酒店一天的营业时间有多长？

④香格里拉大酒店晚上的营业时间比中午的营业时间长多少？

……

上述题目的设计突破教材的束缚，敢于创新，以激发学生学习的兴趣，为学生提供自主探索和展示自我的机会，培养学生的求异思维和提出问题的能力。

同时，要重视儿童创造力培养，还要设计好综合性作业。数学是人们生活、劳动和学习必不可少的工具，它能够帮助人们处理数据、进行计算、推理证明，数学模型还可以有效地描述自然现象和社会现象。另外，数学也为其他学科提供了思想和方法，在物理、化学等其他学科中都可以看到对数学知识的应用。在实践探索中，我们结合其他学科的教学内容，设计了如"用数字介绍我们的学校（或我们的班级）"、"给自己的房间设计平面图"等综合性作业。

例如，在教学分数（百分数）应用题时，我们结合常识学科中的"保护环境"、"平面图"等内容，设计以下作业：光明小学想建造一所占地2400平方米的新学校，内设教学楼、健身房、操场、食堂、综合楼、绿化带等，请你先估计各设施分别占总面积的百分之几，并设计好学校平面图。这样，在作业中渗透"整合"、"综合"观点，引导学生用联系的、整体的眼光去看待问题，培养学生综合运用知识科学、灵活、有创造性地解决实际问题的能力。

（浙江省天台县外国语学校　戴银杏）

13. 文本回归生活，开展阅读教学

> 生活教育是人类社会原来就有的，是生活便是教育；生活教育伴随人类生活产生变化；生活决定教育，实践生活是教育的中心。
>
> ——陶行知
>
> （摘自《陶行知教育论文选集》，第258页，上海：生活·读书·新知联合发行所，1949年版）

遵循陶行知先生的"生活教育理论"，经过多年的实践与探索，我校在阅读教学中逐渐认识到，阅读教学生活化绝不是脱离文本走向社会，而是要立足于文本，使阅读教学成为回归生活世界的一种体验与生活建构。

做法一：在建构生活中还原生活场景

下面，我来介绍一下我们对写人、状物、写景等三种文体所进行的建构探索。

首先，写人文章的建构方式。小语课文中有许多是写人的文章，它们或反映人物的优秀品质，或赞美人物的美好情怀。这些文章都可以穿越时空界限，以引进鲜活的、富有时代感的社会活动的形式，整体架构起课堂的大任务背景。

一是为名人办事迹展。一般写人的文章，事件总是很清晰，因此我们可以把学习过程转化成为名人办事迹展。

例如在教学《詹天佑》一文时，教师请同学们为詹天佑办事迹展。大家讨论后定展览名为"杰出的爱国工程师詹天佑事迹展"，并设计了"火

热的爱国之心"、"严谨的工作态度"、"超人的智慧才干"三个板块。然后，教师让学生选择一个板块完成展览内容的设计与编排，评价前言、结束语，并推荐书法好的同学为展览题写展名，请其他同学进行解说。在整个教学过程中，教师以办好展览为驱动力，促使学生积极地研究课文，理解、搜集、整理、运用有效信息，从而建构起生活世界。

二是人物访谈。设计人物访谈可以促使学生在换位思考中体会人物冷暖、洞察人物的内心世界，从而感受文本潜藏的思想。

例如在教学《景阳冈》一文时，教师访问，学生扮演不同角色并回答教师提出的问题。老师问："武松打死老虎一事，别人知道了会怎么说？"于是，学生各自选择了感兴趣的人物回答。猎户说："这武松赤手空拳就把大虫给制服了，我倒不大相信。"武大郎说："贤弟为民除害，为武家争光。以后做生意再也没人敢欺侮我了。"知府说："人才，人才，他定能助我阳谷县大展宏图。"店家则说："这武松能打死老虎，不全靠的是我那透瓶香的功力嘛！以后我可以把那旗子上的'三碗不过冈'改成'透瓶喝得鼓鼓，出门打死老虎'了。"这样精妙的人物访谈，增加了生活的真实性。

其次，状物文章的建构方式。教学此类文章需要创造角色，建构起生活化的环境，使学习过程转化为搜集、加工、处理信息的过程。

一是以人说物。只有建构起生活场景，创造角色才能让学生入文，直至"不知人之文我之文也"。

浙教版第八册《说茶》一课是有关茶文化的科学常识，教师让学生选择自己喜欢的段落创造角色来"说茶"。于是，"外地游客"和"当地茶农"说起了茶的品种，"爷孙俩"说起了喝茶的好处，"茶馆老板"和"茶客"说起了茶具，"哥儿俩"在说茶时增进了友谊。本课在建构起来的生活场景中还原了文本描述，使学生表达出了自己的独特感受以及对课文知识的理解。

二是以物说物。"感时花溅泪，恨别鸟惊心。"让物活起来介绍自己，也是状物文章建构生活的方法。

《赵州桥》的第一自然段介绍了赵州桥的地点、别称、设计人和历史。教学此段时，教师让学生扮演赵州桥来个自我介绍。于是，有学生说道：

"大家好，我就是世界闻名的赵州桥，我的另外一个名字叫安济桥，我的家在河北省赵县，我的父亲是隋朝石匠李春，哈哈，我已经有1 300多岁了！欢迎大家来找我玩。"当物活起来，与学生化为一体时，学习也就进入生命层次了。

再次，写景文章的建构方式。对写景文进行生活场景建构，可以引入与旅游宣传有关的活动，如广告策划和导游解说等。需要注意的是，这些设计不管怎样巧妙，都必须立足于课文语言。

一是广告策划。写景文的广告，要使学生成为广告人，课堂成为广告公司，教师、学生、文本之间的对话成为广告策划。

例如在教学《葡萄沟》一课时，教师让学生课前收集了许多广告语。课堂开始，教师听完学生的汇报后说："今天学习这篇课文，我们要为葡萄沟做做广告。"当课堂接近尾声时，一条条广告也在同学们笔下诞生了："新疆葡萄，来自天堂的仙果。""要吃好葡萄，请到新疆来。"……

二是导游解说。许多景点都有人们不易察觉的神秘之处，更有不为常人所知的传奇故事，这些导游都可以告诉我们。客串导游解说，是我们学习写景文时所采用的比较适宜的方式。例如在学习《观潮》《秋游景山》等课文时，我校教师在教学中设计的"导游解说"均取得了成功。

做法二：在还原生活中体验生活意蕴

只有当文本被还原成生活场景时，学生才能体验到生活的意蕴。教师应该抓住文本中的一些关键词句，让文本的生活经验与学生的生活经验全方位、多层次、多角度地接触、碰撞、交流，从而引导学生运用生活经验更好地理解课文、体会词句运用，也更真切地体验生活的意蕴。其体验方式主要分为以下三种。

一是形象再现。文本中的词语虽然来源于生活，但有些词语给学生留下的印象却是模糊的，只有让它们形象再现才能让学生准确把握。

例如在《船过三峡》一文中，"嘶鸣吼叫"一词富有特色，是由四种声音构成的词语，用来形容三峡的水很急。在教学这个词语时，教师针对这个词语问学生它分别是由哪些动物叫出来的声音。于是学生回答：马嘶、鸟鸣、狮吼、鸡叫。教师又让全体学生分别模仿这些动物叫出的声音，教室里一下子变得乱哄哄的，什么声音都有。这时，教师说："三峡里的水就发出了这样的声音，感觉怎样？""急！""好，让我们一起用朗读来体会三峡的水急。"于是学生读得十分投入，他们似乎已经在形象的再现中感受到了三峡的水急。

二是动作演绎。我们把动作演绎分两类，一类是为了直接理解词语，另一类是为了明白动作后面所暗藏着的意思。

先说形象理解词语。低年级语文课文中有许多表现动作的词语不适合理性解释，对此，可以让学生通过动作来形象化诠释。

例如在教学《小猴子下山》一课时，对于表示小猴动作的词——"掰玉米"的"掰"，"捧桃子"的"捧"，"抱西瓜"的"抱"，"扛着往前走"的"扛"，教师让学生用动作来解释，于是学生根据自己的生活经验形象地诠释出了动作，并明白了这些动作的区别，从而大大激发了学习的兴趣。

再说体察人物心理。动作往往是心灵的外在体现，聪明人能够透过动作看到其背后的东西，在动作演绎中感受来自文本的内在的情意。

例如在教学《曼谷的小象》一课时，教师演小象，一手装鼻子，一手装大耳朵；一学生上台演阿玲，成功地再现了"拍拍、贴贴、指指"的动作。在表演过程中，老师不失时机地问："阿玲，你这一拍一贴一指是什么意思呀？""我拍拍你的鼻子，指一指那陷车的位置，就是让你用长鼻子去把车从泥坑里拉出来；贴贴你的大耳朵，就是和你亲密嘛！""那你为什么不直接告诉我呀？""我和你这么亲密，我想我什么都不说，你也能看懂我的动作的意思。"阿玲和小象之间"心有灵犀一点通"的默契、人与动物的友好与和谐在学生的回答中得到完全的展现。

三是角色体验。进入角色的体验，可以让学生更容易产生真实的感受。

例如在《燕子过海》一文中，"燕子太疲倦了，看见我们的船，就像雨点一样地落下来，伏在甲板上休息。过了一会儿，有的燕子又展翅起飞了"。教学时，学生伏在桌子上扮演燕子，教师则扮演海军叔叔问道："可怜的小燕子，你们为什么伏着呀？""我们太累了。"教师又问："但你们怎么又展翅起飞了呀？""我们要到温暖的南方去，不达目的地，我们决不罢休！""我们总停在船上也是要饿死的，再说，不怕艰难是我们的天性！"

做法三：在体验生活中提升生活品质

我们的阅读教学要让学生在问题解决中学会做事，在借鉴比较中学会生存，在放飞思绪中丰富想象生活，以此来提升学生的生活品质。

首先，设计教学亮点，在问题解决中学会做事。每堂课都可以设计教学亮点，这需要教师用一双慧眼不断地去发现、去设计问题情境。

在《三顾茅庐》一文中：关羽一再相劝，张飞才没放火。那么关羽是怎样相劝的呢？在教学这一段时教师自己演张飞，让学生根据课文内容，结合自己的生活感受，演一回关羽，来劝劝张飞。孩子们想象的闸门一下子就打开了。

师：这个孔明也太不像话了，我大哥人称刘皇叔，他凭什么就管自己睡觉？我放他一把火，看他起不起来。

生：二弟，别激动。大哥这样做自有他的道理，如果你放火，把孔明烧死了怎么办？

师：你放心！我是从后面放火，那孔明一起床，刚好撞到大哥怀里。

生：但那样孔明肯定不肯出山相助了。贤弟暂且忍耐，想当年我们桃园三结义，难道你忘了吗？

师：正因为桃园三结义，有福同享，有难同当，我才不想让大哥受这口气呀！

生：贤弟，你也不想想，你一放火，我们三次的努力都白费了，前功尽弃呀！你还是稍稍忍耐些吧！要不，大哥也会和你过不去的！

师：但我实在看不过去呀！那孔明也太霸道了，太高傲了！我不放火决不罢休！

生：贤弟，你听我的！君子报仇，十年不晚！你真要收拾孔明，等他出山了也不迟呀!

……

我们在教学实践中体会到,设计教学亮点,应注意从文本中发掘作者和编者的智慧,对文本进行再创造,引入生活的活水。这样的教学才能智慧互激,创见迭出,使学生成为生活的主人。

其次,疏通思维阻塞点,在借鉴比较中学会生存。课堂教学过程是在多维互动中动态生成的,但如果学生的思维得不到正确引导,许多讨论往往在展开时就会滞流,总在一个小范围内打转。此时,教师有必要给予疏通、指点,引导学生的思维进入更广阔的空间。

例如在教学《动物过冬》一文时,教师提问:"如果你是小蚂蚁,看到其他动物的过冬方法时会想些什么呢?"有同学说:"啄木鸟不怕冷,因为身上有厚厚的羽毛,我想把啄木鸟的羽毛贴在身上就可以了。"教师笑着说:"可是不能贴呀!"有同学说:"黄莺、燕子飞到南方过冬去了,要是还有一只黄莺没飞走的话,我可以趴在它背上搭到南方去。"这时,教师风趣地说:"哈哈,这样飞到半空中不掉下来才怪。同学们,我们不能光想着依靠别人,而是要向同伴学习,然后根据自身特点自己想出办法来过冬。"这一点拨巧妙地调正了学生的思维方向。学生纷纷发言:"啄木鸟天生不怕冷,不能和他比。""可以学学青蛙,躲在洞里一个冬天都不出来。"……

针对这些有创意但又不可取的想法,教师巧妙地过滤,并且对课堂思维的总流向进行点拨,引导学生在借鉴别人的生活经验和自身进行比较的过程中培养生存的能力。

再次,设计教学拓展点,在放飞思绪中丰富想象生活。针对学生的心理特点,教师有必要抓住文本设计教学拓展点,优化他们的生活结构,提升其生活品质。主设计可以从以下两方面展开。

首先,内联型设计。内联是指抓住文本中的句子向课文的另一个未知层面拓宽,以此来丰富学生的想象世界。

例如浙教版第六册《打碗碗花》一文结尾写道:"但我始终不能明白,人们为什么要把这样一个怪名字加给它呢?要知道,那原是一种美丽的、可爱的花呀!"教师抓住文中这个问句问学生:"小作者不明白,那么你们知道为什么叫它打碗碗花吗?"学生的想象异彩纷呈:"因为花瓣连在一起,形成一个浅浅的小碗,等花凋谢时花瓣又裂开来,好像是把碗打碎了,所以叫打碗碗花。""可能有个小孩摘了这花,吃饭时凑巧把碗打破了,再加上这花本身像碗,一传十,十传百,人们都相信这花能打碎碗了。"……

其次,外拓型设计。外拓是指文本意义向现实生活中的想象世界的拓展延伸。

例如教学《山里的孩子》一课,讲到"山里的孩子像大山一样充满幻想"时,教师并没有逐字逐句地让学生去理解,而是让他们自己读,然后说说自己的幻想。

师:山里的孩子像大山一样充满幻想,那我们呢?

生1:我也像山里的孩子一样充满幻想。我愿化做春风,为老师减轻疲劳,抚平老师脸上的皱纹,给老师带来一缕清凉。

生2:我想有一对洁白的翅膀,在天空自由地飞来飞去,然后采一些云朵放在教室里,让同学们在云间穿来穿去。

生3:我想穿越时空隧道,回到古代生活,了解更多的历史。

……

学生们的回答已经超越了真实的生活,在与心灵相见、与生命对话中,我们感受到了学生们一颗颗纯洁、善良、透明的心。

我们在阅读教学中重温陶行知的"生活教育"理论,正是为了建立创新式的与生活密切联系的语文教育。

(浙江省宁波国家高新区实验学校　陆青春)

14. 诵篇·释言·析文·悟道
——以《归去来兮辞》为例谈谈"六步两阶"古诗文教学法

因为重教太过,所以不知不觉地就将教和学分离了。依我看来,教学要合一,有三个理由:第一,先生的责任不在教,而在教学,而在教学生学。第二,教的法子必须根据于学的法子。第三,做先生的,应该一面教一面学,并不是贩买些知识来,就可以终生卖不尽的。

——陶行知

(摘自《陶行知文集》中《教学合一》一文,江苏教育出版社1992年版)

"情真意切吐倾肺腑言,迷途未远此生有幸;气爽心宽抒写肝胆志,天命已知来世焉求。"这副对联,是笔者在新课程背景下的高二年级教学陶潜的《归去来兮辞》时,运用陶行知先生的"教学做合一"理论和自己总结的"六步两阶"古诗文教学法,与学生深入品读了文本之后的有感而作。它是我对文本意旨以及作者人品风骨的概括点评,因用对联来点评故称"联评"。这一"招"对我和学生,都有鞭策、鼓舞作用,甚至使一些学生对文言文的学习兴趣大增。

所谓"联评",是我自归自用的"六步两阶"古诗文教学法之第二"阶"的末步"悟道"的总结表现形式,是"六步两阶"古诗文教学程序化的结果。所谓"六步两阶"古诗文教学法,是笔者将陶行知先生的"教学做合一"理论用于教学实践的一些收获。

"六步两阶"古诗文教学程序中的"六步"是:诵篇(解决古诗、文言文诵读中的节奏、旋律、气韵等问题);解题(解决文本出处、作者风格、代表作、文学地位等问题);释言(解决文本中虚、实词义,如一词多义、通假、活用、古今异义以及句式等问题);析文(解决文本重点句段、层次含义、手法、作用等问题);明旨(解决文本旨意即对作者写作意图的理解等问题);悟道(从文中感悟深意、得到启迪、谈论收获并将其诉诸文字)。"两阶"是指其前三步为感性阅读阶段,后三步为理性阅读阶段。下面笔者以教学《归去来兮辞(并序)》为例,主要谈谈"诵"、"释"、"析"、"悟"等"步"与"阶"的教学程序。

步骤一:诵篇

只有首先诵出文本的节奏之美、旋律之美和气韵之美,古诗文教学才能有一个良好的起点和开端,也才能在教学过程中让学生感知、领悟到古诗文中深藏的意蕴。因此,笔者在高中古诗文的教学过程中很重视诵读。

例如在教学《归去来兮辞》时,"归去来兮!田园将芜胡不归?"一句,师生就"较真"而读。首先要读出节奏、旋律之美:"归去/来兮——,田园/将芜/胡——不归",要把作者行文时的时而急切、时而怅惘、时而舒缓的节奏诵读出来,而且要诵读得音节清晰、节奏妥当,绝不能呆板平淡而令人昏昏欲睡。其次要读出气韵之美,"归去"二字要读得响亮,读出回归家园的果断,读出诗人回归恢复高尚人格的刚毅来;"来兮"二字的"来"则应读得轻巧短促些,使之虚化无义;"兮"字则又应读重些,且要拖长其音节,让自己和听者均有回味的时间和空间,在那"兮——"的音节中体会作者对回归家园的企盼以及对官场生活的决绝之情。而"田园将芜胡不归"一句中的"将芜"二字,应诵读得怅惘焦急,"胡"字应读得高亢强烈、果断有力,以表达作者那自问自斥中的觉悟甚至是大彻大悟之情。

如此一番诵读,那文本中的情感意蕴,学生也就能领悟出不少了。

步骤二:解题

这一环节的教学,可以让学生充分利用《中学语文第二教材》(薛金星主编),抓住"学习建议"、"走进作者"、"写作背景"、"相关知识"以及课本注释等资料,解决好文本出处以及作者的写作风格、代表作品、文学地位等问题的识记,或择时印发些相关资料。在此不作赘述。

步骤三:释言

这是古诗文教学的一个关键步骤,因此也成为"六步两阶"古诗文教学法的"第一阶"的重点。所谓"释言",就是在教学过程中将文本中出现的字词问题(如一词多义、活用、通假字、异义字等)和句式问题(如宾语前置、定语状语后置、省略句、被动句等),有针对性地一一摘要释解,为下一步更深入地学习文本(析文、明旨、悟道)做好准备。

例如《归去来兮辞》第一段中,"归去来兮,田园将芜胡不归"一句里,必须要"释"的有"来"、"胡"两字。此句中的"来"字,教材注释和有关资料多释为"无义之虚词",与"去"构成双音节,使节奏整齐响亮。这种说法并不多见,必须让学生知道这个"来"字,此处无动词"来"的实词义,而是"归去"的后缀语。而"胡"字的用法,不仅要让学生释出其疑问代词"怎么"、"为什么"来,更要让学生释出这个"胡"字里的人格、气质与决绝之情来:自我叩问,深入骨髓,灵魂觉醒;弃离官场,毅然决然,传神地显现出诗人高洁的人格、坦荡的气质、昂扬的决绝。教师引导学生结合原文如此"释言",不但能明白"言"的固定词义,更能领悟其传情达意的变化词义。

关于句式之类,所"释"内容庞杂,宜以专文述说,在此亦不作赘述。

步骤四:析文

此步骤是中学文言文教学中的一个核心环节,旨在引导学生在诵读、释言等学习步骤完成后,将鉴赏思维引向纵深。

例如,学生在阅读《归去来兮辞》第一段时,教师可以引导学生抠出其中最关键的一个字,那就是"归",绝大多数学生都会"抠"到此字。

然后，教师可以板书"归"字，并在其左面用"←"符号引出问题并板书："何以归？"然后要求学生默读此段，尽量用原文回答。于是学生很快从原文中找到"田园将芜"、"悟已往之不谏"、"知来者之可追"、"实迷途其未远"、"觉今是而昨非"等语句，这些当然都是诗人必须急切"归去"的原因。为什么呢？教师此时又可以引导学生深入析"文"：因为诗人乃农人，而农人的生计之源当然是田园，"田园将芜"预示着诗人的生计将无源，因而必须马上归去，翻土种植，以求生计。更何况诗人已经"悟"出往日在官场混迹，浪费的时光已经不可挽回，同时又清醒地知晓，赶快离弃官场，一切还可以补救。如果教师能够如此引导学生"析文"，教学效果当然不会差。

此后，教师还可让学生赏析"实迷途其未远"、"觉今是而昨非"两句的意蕴：混迹官场，虽能解决一家子的温饱甚至食鱼啖肉、品茗饮酒，但那毕竟不是诗人所追求向往的生活，因而他以"迷途"斥之，以"昨非"而加以否定。这时，如果教师再引述诗人"久在樊笼里"等句，让学生将"迷途"、"樊笼"等词的含义联系在一起咀嚼，其"析文"的效果就会更佳。之后，教师还可以在板书的"归"字的右边用"→"引出问题"归之时"（第二段）、"归之后"（第三段），让学生"析"出"归之时"的五乐——家人欢聚之乐（"僮仆欢迎，稚子候门"）、园境清幽之乐（"三径就荒，松菊犹存"）、开怀畅饮之乐（"引壶觞以自酌，眄庭柯以怡颜"）、倚窗易安之乐（"倚南窗以寄傲，审容膝之易安"）、涉园拾趣之乐（"园日涉以成趣……时矫首而遐观"）等。然后教师还可以引导学生"析"出第三段归之后的快乐——亲情琴书之乐（"悦亲戚之情话，乐琴书以消忧"）、西畴春耕之乐（"农人告余以春及，将有事于西畴"）、车舟导经之乐（"或命巾车……亦崎岖而经丘"）、安居享时之乐（"木欣欣以向荣……感吾生之行休"）等，从而印证"今是而昨非"的理性价值判断。至此，那个眼光高旷深邃、气质洒脱超凡的诗哲形象，也就铭刻在学生心中了。

教师要学陶行知

步骤五、六：明旨、悟道

这两个步骤是笔者引领学生学习鉴赏文言文所用"六步两阶"学习法中的最后"两步"，它们与"析文"构成文言文学习的"理性"阶梯。学生只有在阅读赏析文言文的过程中走过这"三步"，经过此"阶"，才能在文言文的阅读鉴赏过程中获得收获。

学生经过前面几个步骤的学习尤其是经过"析文"这一步鉴赏性的学习，无疑对陶渊明"归情"的理解也比较深入了。这时，教师可以引导学生诵读本文末段，并从其中抠出"委心"一词，再综合上下文赏析"非吾愿"、"不可期"、"怀良辰"、"或植杖"、"登东皋"、"临清流"等句的蕴涵——寓形宇内、乐夫天命，也就是抛弃一切应该抛弃的，寻求一切应该寻求的：官场纵然能使人拥有花天酒地的"富贵"，但它决非诗人的追求；耕种于田野固然不免辛劳甚至贫困，但它无所拘束而使诗人怡然自得。一个"乐夫"，写尽诗人的旷达潇洒；一个"天命"，尽显诗人的安然随遇。而"委心"一词，用诗人那种对生命价值的解读领悟的睿智，铸炼成了一道嶔崎磊落的永恒的风景。

明旨、悟道达到这样的教学程度，文言文教与学的境界也就更有光彩了。

（北京市第二十中学　兰瑞平）

15. 让学生乐于质疑善于解疑

小孩子有问题要准许他们问。从问题的解答里，可以增进他们的知识。

——陶行知

（摘自《陶行知全集》中《创造的儿童教育》一文，第541页，四川教育出版社1991年版）

陶行知先生在《创造的儿童教育》一文中谈到要"解放小孩子的嘴"，意思就是要让小孩子得到言论自由，特别是问的自由。这样不仅能够充分发挥他们的创造力，还能使他们在问题的解答过程中增长知识。我在阅读教学中进行了一些探索，格外重视引导学生自主质疑和解疑，最终让他们养成乐于质疑、善于解疑的良好习惯。

探索一：引导学生自主质疑

在引导学生自主质疑时，我们主要从以下五个方面入手。

第一，在重点处引导学生质疑。一节课不能平均用力，而要突出主次。在教学中，我们要抓住一个或几个重点进行教学。如果在这一环节引导学生对与课文中心有联系的实质性问题进行质疑，调动他们的学习积极性，让他们主动参与对课文的理解，我相信一定会收到事半功倍的效果。例如在理解《赠汪伦》这首诗时，学生就提出："在即将分别之际，为什么汪伦要以踏歌的形式为李白送行？"这一问题很具有代表性，道出了大多数同学的心声，也体现了这首诗的主旨。

第二，在难点处引导学生质疑。由于学生的心理还不成熟，其阅历、知识等方面也有不足，他们对课文的理解还有一定的困难。如果教师在学生理解的困难处引导学生质疑，不仅可以使他们全面、深入地理解课文，还能够让他们感受到教师对自己的尊重与关注，产生强烈的自我意识，从而形成健康的个性心理。例如在教学《马背上的小红军》一课时，学生提出这样一个问题："陈赓爷爷为什么先称小红军为小鬼，后又称小红军为小兄弟？"这个问题正是课文的难点所在，我对这个问题处理的过程就是对课文中心深化的过程。

第三，在课文的省略处引导学生质疑。作家在写作时要做到详略结合，略写部分往往是对详写部分的诠释。对略写部分的理解需要缜密的思维过程，在这一过程中发掘学生的创造潜能，培养学生的创新能力。还以《马背上的小红军》为例，课文写道："陈赓骑在马背上，心情总是平静不下来，总在想刚才的那个小鬼。"学生针对这一部分提出质疑："陈赓在马背上想了些什么？"这的确是课文中没有涉及的，但却是学生想知道的。不仅如此，从全文来看，把握陈赓此时的心理对于感受长征中红军战士患难相助、生死与共的革命精神也是很有帮助的。

第四，在隐含处引导学生质疑。朴实通俗是一种文风，含蓄深刻也是一种风格。对于后一种风格的课文，其隐含处往往才是课文的精髓，更是感情的升华。抓住了这个精髓，感悟了这个升华，也就把握住了课文的基调。例如《麻雀》一文，"可是它不能安然地站在高高的没有危险的树枝上，一种强大的力量使它飞了下来。"学生提出："一种强大的力量指的是什么？"这时我点拨学生，这种强大的力量正是伟大的作家屠格涅夫所赞扬的。

第五，在遣词炼句处引导学生质疑。教材中所选的课文，具有很强的示范性、典型性，尤其表现在遣词炼句方面。语文教学就是要引导学生正确地理解和运用我国的语言文字，学习前人遣词炼句的方法，为他们熟练驾驭我国的语言文字找到一条捷径。例如在教学《迎接绿色》一文时，学生问作者开头为什么写成"其实只是株丝瓜，野生的"而不写成"这是株野生的丝瓜"呢？我引导学生理解，这个问题正体现了作者高超的遣词炼句的本领。

探索二：引导学生自主解疑

第一，引导学生结合上下文解疑。一篇课文是一个有机的整体，对于课文的理解往往需要从全文的角度出发，要联系上文、结合下文才能够全面、深刻地理解课文的内容。基于这一点，结合上下文应该算是一种很好的解疑方法。在解决"陈赓在马背上想些什么"这一问题时，学生只有紧紧结合上下文才能准确把握陈赓当时的心理活动。

第二，引导学生结合生活实际解疑。生活经验、生活感受是学生亲身体验的产物，对于学生来说，这些对他们自身的影响才是深刻而持久的，长期积淀下来，就会成为他们宝贵的知识财富。学生很善于，也很乐于谈论他们各自的生活经验与生活感悟。教师应充分利用这一优势，引导学生结合生活实际解疑。例如，学生在理解老麻雀那种"强大的力量"时，就结合了日常生活中母亲对自己的行为，深切地感悟到那种"强大的力量"就是母爱，于是问题就解决了。

第三，引导学生结合语境、背景解疑。对于具有特定表达意义的词句，只有结合语境、背景才能对它们进行恰当的理解。例如对《迎接绿色》一文开头一句表达方式的理解，只有结合课文的语境才能领悟到作者所要表达的含义。

第四，引导学生利用课外资料解疑。有些问题的解决需要借助课外知识，所以教师还要引导学生通过多种手段、多条途径去搜集相关的课外资料（如阅读书籍、访谈、上网等），从中得到满意的解释。例如在解决"为什么汪伦要以踏歌的形式为李白送别"这一问题时，学生通过搜集资料了解到：李白是一个性格豪放的人，汪伦正是认识到这一点，才会以踏歌的形式为他送行，李白也很高兴，并视汪伦为知己。

只有让学生学会质疑、养成质疑的习惯、形成自觉状态，才能真正解放学生的嘴、发展他们的创造力、让他们成为一个个鲜活的学习主体。

（北京市密云县新城子中心小学　李会芹）

吾思篇

每天四问：第一问：我的身体有没有进步？第二问：我的学问有没有进步？第三问：我的工作有没有进步？第四问：我的道德有没有进步？……每一个人身体健康上有着大的进步，学问修养上有着大的进步，工作效能上有着大的进步，道德品格上有着大的进步，显出"水到渠成"的进步，而有着大大的进步。

——陶行知

（摘自《陶行知文集》，第861页，江苏教育出版社2001年版）

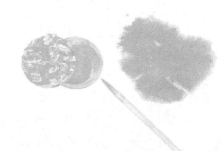

学校与管理

1. 好校长要促进教师的潜能不断释放
——学习陶行知学校管理思想有感

> 教师的服务精神,系教育的命脉。
>
> ——陶行知
>
> (摘自《陶行知全集》中《孟禄博士与各省代表讨论教育之大要》一文,第395页,四川教育出版社1991年版)

陶行知先生在他的教育理论中对教师的地位和作用作了重要论述,他说"教师的服务精神,系教育的命脉"。他十分注重用合理的激励机制调动广大教师的积极性,鼓励教师进行创造性的劳动。

教师作用的发挥,需要教师积极性、创造性的充分发挥;教师积极性、创造性的发挥,要靠教师内在动力的启动;教师内在动力的启动,除了靠教师自身的心理素质外,还要靠学校激励机制的合理建立和正常运行。

那么,如何激活学校的内部活力,让教师的潜能不断地释放出来呢?

反思一：要维护教师的民主权利和主人公地位，让教师自觉地产生当家作主的思想和行为

陶行知先生在创办和管理学校的过程中，十分尊重教师的民主权利、重视民主建设。他指出："教师创造力最能发挥的条件是民主。当然在不民主的环境下，创造力也有表现，那仅是限于少数，而不能充分发挥其天才，只有民主才能办到，只有民主的目的、民主的方法才能完成这样的大事。""只有民主才能解放最大多数人的创造力，并且使最大多数人的创造力发挥到最高峰。"

一个学校要把教师内在的积极性、创造性充分发挥出来，除了需要教师自己有很高的觉悟，还需要校长有充分的民主作风，即真正把教师放到主人公的位置上。为此，学校领导要真正做到以下三破三立：一是要破唯我独尊的封建家长作风和带有欺骗性的假民主；要立陶先生所倡导的真正的民主作风，即"自己要说话，也让别人说话，最好是大家商量。""民主没有深奥的意思，通俗点说就是大家有份。在倒霉的时候是有祸同当；在幸运的时候是有福大家享；在平常的时候是大家事大家谈，大家想，大家干。"保障教工法定的民主权利。二是要破有利可图的事当官的揽着干，无利可图的事推给下面人去干；要立领导与部下、与群众同甘共苦，最好是领导干部吃苦在先、享受在后。三是要破用权单干，搞封建集权；要立大权独揽，小权分散。

同时还要建立和完善几个制度。其一，要完善校长负责制。真正建立起校长的法人代表地位，党组织的政治核心、保证监督，工会、教代会的民主管理三位一体的管理机制。切忌只抓1/3而丢掉2/3。其二，要建立和完善教职工代表大会制度，学校重大事情要拿到教代会上讨论，让教代会真正行使审议建议权、审议通过权、审议决定权和领导干部的评议监督权。其三，要建立和完善校务委员会议事制度，让各方面的代表参政议政。其四，要建立嘉奖合理化建议的制度，倡导每个教职员工每学期提几条合理化建议，并对行之有效、有价值的建议的提出者给予不同等级的物

质奖励和精神奖励。

反思二：要十分重视领导的示范效应，因为榜样的力量是无穷的

陶先生无论是在创办学校过程中还是在教学实践中，都十分注意身先士卒、严于律己、吃苦在前、为政清廉，堪称"万世师表"，使各方人士慕名而至，很值得当今学校管理者学习。在学校中，首席校长在师生群体中的示范效应系数最大。因为他职位最高、权力最大，对师生员工的思想产生的影响也最大。实践证明，凡是学校领导以身作则，清正廉洁，为人表率，那里的不正之风必然成不了气候。

上梁不正下梁歪。领导行为的示范效应对教师潜移默化的影响是广而深的，它直接影响着教师积极性的发挥。因此，学校领导应时时处处严于律己，尽可能多地给教职员工以正面的影响，尽可能避免负面效应。为此，学校领导应注意以下几点：其一，校长要亲自上好一门与自己的专业知识相一致的科目，以便说话有说服力，并注意把主要精力放在教育教学的管理上。其二，对在同一单位工作的家属、子女、亲友必须从严要求，因为他们的思想言行也具有示范效应，不要因为这些人的负面影响而带来连锁的负面效应。其三，对自己要约法三章，每日检点，不要太迷信自己的权力。其四，要注意清正廉洁，在经济上、待遇上透明度要高。

反思三：学校领导务必公正办事，注重公平效应，维护教师的心理平衡

在学校生活中，也常常存在着各种各样的分配问题，如对房子、津贴、评优、奖励、有偿事务以及其他能增加收入的分配等。在这些分配中，广大教职员工要求的不是形式上的公平，而是实质上的公平。但实质上的公平不是抽象的，而是在群体差别所形成的相对值的比较中得出的。教师对于自己的待遇，不仅关心其绝对值，更关心其相对值（与群体其他成员所得待遇相比）。因此，在比较中，教师如果发现条件比不上自己的人所得的待遇与自己一样甚至超过自己，即使他所得待遇的绝对值已经很高了，也仍然会感到不公平，认为自己吃了。这种吃亏心理必然会抑制教

职员工积极性的发挥。

因此,学校在分配待遇时,不能因感情和关系而异,也不能搞大锅饭,而要真正做到奖勤罚懒,形成明显的差别境界:有贡献的人形象改善,收入增加,使其产生公平感;无所事事的人则相形见绌。只有这样,才能促使群体成员向有所作为的人看齐,以为提高教学质量贡献力量作为自己的价值取向。

就评优奖励而言,也应当公平合理,务必遵循陶先生奉行的实事求是原则:"奖金之发给,纯以创造意义之大小为标准,贡献不足时宁缺毋滥;贡献超过名额,不使向隅。不努力,则全年可以不发奖一次。人人努力,则人人有得奖之机会。"(育才中学创造奖)

而现在的评优评奖,有些学校喜欢搞定额,够条件的弄那么几个,不够条件的也弄那么几个。甚至有些单位谁优谁奖,用不着大家评,全是领导说了算,长官意志决定一切。因此,有的教师为了个人需要,到校长那里去求讨,竟也可能讨到一个先进工作者的"光荣称号"。这样的评优评奖,不仅不能调动广大教职员工的积极性,反而挫伤和抑制了很多该奖而未奖的、真正的先进者的积极性。因此,在评优评奖中,务必做到以下两点:其一,领导同志切忌感情用事,不能将评优评奖作为答谢朋友的机会,更不能把神圣的荣誉称号当做礼品馈赠。其二,要实事求是,够条件的可多评几个,不够条件的宁可少评或不评。要尊重教职员工的劳动和民主权利,相信群众的眼睛是雪亮的。

反思四:将表扬、批评、关心体贴有机地结合起来,重视补偿效应,激发教师的积极性

对于领导者来说,对每一个教职员工都应当用同一把尺子来衡量,不管是谁,发现缺点错误就得批评教育,甚至处分;对学校有贡献有成绩的就应当表扬奖励上光荣榜;无论是谁遇到困难,领导者都应当积极主动地为其排忧解难,给予关心体贴,给予一颗热忱的爱心,让其在物质上、精神上得到安慰,使其真切体会到校长是父母官、学校是家的延伸,从而振

作精神，带着更大的劲头，投入到教育教学的实践中去。

　　学校领导要正确地做到表扬、批评、关心体贴三者的有机结合，务必要有宽容的高贵品质。教师积极性的挫伤，一般都是领导者造成的，领导者缺乏宽容的品质是其中一个重要的因素。而教师的积极性一旦被挫伤，本来是"我要干"就变成了"要我干"，甚至是"不愿干"了。

　　自古说："宰相肚里能撑船。"讲宽容就是善于容人之长短，对教师的长处不嫉妒，对教师的短处不歧视，对教师的批评不反感。要像陶行知先生说的那样："我们讲宽容应该宽容到能容纳善意的互相批评。"

　　但愿我们所有的校长都能"像原子弹一样，去引爆每个教职工这颗氢弹"，把广大教职工的潜能充分释放出来，推动教育现代化的迅速发展。

（江苏省通州市西亭小学　李美兰）

2. 学校管理中的"用心"和"达情"

　　国家把整个的学校交给你，要你用整个的心去做整个的校长。

——陶行知

（摘自《陶行知全集》中《整个的校长》一文，第61页，四川教育出版社1991年版）

校长是学校的管理者，而管理的关键是服务。我认为，作为一名成功的校长，在学校管理中的"用心"和"达情"是对学校实施管理过程中必不可少的两个关键因素，更是实现成功管理的关键。八年的校长工作经历，我努力去尝试、去实践、去探索，收到了赏心悦目的效果：领导班子团结，教师队伍向上，学生素质提高，家长、社会满意，学校氛围和谐，学校的各项工作呈现出可持续发展的良好态势。

体会一：管理必"用心"

　　陶行知先生说过："国家把整个的学校交给你，要你用整个的心去做整个的校长，校长应当是一个用心专一和用心良苦、用心细致的'理想守望者'。"多年来，繁杂的管理事物并没有降低我对教学研究的兴趣，反而更加强了我研究教学的迫切感。因为我知道，不懂教学的校长是盲目的校长，是随波逐流的校长，是没有个性思想的校长。从事校长工作以来，我潜心于教育规律的探索，先后主持了"校本研训的有效实施方式"等多项国家、省级科研课题，发表了多篇教育、教学、管理方面的论文以及经验介绍。通过我的身体力行，带动了全校的科研之风。每一天，我最大的乐趣就是听课，最快乐的时候就是与教师在一起进行教学交流。这种交流是一种潜移默化的影响，是一种执行力的积蓄，是对细节的最好关注。当教师将各级公开课所取得的成果呈现在我面前的时候，我知道，那是对我最好的回报。学习在交流中进行、灵感在交流中闪现、思想在交流中碰撞、情意在交流中升华，勤勉于学习，使我的智慧有了"源头活水"，躬身于实践，让我的思想得以"节节攀高"。

善于学习的人通常也是一个善于思考的人，更是一个善于感悟的人。有悟性的人能够在接触书面知识和生活知识的瞬间，感悟出其深刻的、广泛的内涵，更能够把它们与自己实际的工作和生活紧密地接合起来，形成新的思路和方法。一个人的综合素养来源于他对生活、工作、结果、过程以及自然界中万物之理的敏锐和深刻的感悟。在感悟中完善成长和发展，是校长获得成长、充满智慧的一个重要方面。有些人读了很多书或者获得了很高的文凭，也有些人经历了很多事情，但是其实际能力却一般，或者说在现实中总是看不到他在方法、能力和做人上有所长进。其原因就在于，这样的人表面上是勤于学习的，但他却不能从中吸取养分，不能使所学的知识和经验变成自己的智慧、方法和行动。因此，作为校长，要善于学习，更要培养自己的感悟能力，让自己所学的知识转化为智慧，让自己的智慧转化为思想。

校长既肩负着使命，又肩负着社会责任。校长要履行职责、不辱使命，就需要专心致志，百分百地投入，尽自己所能地奉献于教育事业。陶行知脱下大学教授着装，创办、经营晓庄师范学校数载。他把自己的时间、精力、心思都用在了教学、管理和研究上，最终办出了成功的教育，自己也成为传世之师，其成功的秘诀就是专心致志。我自做校长以来，先后在两所学校任职。如果说我所管理的学校能有些成绩的话，那正是因为我任职期间的倾心投入。"朝夕思虑其事，日夜经纪其务，热爱学校超过自己，关爱教师胜过朋友，关心学生就如同自己的孩子一样。"

作为校长要用心良苦、细心周密，校长的一切活动要从"心"开始，用心对待、细心推敲、诚心待人、耐心处之。"世上无难事，只怕有心人。"作为校长，凡事必须用心去观察、用心去思考、用心去感悟、用心去经营。校长做到了这些,势必能感染和引领教师自觉地去创造、去探索、去创设色彩斑斓的教育景象。

体会二:管理需"达情"

任何校长在学校管理中要具备高的水准、取得高的成就,首先必须有高的理想和追求的目标,同时更要有激情。优秀的校长要永远有自己的梦想,要不断挑战自我。教育的每一天都应该是鲜活的,每一天的内涵和主题都应该有所不同。只有具备强烈的冲动愿景、使命感和责任感,才能提出问题,也才能拥有诗意的教育生活。写诗是要有灵感、悟性和冲动的,真正的教育家也应该有这样的激情、这样的品格,也要永远憧憬明天。

"师爱是教育成功的基础",而"师爱"首先源于校长对教师的关爱。作为校长,除了关心教师的生活冷暖外,更要满足其精神和心理需求。只有这样,教师才能将来自领导的关爱迁移到学生身上。事实上,领导与教师、教师与学生,都会在这种互动的关爱中产生力量,因为爱是一个教育过程。这些年来,我努力为教师排忧解难,对于每个教师的家庭状况做到充分了解,教师节我给教师发去祝福的短信,教师生日我在贺卡上亲笔写下赠言。有人可能会问,校长这么忙,做这些工作值吗?我认为,不仅值,而且必须要做。情感投入,说到底是对人的关注与尊重,是在满足人们的精神需要。我校教师待遇不高,负担却不轻,但是能留住人,我想,最主要的原因就在于校长的情感投入。情感投入是增强校长亲和力的有效途径。"亲和"是校长应有的一种意识,更是一种精神,它反映的是校长对教师的一种态度。教育改革与发展需要教师具有足够的知识储备,教师必须把学习作为自己的生活方式和生存态度,作为不断挑战自我、超越自我、完善自我的实际需要,作为拓展精神世界、实现人生价值的有效途径。因此,校长要最大限度地为每一个教师提供发展自我的"支点"。我们学校每学期都指定书目,统一发放读书笔记,期末进行专项评比和举办专题论坛;还为教师、学生提供安静的读书环境,营造良好的读书氛围。

建设教师团队、发展学校不仅是创造,更是在重新理解教育、重新认识教师、重新发现学校的过程中对教师教育改革与学校发展在思想和实践上的一种新探索；教师发展学校的建设，不仅是完成一种功能性建设，更是在培养新型教师、建设新型学校、创造良好教育方面的一种大胆尝试，给教师的自我发展提供了新的"支点"，体现出对教师生命质量的关注。在教师的发展中，我们体会到了学生的成长。在这个实践过程中，作为校长的我也在不断完善自己的办学思想、更新自己的办学理念。

做校长要满怀深情，学校的管理主要是人的管理、队伍的建设。在管理过程中，校长必须以人为本，体现人文关怀，用情感呼唤情感。校长要想最大限度地调动教职员工的积极性，就必须充分挖掘蕴藏在每位教师身上的潜能，就必须对教职员工施以爱护、关心、尊重和信任，做到宽严有致、情中生威。只有用真心、真情、真意赢得全体教职员工的信赖的校长，才可能拥有亲和力、凝聚力、感召力和影响力。

（辽宁省鞍山市铁西区红星小学　张雪萍）

3. 反思陶行知眼中的理想校长

> 学校的好坏，和校长最有关系。
>
> ——陶行知
>
> （摘自《陶行知全集》中《整个的校长》一文，第60页，四川教育出版社2001年版）

什么样的校长才算称职？优秀的校长应具备哪些资质？校长如何有效引领学校？在实行校长负责制的今天，校长的地位和作用越来越为人们所关注。

视点一：校长是学校的灵魂，他必须有高尚的品行

在陶行知看来，一个好校长也就意味着一所好学校。校长是学校的精神支柱，是一个学校的灵魂。陶行知曾说："学校的好坏，和校长最有关系。"校长工作的重要性，不仅体现在它直接影响着学生的发展，也体现在它影响着家庭的团结和进步，乃至国家的前程和世运的治乱。"当一个小学校长，不仅是两百学生的导师，而是一两百户、一两千人的导师。其地位的重要好比一个作战的团长。""做一个学校校长，谈何容易！说得小些，他关系千百人的学业前途；说得大些，他关系国家与学术之兴衰。"

1924年，陶行知在一首《自勉并勉同志》的诗中表达了他对使命感的理解和重视："人生天地间，各自有禀赋；为一大事来，做一大事去。"陶行知认为，这件大事就是改造社会、改造环境。他指出，有三类教育家很难受人敬重："一种是政客的教育家，他只会运动、把持、说官话；一种是书生的教育家，他只会读书、教书、做文章；一种是经验的教育家，他

只会盲行、盲动、闷起头来，办……办……办。"一个真正有使命感的校长，一个真正一流的教育家，一定是"敢探未发明的新理"和"敢入未开化的边疆"的人。

陶行知同样坚持，校长要有强烈的责任心。他认为，责任心并不是空洞的，校长和教职员工的责任心可在具体繁杂的日常工作中体现出来。他说："第一点最要紧的，是要'站岗位'。各人所负的责任不同，各人有各人的岗位，各人应该站在各人自己的岗位上，守牢自己的岗位，在本岗位上努力，把本岗位的职务做得好，这是尽责任的第一步。""第二点最要紧的，是要'敏捷正确'。"做事需要熟练、精细和讲究效力。"第三点最要紧的，是要'做好为止'。有些人做事，有起头无煞尾，做东丢西……不是一事无成，就是半途而废。我们做事要按照计划，依限完成，就必须毅力坚持，一直到做好为止。"

陶行知对校长和教育行政人员同情心的要求也令人印象深刻。他要求校长与师生同甘共苦，切不可高高在上，更不能飞扬跋扈、颐指气使，万万"不可摆出做官的态度，事事要和学生同甘苦，要和学生表同情，参与到学生里面去"。

陶行知的伟大，不仅表现在他高扬德性对于校长角色的不可或缺性，更在于他言行如一，在学校管理工作中真实践履了他的道德主张。陶行知是一位品行高尚的教育领导者，他爱教乐业、以身作则、言传身教、为人师表。他以教人者必先教己为准则，一生严于律己、诚以待人，反对以公肥私、损人利己，为当今校长树立了榜样。

视点二：校长要有自己独立的学校观，要做一个行动的校长

陶行知不仅在《我之学校观》中直接申明了他对学校组织的根本看法，还在多篇文章和演讲中系统地阐述过他的学校观。归纳起来，陶行知的学校观主要包含以下三个要点。

第一，传统学校是封闭的，而新学校则是开放的。"为着要过有意义的生活，我们的生活力是必然的冲开校门，冲开村门，冲开城门，冲开国

门,冲开无论什么自私自利的人所造的铁门。"

第二,学校即社会。校长必须明白,办学管校与改造社会是完全统一的一件事。"学校是小的社会,社会是大的学校。""社会含有学校的意味,学校含有社会的意味。""教育就是社会改造,教师就是社会改造的领导者。"

第三,学校是师生共同生活的场所,学校以生活为中心。学校不是教师单方面施展才华的场所,不是"教校",而是师生彼此合作与相互激励的场所。陶行知强调:"在学校中不能共同做事,一到社会也是不能的。所以要国民有共和的精神,先要学生有共和的精神;要学生有共和的精神,先要使他有共同的生活、有互助的力量。"学生在学校"不是坐而受教",而是要去主动学习生存之道。"'生'字的意义,是生活或是生存。学生所学的是人生之道。"

校长对学校管理的过程,就是不断践行自己教育思想与学校观的过程。在陶行知看来,作为校长,必须有自己独立的学校观。学校观就是对于学校组织的根本态度。校长没有自己独立的学校观,就会随波逐流、盲从盲动,甚至趋炎附势、依附权贵,"没有自己独立的人格"。也正因为如此,作为一名校长,重要的是"要有独立的思想——要能虚心,要思想透彻,有判断是非的能力"。

陶行知不仅是一位成就卓著的教育思想家,也是一位躬于实践、敏于行动的教育领导者和校长。陶行知告诫校长们切不可做"思想的巨人,行动的矮子",一定要做一位行动的教育领导者。校长的智慧和知识是在行动中产生的,"你能行动,行动才生困难,想法解决了困难,才是真知识的获得。……行动是老子,思想是儿子,创造是孙子"。校长必须了解,行动是校长知识的来源。"行动产生理论,发展理论。行动所产生发展的理论,还是为的要指导行动,引着整个生活冲入更高的境界。"

陶行知重视行动,有两个标志性事件可以证明:一是他极力强调"行是知之始,知是行之成"。二是他高度重视"教学做合一"。他进一步强调:"不做无学;不做无教;不能引导人做之教育,是假教育;不能引导人做之学校,是假学校;不能引导人做之书本,是假书本。"由此引申开来，我们也可以说，不行动的不是校长，只说不做的是假校长。

视点三：校长要有创造意识和创造能力，要做民主的倡导者和领导者

校长工作是一门极富创造性的事业，它最忌讳的就是简单模仿。陶行知对那些过分推崇外国学校教育制度的所谓"新人物者"进行了抨击。他指出，"我国兴学以来，最初仿效泰西，继而学日本，'民国'四年取法德国，近年特生美国热，都非健全的趋向。学来学去，总是三不像。"他将那些盲从外国的人员形象地比喻为东洋车夫，认为这是一种懒汉式的抄袭行为。"现在有一点我们应当注意的，就是以前的教育，都是像拉东洋车一样。自各国回来的留学生，都把他们在外国学来的教育制度拉到中国来，不问适合国情与否，只以为这是文明国里的时髦物品，都装在东洋车里拉过来，再硬灌在天真烂漫的儿童的心坎里，这样儿童们都给他弄得不死不活了，中国亦就给他做得奄奄一息了！"

1943年，陶行知喊出了振聋发聩的"创造宣言"："处处是创造之地，天天是创造之时，人人是创造之人。""教师的成功是创造出值得自己崇拜的人。先生之最大快乐，是创造出值得自己崇拜的学生。说得正确些，先生创造学生，学生也创造先生，学生先生合作而创造出值得彼此崇拜之活人。"

陶行知认为，校长要将民主视为工作的第一原则，"需要根据民主思想从根本上重建学校及学制，使民有、民治、民享的教育在中国蓬勃发展"。校长要确立正确的下属观，要放得下架子、听得进不同意见，尤其是来自下属的建议和批评，不要孤芳自赏，也不要唯己独尊，更不能刚愎自用。陶行知感慨地说："校长对于我们，我们对于学生，多少都存在着一些要不得的独裁作风。中国现在，自主席以至于校长教师，有意无意地，难免是一个独裁。因为大家都是在专制的气氛中长大，为独裁作风所熏陶，没有学习过民主作风。"他强调，"在一个民主国家里面，做一个独裁校长是千不该、万不该的事情"。

陶行知不仅深入论述了创造精神对于校长工作的必要性和重要性，更

为我们创造性地应对办学管校中的各种困境和矛盾树立了榜样。例如，为了解决农村学校量少质次、农民生活困难的问题，陶行知创设了南京晓庄学校，希望它能担负起改造乡村生活的重大使命；又如，为了贯彻"工以养生，学以明生，团以保生之工学团"的办学宗旨，陶行知创造性地提出了小先生制，在教学方法上强调"即知即传，即传即联"，从而有效地解决了当时的师资瓶颈难题。

显然，学校要发展，仅仅靠校长具备科学的方法与创新的精神还是不够的。激发每个教职员工的积极性和创造性，最大限度地发挥他们的潜力，是一所学校蓬勃健康发展的重要保证。作为校长，在繁杂琐碎的日常学校管理中要做到这一点，首先就应当做民主的倡导者和领导者。因为校长与师生员工之间的关系，是一种基于平等合作的相互教育的关系。

视点四：校长工作是一项专门事业，需要也值得校长们全身心地投入

随着校长负责制的逐步推行，校长的专业化和职业化发展越来越为人们所关注。虽然时代发生了巨大变化，但校长的本质属性却没有改变。在陶行知眼中，校长工作是一门专业性很强的工作，"要当它为一种专门事业看待，要以专门的目光研究它，要以专门的学术办理它"。陶行知认为，中国教育之所以落后，原因固然复杂，但人们错误地认为校长职务"可以不学而能，人人会干，无须特别的训练，更无须科学的研究"，则不能不说是一个重要原因。他强调，像教育事业发展中的计划、师资、课程、经费、设备、考成及劝学等学问，校长不经过专门学习和培训是难以胜任的。要成功推行义务教育，就必须加大对校长和地方教育行政人员的培训力度。"中国若想推行义务教育，非将地方办学人员与教员同时分别培养不可。""故中国不想推行义务教育则已，若想推行义务教育，必从培养改良地方办学人员入手。"

校长工作是一门科学，它的复杂性和专业性需要也值得校长们全身心地投入。陶行知认为，校长要专人专任，既不可提倡政府官员兼任校长，也不可提倡校长同时兼任数个职务。政府官员兼任校长，其后果只能是学

校变成衙门、教育变成办公、创造变成维持、循循善诱变成整齐划一。诚然，普及教育需要借助政治来予以推动，但政治如果过度地干涉教育和校长工作，就"可以毁灭教育"。另外，也只有全身心地投入，校长才可能真正担负起教育作为"立国的根本"和"国家万年根本大计"的重任。"人的一分精神，只能专做一件事业，一个人兼了十几个差使，精神难以兼顾，他的事业即难以成功。"国家把一个完整的学校交给校长，校长就必须用整个的心去做好这项工作。陶行知的"整个的学校应当有整个的校长，不应当有命分式的校长"这一论断，值得当今的校长们谨记。

（南京师范大学教育科学研究院　张新平）

4. 四块糖的领导力与校长的科研素质

校长是一个学校的灵魂，要想评论一个学校，先要评论他的校长。

做一个校长，谈何容易！说得小一些，他关系到千百人的学业前途；说得大一些，他关系到国家与学术的兴衰。

——陶行知

（摘自《陶行知全集》中《半周岁的燕子矶国民学校》一文，第47页，四川教育出版社1991年版）

著名教育家陶行知在任校长时，有一次在校园里偶然看到王友同学用泥块砸别人，便当即制止了他，并令他放学后到校长室谈话。放学后，王友来到校长室准备挨骂。可一见面，陶行知却掏出一块糖给他说："这奖给你，因为你按时到这里来，而我却迟到了。"王友犹豫着接过糖，陶行知又掏出一块糖放到他手里说："这块糖也是奖给你的，因为我让你不要砸人时，你马上停止了。"王友吃惊地瞪大眼睛，陶行知又掏出第三块糖给王友："我调查过了，你用泥块砸那个同学，是因为他不守游戏规则，欺负女同学。"王友立即感动地流着泪说自己不该砸同学。陶行知满意地笑了，掏出第四块糖递过去说："为你正确认识自己的错误，再奖励你一块！我的糖发完了，我看我们的谈话也该结束了。"

陶先生这一经典故事，一下点破了我原先内心只是朦胧混沌的一个想法："领导力的精要，是诱导……"我们看到，陶先生自始至终都没有指出过那个孩子一丁点儿错误，反而一次又一次地夸奖他，就是利用了人性的"以自我为上"；而当这些本性获得出乎意料的满足时，他们就会失去理智地迎合对方、忏悔自己。应该说，王友对自己错误的认识，完全来自自己的智力与判断力，与陶行知无关；但他毫无保留地忏悔自己的错误，则完全是被陶行知诱导的结果。而正是这种基于人性需求而被诱导出来的、发自内心的认知，对他的影响力才是最巨大、最持久、最深远的！所以，作为领导者，能做的、应做的就是利用人性去诱导。

校长是学校的旗帜，科研兴校的质量与校长的科研素质高低有着直接的关系。因此，提高校长自身的科研素质就显得特别重要。作为校长，在科研兴校中，能做的、应做的就是诱导，利用人性去诱导，以自己的科研素质去引导和感染教师。对于校长的科研素质，大家有不同的解释，但我认为主要应包括以下四个方面。

首先是强烈的教育科研意识。这一点主要体现在办学思想方面，首先反映的是思想境界问题。办学思想是校长在实践中不断体验和领悟的结果，它具有理性化、战略性和可操作性等特点，而不是硬搬别人的，搬了也会走样。苏霍姆林斯基在《给教师的建议》一书中指出："校长对学校的领导，首先是教育思想的领导，其次才是行政领导。"从某种意义上讲，教育思想的领导就是教育科研意识的领导，先进教育思想的落实不是用经验主义的做法能够实现的，而必须通过教育科研的手段才能实现。有些校长的教育科研意识不仅表现在先进的教育思想方面，而且还具有较强的实践意识。对此，可以用"顶天立地"来形象地加以表述。"顶天"是指校长的教育理念、办学思想要占据制高点，达到教育发展的前沿，有一定的前瞻性，并且能够尽力了解先进地区、典型人物的经验做法，能够用长远的目光看待教育。"立地"是指校长要准确把握学校的现实状况，对学校的各个方面能经常性地调查思考，有较强的实践意识，能走进课堂、走近教师、贴近学生，深入实际、脚踏实地。基于上述两点，校长对理想学校和学校实际的差距就能了然于胸，对现实学生和理想学生的差距也必然十分清楚。这就给我们的工作、我们的育人目的指出了一个十分清晰的方向，有利于我们处理好"埋头拉车"和"抬头看路"的关系。

其次是较高的教育理论水平。校长必备的教育理论功底是带领教师科研兴校的保证。一个成功的校长要在学校发展中始终保持一个建设性、创造性的头脑，离不开广泛的学习和吸收。与教师相比，校长的教育理论水平应该显得宽泛而深刻。"宽"就是指导面宽，包括先进理念、动态管理、教学、队伍建设等诸方面；"深"就是阅读学习要有深度，最好能挤出时间研读一些教育名著和权威性的教育杂志，注意报刊中的名人文章，对那些新观点、新思想、名言警句要有针对性地学习内化，以用来指导自己的工作实践，为教育科研服务，充分利用网络平台搞好教育科研。特别应当提出的是，校长要带头搞好教科研理论知识的学习和普及。校长要具备必要的教科研素养，具体地说要努力做到"一个正确两个基本"，就是对基本的教育科研术语和概念要有正确的理解，对教育科学方法和过程要有基本的掌握，对教育科研对教育事业的影响要有基本的认识。现列举部分主流的教育思想，供大家思考体会：①教育的终极目标是让人活得更好、更有意义、更有价值、更加幸福，教育必须面对现实、面向未来。②教育要让学生生动活泼地得到发展。③人的智能是多元的，又是不平衡的，教育的任务就是让人变得更加全面。④科学教育和人文教育要同步和谐地发展。课堂不只是学习知识、培养能力，还要促进态度、情感和价值观的形成。对生活的热爱，对学习、发展的兴趣，对某一方面的特长发展的执迷，可以成就一个个专家、人才。⑤未来的社会必将是一个学习化的社会，教育要培养学生终身学习的意识和能力。⑥教学要能唤起学生对学习的热情、求智的渴望、学科的兴趣和成就的欲望，这样才能产生主体精神。⑦教法与学法是统一的，教法为学法服务。

第三是科学的科研管理能力。校长的科研意识最终要能转变为扎扎实实抓科研的管理行为，并且能唤起全校教职工的科研热情。这就要求校长必须不断提高科研管理能力，主要体现在人、财、物三方面。要有一个综合投入观，保证时间、领导以及全员的精力、物力投入。"人"就是重点加强对参与课题研究的教科研活动人员的管理。要使他们明确自己的职责，根据职责和各级关于课题研究过程管理的要求，制定定期的评价和管理细则，抓好研究活动过程的管理。"财"主要指对科研经费的投入和管理，在争取加大投入的同时，要把经费用在最需要的地方。"物"主要是指对各种档案资料的管理，要求教师从选题立项开始就注意积累和搜集资料，实施过程中的每一份资料都要梳理成册并分类建档。

第四是较强的教育科研能力。这一点重点表现在科研规划能力、写作表达能力和科研指导能力三个方面。科研规划就是一种决策能力，就是解决学校今后如何做好科研工作的问题。科学严谨的规划的出台就预示着学校科研工作成功了一半。这一点不是任何校长都能做好的，它需要较强的教育决策素质和学校发展战略勇气作为基础。校长的想法、体会、设想要得到别人的认同，必须具备一定的写作与表达能力。有人打比方说，校长的写作好像是挑担子，两头是两个筐，一个装着理论、一个装着实践，两筐中的东西越多，两者的结合点就越多，写出来的东西就会越多、越有价值。指导能力首先要求校长要了解掌握必需的教育科研技术知识，要了解已立项课题的研究重点、内涵和主攻方面，明确准备在哪些方面选题立项研究，或进行群众性的参与研究应采取哪些有效的措施来抓落实。要不断提高这几个方面的能力，校长就必须尽可能地参与或主持课题研究，积极创造条件申报较高层次的科研课题。苏州市"十杰"教师陆卫其，原本是一名农村中学的教师，后来成长为重点中学校长、名校长。他的成长体会是，坚持搞教育科研，推动自己不断进步。他每学期写一两篇科研论文，做校长后仍坚持在写。他说："有了课题任务，也就有了压力、动力，有了压力和动力，提高也就快了。"他还说："搞教育科研的过程也是不断培养工作能力、组织能力、提高政策水平的过程，我正是在课题研究中锻炼培养了一些能力，为后来当校长打了基础。"

（山东省东平县接山教研中心　栗明方）
（山东省东平县接山乡教育办公室　颜廷旺）

5. 学校之"课程领导"　教师之"课程智慧"

　　今日教育界责任之最重要且最紧迫者，莫若利用教育学理解决学校课程问题，盖课程为学校教育之中心，假使课程得有圆满解决，则其他问题即可迎刃而解。

——陶行知

（摘自《陶行知文集》中《教学做合一下之教科书》，第404页，凤凰传媒出版集团2008年版）

　　当前的课程改革，特别是国家课程的校本化实施，急需我们去学习、理解、消化林林总总的课程理论，学校逐步形成与时俱进的办学理念，教师形成自己的课程观，课程领导者与课程实施者努力培育自己的课程意识、积淀自己的课程智慧。这样才能真正推进课程改革、推进素质教育的深入实施，进而促进学生的可持续发展。多年前，陶行知先生就提出教育要与时俱进、要按着时势进行。他说："社会有新的需要，就当添加新的功课去适合他，指导他……社会的新需要没一定，增加新功课也随之而异。"

思考一：学校从"课程管理"走向"课程领导"

　　陶行知的课程思想弥散在他的教育著作中，表现出的是一种大课程观。他的大课程观表现为三个"打破"：一是打破学校与社会的阻隔，提倡生活即教育，社会即学校，使学校向社会开放，构建大的教育系统；二是打破个体教育时限的阻隔，提倡终身教育；三是打破知识教育与实践教育间的阻隔，提倡教学做合一。

这三个"打破"又聚焦在全面教育、促进人的全面发展上。陶行知把课程定位于教育的中心与根本，不难理解，课程的建设也应置于大教育的背景之下：课程应与自然、与社会相联结，面向人的终身发展，把实践纳入课程的范畴。因此，作为学校职能部门，对课程的改革与推进应努力从"课程管理"走向"课程领导"。

"课程管理"和"课程领导"是两个不同的概念。"课程管理"是把"组织视为一个权力和信息集中于高层的等级体系。因此，一些首创性的好主意从这里传递到低一层次去落实"。可见，课程管理倡导的是统一化、层级化、秩序化的理念，在这种理念的导引下，课程就是一个具有一定秩序的系统，最高管理阶层是这一系统的管理者，学校和教师是忠实的执行者和实施者。

"课程领导"所倡导的管理新理念要求从"硬"管理走向"软管理"。它注重和谐环境的塑造和相互作用过程的创立，注意发挥下级领导和全体教职员工的积极性和能动性，充分依靠教职员工的智慧，切实发挥教职员工的潜能，让教职员工分享权力、民主参与，跟教职员工建立互相尊重、相互信任的合作伙伴关系；强调合作和团队精神，强调课程不是一个人的独权领导，而是专家、教师以及相关人员在平等的基础上，参与讨论、发表意见、共同解决问题、共同承担责任。它体现的是一种民主的、合作的、互动的、和谐的、开放的、多元的、宽容的思想。

由此可见，从课程管理到课程领导的转变，不是一种术语上的简单变迁，而是观念和理念的转变与更新。

我校在新课程在全国推广之前就尝试使用了北师大版新教材，这套教材对拓展学生的数学视野、培养学生的可持续发展能力具有十分重要的作用。为了把数学"新课程标准"的理念和有关要求及时落实到小学数学教学过程中，学校还成立了由市、区数学学科带头人以及骨干教师组成的"数学日记"校本课程开发研究小组。

陶先生在判断教科书的好与坏时，提出了三个判别标准。他说："（一）我们要看这本书有没有引导人动作的力量，有没有引导人干了一个动作又干一个动作的力量。（二）我们要看这本书有没有引导人思想的力量,有没有引导人想了又想的力量。(三)我们要看这本书有没有引导人产生新价值的力量,有没有引导人产生新益求新的新价值的力量。"也就是说,教科书的好坏要看它能不能引导人去行动、引导人去思想、引导人去创造。

研发小组成员认真学习研究陶行知这"三大判断标准",同时深入第一线,引导学生发现、搜集自然、社会以及日常生活中的"数学问题",通过记录、整理和交流等方式开展"数学日记"的实践活动。日记分一至六年级六个分册,采用"说一半,留一半"的方式编写,既与北师大教材互为补充,又及时融入了数学新课程中的鲜活内容,使之成为数学新课程改革的助推器。这套日记经过三年的试用,最终正式出版,并在一定范围内进行了推广,得到了专家和同行的高度赞誉。

在此过程中,从校长室到科研处,我们所做的工作不是硬性规定一定要怎么样,而是为"研发团队"设计了一个"共同愿景",让覆盖到每个年级的数学教学成员在自己的学段领域里放手进行教学改革,并把这些成果与大家分享,通过不断的思维碰撞、智慧交流、资源分享,最终水到渠成。

如今,园区的快速发展又给学校提出了新的挑战。现在,《文化园区》之《景观篇》《生活篇》《学校篇》《企业篇》四本校本课程相继出炉,给学生送去了一道道精美的精神大餐!

思考二:教师从"教学智慧"走向"课程智慧"

对于教师来说,以往的教育改革常常表现为教学方法的调整,却不知道真正应该调整的首先是教材。如果教材方向不对,教学方法无论如何调整,终归是一种微调,甚至会"助纣为虐"。也可以说,如果只改变教学方法而不改变教材,至多只有"正确地做事"的效应,而且很可能是在"正确地做错误的事情"。方法是对的,方向却错了,是无法把事情做对的。教材改变意味着首先保证"做正确的事情"。显然,"做正确的事情"比"正确地做事情"更重要。

课程改革要求教师把课堂教学作为师生在具体的实践情境中共同创造自己的课程的过程，作为师生不断地"化信息为知识，化知识为智慧，化智慧为德性"的共同成长的过程。新课程中有一个关键的概念，就是"课程资源"。相关的说法是："教师参与课程资源的开发与利用"、"教师成为课程研究者"。因此，教师要不断增强课程资源意识，不断提升自己的"课程智慧"。可以说，优秀的教师总是在调整、补充或开发教材，或者说，优秀的教师一直在参与课程资源的开发和利用。

陶行知也认为，在课程设置以及内容的安排上，应符合学生能力发展的需要。他主张："课程要有系统，但也要有弹性，要在课程上争取时间的解放。""课程组织应敷成多轨"，"运用补充材料及临时材料"，要有"伸缩性和多样性"，"学生成绩以学分计算"等。

由此可见，课程教材不是外在于学生，更不是凌驾于学生之上的某种预先存在的东西，学生本身也是课程的组织者和参与者。因此，没有学生的学习活动，就不存在完整的课程。同样，没有教师的"课程意识"、"课程智慧"，就没有成功的课堂教学。因此，课堂教学过程应该是师生合理利用课程资源、共同建构知识和人生的过程。

教师、学生和教材三者构成了教学的关键要素。如果教师在上课之前就已经积累了丰富的课程资源，并围绕某个教学主题给学生提供相关的材料，那么，这样的教学在"上课"之前就已经"成功了一半"。在这里，"课程智慧"不仅表现为对一些有效、有趣、有用的课程资源的掌握，还表现为在课堂上不是仅仅利用一点小技巧、小聪明去化解、搪塞甚至逃避学生的质疑或困惑，而是胸有成竹、随机应变，把这些资源渗透、穿插于教学进程之中，这样才可以说是利用自己的"课程智慧"去"成功另一半"。

适时补充课程内容可以丰富学生的学习资源。当教师发现现有课程教材比较单薄，或者在现有课程教材之外还有相关有意义的材料，就可以将相关的材料引入课堂，使现有的课程教材与课外的材料相互补充，这样对学生的可持续发展是非常有利的。

例如，在我国举办"世界博览会"时，学校就抓住这一教育契机，捕捉有效的教育资源，对各类学科课程进行渗透教育。同时，开展系列化的主题实践活动，通过搜集材料、图画作业、专题作业、项目探究等，让学生过足了"世博瘾"、做足了"世博游"、蓄足了"世博情"！

随着课程改革的实施，我校教师的"资源意识"也在不断增强。越来越多的教师在教学设计过程中，已经明显地意识到：必须努力打破教材的界限，引进相关的课程资源并加以开发和利用，或补充教材，或整合教材，或拓展教材，这样才能使学生获得可持续发展。

（江苏省苏州工业园区车坊实验小学　缪建平）

教书与育人

1. 做从容而有"人情味"的教师

> 我们必须认真办学,以求对得住小朋友,对得住国家、民族。
>
> ——陶行知
>
> (摘自《陶行知文集》中《抢着真理为小孩、为国家、为人类服务》一文,第541页,江苏教育出版社2008年版)

"爱满天下"的"爱"是一种精神,是一种献身祖国、热爱民族的爱国精神。陶行知在《晓庄三岁敬告同志书》中说道:"晓庄是从爱里产生出来的。没有爱便没有晓庄。因为他爱人类,所以他爱人类中最多而最不幸之中华民族……他的目光,没有一刻不注意到中华民族和人类的全体。"他在《抢着真理为小孩、为国家、为人类服务》中指出:"我们必须认真办学,以求对得住小朋友,对得住国家、民族。"学习陶先生的教育理论,反观自己的教育教学,让我思考良多。

思考一:学会慈爱,让孩子的道德善根自由生长

1931年,陶行知在《不如学阿尔》一文中指出:"爱满天下。如果你

是一位教师，切莫轻于断定小朋友的品格。我们看他是坏蛋，他未必是坏蛋。容或教师眼中之坏蛋，倒是一个真的爱迪生，千万不要把你的阿尔逼跑了，可是留在学校里也不是甘言蜜语敷衍他所能了事。他喜欢科学的把戏，你得使他有可用的工具。……刻印板的传统先生是活埋爱迪生的凶手。"而慈爱正是现代教师所必须具备的重要素养。

　　慈爱是高明教师丰富的情感和清醒的悟性所孕育的心力，慈爱的教师具有同情心，容易与学生产生共鸣。慈爱的教导方式多种多样，有时温和得像春风，有时严厉得像烈日；有时用名言警句来引导学生觉悟，有时用呵斥来加以警策，却时时不失那深切的慈爱。通过爱意绵绵的长者的仁慈，各种教育方法都变得灵巧有效，不同性格的学生都能得到充分的教导和学习的机会。

　　相反，教师如果没有慈爱之心，对学生实施"权威"式教导与管理，教育过程就会失去互动空间。学生噤若寒蝉，我们就听不到他们真正的心声了，造成师生隔阂，从而丧失很多教育良机。

　　所以，除了必须具备稳健的修养、成熟的情绪、健全的人格、丰富的知识和创意的思想外，我们教师更应该具备慈爱的心怀，用我们善良的爱心去关心每个学生、尊重个别差异，循循善诱，鼓励先进、奖掖后进。善待每个学生，或接济学生经济上的暂时拮据，或安慰因意外事故（如父母离异、亲人病亡等）而给学生带来的心理哀伤。让我们教师真诚的爱如清泉一般，不断地滋润着学生受伤的心灵，不断地灌沃着每一个学生的心田。

思考二：学会宽容，留给孩子改过自新的余地

　　陶行知指出："学校是师生共同生活的处所，我们必须是共甘苦。甘苦共尝才能得到精神的沟通，感情的融洽。"因此，对于学生的思想、生活、学习中的过错，教师要有宽容的态度。宽容绝不是纵容，而是教师在一种平常心中所展现的爱与关怀。它要求教师以平静的心去看待学生，从而寻求正确的教导方法。宽容既能使教师维持心平气和，又能使学生得到

自我反省的机会。反之，如果教师缺乏宽容的涵养，就很容易因动怒而伤害学生的自尊，甚至造成难以弥补的错误。

宽容能促进师生的沟通与意见的交流，使教师较好地把握积极稳妥的启发进程。要做一个宽容的教师，应当在以下几个方面努力：一是要制定合理的班规，让学生有好的班级生活学习气氛，培养他们生活与学习的自信和兴趣；二是对学生不讲绝话，教育不守规矩的学生能够秉着对学生心智成长有益的方向进行；三是留给学生的功课要适量，不要给学生出过多的难题，以免使学生产生严重的心理压力而害怕功课；四是把学生当成教导的目的，而不是把他们视为表现或者炫耀自己教育教学水平的手段。

因此，我们要像陶行知那样"爱孩如命，爱才如命"，一切为学生着想，"即以学生之乐为乐，以学生之忧为忧；学生之休戚即我之休戚，学生之苦恼即我之苦恼是也"，同时提倡"小过宜严管，大过宜宽容"。小过严管是为了防微杜渐，大过宽容是为了给犯过者带来较大的心灵震撼。

思考三：学会从容，带领孩子品味生活的细节

从容是我们精神生活中一个重要的素质。我们每个教师都要培养自己沉稳、优雅的生活与工作态度。做到不急躁、不虚度，能欣赏生活的细节，能在稳定平实的生活中体验到乐趣，能有条不紊地处理事务，也能静心思想，遇到紧急状况更能表现镇定、思考周密，以智慧的方式回应工作和生活中的各种问题和困惑。这样，不仅教师自己从容了，而且在师生互动中能有条不紊地作出有效的指导。我在辅导谈话时，十分注意维护学生的自尊，总是想方设法引导学生自我发现、改过自新。因此我们班的孩子，因平时受到我的影响、熏陶而具有较为沉稳的风度。

从容是安定学生的妙方。例如，教师规定下午4点在操场集合，如果能在5分钟前提醒往学生操场上走，集合起来就很顺利，因为提前5分钟的准备使师生都感到从容。从容还有助于学生考试成绩的提升。从容的学生态度沉稳，不容易疏漏犯错，而急躁的学生则免不了会因疏忽而犯错。

所以教师应该与家长一起配合，在日常生活中培养学生从容的心理品

质。对于家教配合，我曾经作过一次小小的调查，就是要求学生写出家长最常吩咐孩子的五句话，结果发现大部分句子都有"赶快"之意。例如"快把衣服穿上！""赶快去上学！""快吃！"等，甚至有"快把心情放松！"或"快点睡觉！"的吩咐。可见，教师与家长联手，一方面要加强自身"从容"品质的修养，另一方面要加强对学生"从容"品质的培养。

从容的老师应当具备以下素质：①动脑而不动恼：遇事沉着，处理学生的问题不情绪化，不因发脾气而造成"反教育"。②求好而不急切：有充分的爱心和耐心，去引导学生展现其身心的潜能。③积极但不冒进：用积极的态度引导学生，不气馁，但也不因贪功而揠苗助长。

思考四：注重戒律，保护稚嫩幼苗正直地成长

诚如联合国教科文组织报告《学会生存》中所指出的那样："未来的学校必须把教育的对象变成自己教育自己的主体。受教育的人必须成为教育他自己的人；别人的教育必须成为这个人自己的教育。"因此，有"人情味"的教师也十分重视戒律，但这并不代表不爱学生。

所谓戒律，就是指有好的生活习惯、学习习惯和工作习惯。一定戒律的基本训练和约束，既是维持身心正常发展的需要，更是生活工作、读书学习与思考创造取得高效的必要条件。就学生的身心成长而言，戒律很像一棵稚嫩的小树苗赖以生长的木桩，可以维持其朝正确的目标发展。在这方面，我们既要做好表率，又要引导好我们的教育对象——学生。

首先要培养学生良好的学习习惯。例如，预习可以提高学习效果，即刻练习优于延宕练习，长时间的练习容易疲乏，不如分散练习有效等。其次要培养学生良好的生活习惯。作息没有规律，身体的发育必受影响；不养成经常做家事的习惯，生活、学习环境必然肮脏不堪，各种用品必然杂乱无章；与同学相处如果没有定则而反复无常，人际关系必然紧张不和谐。

也许有些教师认为，提倡戒律可能会束缚学生的个性。其实，良好的习惯才是学生日后走上社会的必备素质，而少年儿童正处于身心发展的关

键时期,如果一味地崇尚所谓的个性"自由",而不受一定戒规的约束,往往会使学生的生活、学习没有规矩和定则,从而陷入紊乱与堕落。

"人生为一大事来,做一大事去。""捧着一颗心来,不带半根草去。"让我们聆听陶行知的名言,做一个富有"人情味"的教师,这样有助于学生形成优良的人性品格,从而使他们终生受益。

(江苏省苏州工业园区星港学校　杨海燕)

2. 教育，从用心爱开始

> 要学生做的事，教职员躬亲共做；要学生学的知识，教职员躬亲共学；要学生守的规则，教职员躬亲共守。
>
> ——陶行知

（摘自《陶行知文集》，第43页，江苏教育出版社2001年版）

新课程改革中倡导的理念是"以人为本"。那么，什么是以人为本呢？作为一位普通的一线教师，我的理解是：学生是一个和教师一样活生生的、大写的人。既然是"以人为本"，我们教师就要尊重学生，尊重他们的人格、尊重他们的兴趣、尊重他们应有的权利。在班级里，他们对教师的言行有监督权；在校园中，他们是真正的主人。当我们把学生当成一个人去尊重的时候，我们就会发现在实际的教育教学工作中，理想和现实还存在着一定的距离。

观点一：教师应该自己擦黑板

由于受传统"师道尊严"的影响，到现在为止，很多教师都认为"擦黑板"应该是学生干的事情。

但是，我们既然提倡师生平等，教师、学生都是同样的人，为什么黑板一定得学生擦呢？下课了学生还要赶着做作业，教师擦一擦黑板应该是件很容易的事；再说，这黑板本来就是教师用的，从道理上讲，黑板也应该由教师擦。

而且，我们既然提倡关爱学生，教师是大人，擦黑板这样的小事应该主动承担。因为大人的身体高、手臂相对也长，擦黑板时不会吸到粉笔灰。而学生是小孩，人矮手臂短，擦黑板时，身体离黑板的距离很近，吸到的粉笔灰一定会很多。从关心学生的健康来说，黑板完全应该由教师来擦。

教师总教育学生"自己的事情自己做"，以"榜样作用"来说，教师下课了，学生忙着赶作业，所以教师自己写的字应该自己擦；特别是从孩子的健康考虑，每个教师上完一课后都应该把黑板擦干净再离开教室，这才算是完成一课时的工作。以免学生忙着赶作业而忘了擦黑板，还要挨下一节课的老师的批评。

观点二：教师应该珍惜学生的时间

都知道时间就是金钱，时间就是效益，时间就是生命；浪费他人的时间就相当于谋财害命。但在我们的日常教学中，会看到有些教师在教室里给学生面批作业，甚至让学生排队等候，这可以说是对学生的时间的极大浪费。尤其是在批学生改正的作业时：如一个学生在一次作业中一共错了三个题目，好不容易轮到了，老师一看，原来三个错误只改掉了一个，学生只好再去改，一会儿学生改好了，又只好排在队伍的后面。如果队伍有10人（有时看到的队伍要超过20人），每轮到一次就要在排队上浪费十几分钟；如果一个学生错三个题目，每次只能改对一题，那么这个学生就要排三次队，每次排队需要浪费十几分钟，像这样的学生就要在排队上共浪费半个多小时（错误多的学生浪费的时间会更多）。这么白白地浪费掉学生的时间，是多么可惜啊！

一个真正关心学生的老师，应该珍惜学生的时间，也应该教学生如何充分地利用时间。例如，在每天上午就告诉学生当天的家庭作业是什么、有多少、怎么做、做在哪里等。这样有了明确的目标，很多学生就可以利用课余时间，把家庭作业提前在学校做好，这不是很好吗？教师在教室里批学生改正的作业时，提醒学生不要排队，只要让"作业本"排队就好。学生每改一次，把本子交到讲台上，自己迅速回到座位，继续做其他事情。当教师批到谁的作业发现有错时，只要喊一声就可以了。如此就算有人改正的次数再多,也不会影响他太多的时间,无形中就提高了学生的学习效率。

所以,教师不但要自己学会珍惜、利用好时间,而且更有责任教会学生,帮助学生珍惜、利用好时间,因为这也是教学范畴内的内容。

观点三:教师应该是学生的榜样

一天下午放学后,突然下起大雨,一位教师见到国旗被雨淋着,就随便叫了个正想离校的学生去把国旗降了。当那个学生把国旗解下正要拿着跑向办公室时,一个来校接孩子的家长立即拿着雨伞跑上前去,把学生接了回来。我看见了这一幕,越想越为那个教师感到惭愧。

那个教师在放学后下雨时能留意到国旗这很好,叫个孩子去降旗也不算错。但是他明知当时正下着大雨,却自己站在那里,宁愿叫孩子去而又不帮孩子撑伞。我觉得这位教师至少还缺乏对学生的关爱,更别说把这个学生当做自己的孩子看待了。同样是人,一个不认识那孩子的家长见此情景都能主动拿着伞跑上前去接孩子,相比之下,作为教师的我们能不惭愧吗?

此例虽然是一件小事,却能看出我们的教师还有很多需要改进的地方。我们总说言传身教、以身作则、仁慈、关爱,可是在日常教育教学中,我们的教师显得并不是那么成熟,至少还缺乏对细节的关注。

观点四:教师应该从细节处关爱学生

我们生活在学生中间,我们是平等中的首席。随着教学改革的实施,师生关系不断向平等和谐转变。批评学生或交流谈心,不必到办公室进行,学生完全能从教师的一个眼神、一个动作中领会到教师的心意。只有教师和学生的交流变成心与心的交流、灵魂与灵魂的共振,我们的教育才会变得和谐而美好。

思想是行为的先导。大家都知道,教师要关爱学生、尊重学生、理解学生、赞赏学生、信任学生,但是在实际的教育教学工作中,往往存在着不小的距离。例如，在下雨时，教师自己站着不动，叫学生去降国旗；搞卫生时，教师自己站着指手画脚，叫学生这里还要扫一扫、那里还要擦一擦；走在校园里看见地上有垃圾时，叫你或叫他捡一捡；上学、课间碰到学生时，学生恭恭敬敬地称呼老师，可有些老师连答应一声也不愿意。这些都说明，我们教师在平时的工作实践中，还需要加强学习，并不断反思自己的言行。教师只有不断反思、不断总结，才能真正落实对学生的爱。

从某一天开始，学校教师的办公桌旁多了一把椅子，那是专门为补习、谈话的学生准备的；操场边的树阴下多了几张长凳子，那是专门为课间、午间需要休息的学生或者放学后需要等候家长的学生准备的；教室里创立了开心箱，那是为一些学生觉得无趣时准备的（箱子里都是学生写在小纸条上的笑话和幽默）……以上细节虽然只是一些教育实践中的小变化，但折射的却是学校、教师思想观念的大转变。教育细节能反映一位教师是否真正热爱教育，是否尊敬、关爱我们的学生，是否以学生的发展为本。细节体现用心的爱，我们的教育就应该从用心爱开始。

（江苏省常州市浦前小学　袁光仁）

3. 那些细节间的教育

捧着一颗心来，不带半根草去。

——陶行知

（摘自《陶行知全集》中《捧着一颗心来，不带半根草去》一文，第235页，四川教育出版社1991年版）

陶行知先生用自己的一生演绎着对教育的热爱："捧着一颗心来，不带半根草去。"他认为："生活教育是大众的教育，大众自己办的教育，大众为生活解放而办的教育。这样为着大众的教育，是做教师、校长等从事教育的人值得追求的境界，是教育者应该秉持的信念。"当我静心思考陶行知先生的教育思想时，一些回忆再次涌上心头。

回忆一：两个水果

几年前，我在杭州参加浙江省首批中小学高级访问学者培训班学习。一天，刚好没有安排课，于是我决定去看看敬爱的王燕骅老师。1998年9月15日起至年底，我一直跟随王老师以及上城区教师进修学校的张化万、杨明明等老师一起学习。

我与王老师约好在西湖边的一个小学校里为她专设的名师工作室里见面。我来到学校门口时，远远看见王老师已经站在门口等我了。

就在我走近王老师问候她的时候，突然听见边上也传来一声"王老师"的喊声，我寻声望去，只见一个中年男子，穿一身似乎是环卫工人的工作服，憨厚地笑着，也走过来看着王老师，脸上有说不出的欢喜。

看王老师与他说话，我让在一边。王老师一边跟他说着家常话，一边顺手从我提着的水果篮中挑了两个最大最好的水果递给他:"小张,快拿着,这是我宁波的徒弟来看我送的水果,带回家去给老人、孩子尝尝吧!"

那个小张推辞不了,就听话地接了,憨厚地笑着问:"王老师,您近来身体好吧?我们同学可想您了,有空我们还会约好来看您的。"

小张抱着水果走远了。

望着他远去的背影,王老师告诉我,他曾经是班上的后进生,但那时候王老师从不嫌弃他,同学们对他也都很好。

王老师还说,教师应该对后进生更好,不要让他们感到冷漠、歧视与偏见。即使是现在,尽管他们从事着平凡的工作,但教师依然为他们而自豪,因为他们也是靠劳动过着平凡、幸福的生活,这难道不是教师应该值得自豪的事吗?在教师的心目中,应该平等地对待每一个学生,不能因为他们学习成绩有高低或者家庭条件有好坏而区别对待。

王老师的话十分朴实,却字字入心。她让我明白做教师、做人的本分——人生而平等。教师心中更要有一杆公平秤,要对所有的学生一视同仁。

那一天,我也真切地感受到那两个水果蕴含的美好。尽管只是两个水果,但与陶行知先生的四颗糖的故事一样有着特殊的教育意义。如果说陶行知先生的糖包含着对学生无尽的期待、浓浓的爱心,激励着学生改正错误,以爱心启迪学生心底里的真与善,以智慧的手段促进学生发展;那么王老师的两个水果则传递着对学生的殷殷关切、一生的关爱。这都源自爱,源自对所有学生尤其是后进学生乃至普通劳动者无言的爱。

回忆二:一朵小红花

自从教以来,我先后在不同层次的学校教过不少班级,有实验小学、中心小学这样的城市学校,也有普通乡镇的一般学校,班上的学生出身各不相同,父母有的是官员,有的是大学教师,更多的是普通工人,也有农民、外来务工人员等。但在我的心目中,每一个孩子都是我的学生,我都一样地对待。

我清晰地记得一次小巷里的邂逅。那是一个夏日的傍晚，饭后我与家人一起漫步在附近的小街上。突然，传来一声清脆的欢叫："周老师！"眼前出现一个亭亭玉立的姑娘和一对夫妻。细看，原来是多年前的学生，她该上大学了吧——"小汪！"

寒暄之际，我知道她考上了浙江大学，已是竺可桢生命科学学院的大二学生。假期里回家来，正陪爸妈一同散步呢。

告别之际，小汪突然说："周老师，有一件事不知您是否还记得。那一次，我将平时积攒的您奖励给我的小红花收齐，要换'大苹果'。谁知因为我的疏忽，数来数去，发现竟然少了一朵，我急得快要哭了。您看到这情景就说，小汪你一定很用心地数过，可能一不小心丢了，没关系，老师知道你收齐了10朵小红花。给，一个'大苹果'，自己去贴到墙上吧……老师，虽然这只是一朵印制的纸质'大苹果'，虽然这件事很小，但我知道老师相信我，让我知道从小做诚实的人就会赢得别人的信任。谢谢老师！"

听及此番话语，我有些惊异，因为我真的记不起这件事了。可是既然孩子都这样说了，这件事一定是有的。更没想到这么小的一件事情，孩子却记得这么牢，可见教育真的需要我们细心又细心啊！

在一边的汪爸爸也跟着说："是的，周老师，孩子说得对。有些事很小，您可能不会记很久，但却对孩子产生极为重要的影响。有一件事，说来我们更要感谢您。那是孩子在五年级时，孩子参加学校组织的选拔奥数兴趣小组成员模拟考试。因为孩子平时没有去参加各种奥数培训班，结果名落孙山。平时成绩很好的她一下子接受不了这样巨大的打击，但您一直鼓励她。最后，孩子在小升初的推荐考试中成功进入理想的学校，这为考上重点大学打下了基础。真的，我们全家都非常感谢周老师您！"

没想到孩子及其家长对这些小事记得如此清楚！是啊，作为教师，应该公平地对待每一个孩子，对得起每个家庭，每个家长对学校、对老师的信任。无论是条件优越的家庭还是比较困难的家庭，都没有地位的高低贵贱之分，教师都应该用心对待，认真对待教育的每一个环节、每一处细节。或许，就是这样的一个个细节决定着教育的境界；或许，这样就更为接近陶行知先生强调的那种"要把教育和知识变成空气一样，弥漫于宇宙，洗荡于乾坤，普及众生，人人有得呼吸"的理想了吧。

回忆三：倾听孩子的心声

2009年7月我走上校长岗位，任职的学校是城市里的一个普通完小。随着近年来社会城市化进程的加速，宁波外来人口急剧增加，我所在学校的学生一半是新宁波人。针对这种情况，上任之初，面对工作上新的挑战，除了多方面了解学校的历史、把握学校现有的文化发展之外，我再一次学习了孔子、晏阳初、陶行知、蔡元培、苏霍姆林斯基等教育家的相关论著以及教育思想，也更加理解了陶行知先生那深刻而厚实的为着大众的教育思想。于是在组织教师讨论制定学校三年自主发展规划时，我鼓励全校教师、学生甚至家长积极参与给学校提建议，努力发挥自主性，逐步形成了我们学校发展的指导思想：平民教育。

我们认为，这样的平民教育理念提倡的是教育面前人人平等，纠正"平民教育就是社会底层百姓子弟的教育"的错误认识，明确平民教育的两个定义。一是从教育政策的角度来定义，平民是指平常百姓，特别是社会底层家庭的子女，人人都可以享受教育；二是从教育哲学、价值观的角度提出，教育人做寻常的人，也就是读平民的书、说平民的话，长大做遵纪守法、勤劳、诚实、有爱心、有正义感、不走捷径的合格公民。这与陶行知先生提倡的"为着大众的教育"是一脉相承的，"因材施教，人尽其才"，体现对人性、对国家、对公民的尊重，与精英教育并不矛盾。

在一次全体教师会议上，结合规划的实施与落实，我给同事们展示了我们学生书写的建议书（选取其中一份）：

敬爱的校长：

您好！

我希望您把校园的景色改一改。可以在校园里拨出一部分土地造一个花园，种上树、种上花，让我们在午休的时候享受宜人的风景，让我们在心情不好或者写作业没有头绪的时候感受花草的气息，让大脑获得放松后继续投入紧张的学习，以获得更好的学习效果。

我还希望在校门口放上意见箱,接收全校同学给您的建议,让我们的学习环境和我们的要求更加贴近,让校园真正成为大家的"大家庭",让我们在校园里度过永生难忘的美好时光。

我更希望校园能够像毕加索的名言所说的一样,让我们自己做主,成为课堂的主人,并让老师尽量地和我们亲近,不让我们产生陌生感甚至恐惧感,这样才能让我们更好地学习,将来也成为大师,以我们从小就有的勇敢和丰富的想象力,创造出对人类有益的东西。

以上是对老师布置的任务,当然,我们学生也要遵守学校的规矩,让我们一起美好地生活。最后祝您

快乐!

学生 赵宇

读着这样的建议书,我和同事们不由地发出阵阵赞叹,惊叹孩子的童言无忌,更惊叹孩子心中高远的志向与无畏的勇气。

我们欣慰,有这样的学生,有这样的建议,我们的学校工作一定会做得更好。我也相信,只要有全体师生、家长乃至社会力量的参与,我们的学校就一定能办好。

陶行知先生曾说:"从真正的生活教育来看,大众都是先生,大众都是同学,大众都是学生。教学做合一,即知即传是大众的生活法,即是大众的教育法。"让我们在从事教育的过程中,也多倾听我们可爱的孩子们的心声吧,他们也是我们的先生、我们的同学,就让我们在这样一起同学、同行、同思、同伴的过程中,共同度过生命中最美好的时光,共同享受教育人生的美好境界。

(浙江省宁波市泗洲路小学 周步新)

4. 从陶公的"新教育"审视"新课程改革"

教育的作用，是使人天天改造，天天进步，天天往好的路上走；就是要用新的学理、新的方法，来改造学生的经验。

——陶行知

（摘自《陶行知文集》中《新教育》一文，第45页，江苏教育出版社2001年版）

近日，我拜读了陶行知先生的著作，对陶先生的教育思想与教育理念有了更加深入的理解与感悟。联想到现在的新一轮课程改革，我不禁感慨万千。

感慨一："新课程改革"依然难以贴近生活

陶行知高举"生活即教育"的大旗，主张新教育，指出远离生活的教育是伪教育、脱离实践经验的知识是伪知识。但如今，我们的教育教学距离生活却越来越远。孩子们被囿于"封闭的校园里"一心只读"圣贤书"（实际就是几本课本），不管世间有五谷，不分壁虎与蛤蚧，更别提"知行合一"之类的"过时"聒噪。

即便是紧扣《新课程标准》编撰的教科书，大多也都是形同虚设，没有在基础教育中贯彻落实。因为一旦"行动"起来，"让学生走进生活，在快乐中学习"，恐怕"成绩"就要下来，就要挨众人的批评——学校校长、教育主管领导，甚至有些学生家长也会不满意。何况，有些新教材明显带有营利的商业目的，编写逻辑不符合少年儿童的认知规律，纰漏与错误层出不穷。"完美的新课程改革思想"受到来自行政和社会的双重压力，更与社会无序竞争和就业矛盾等大环境大背景相抵触。

感慨二："求真"不如"造假"沽名钓誉快

"千教万教教人求真，千学万学学做真人。"这是陶行知的育人思想。现在听来，却仿佛是恍如隔世。孩子们进入学校就像进入了舞台，把自己装扮起来，做一个老师喜欢的好孩子，更要配合学校的"日常工作"：公开课上，学生代表（有的"差生"被剥夺了参与资格）表演着，如鹦鹉般复述着老师事先演练过无数遍的台词；就连他们的作文，也抒发着不知谁心中的感情。真？多么遥远的字眼啊。

特别是量化考核、优化聘任与末尾淘汰等"教育改革新招"出台以来，教师成了"培养"学生撒谎的"第一任导师"。为了应对各种课程改革评估或参观团游学，学校都事先组织有活动能力的教师"打听"考评组的"考核方向"或参观团的"游学目的"，然后责成教师"全民皆兵"地狂补"应查材料"或"备观材料"，还要如此这般地"教育"学生该怎样说、怎样做、怎样演——生怕说漏了嘴、演砸了戏，就会给学校的声誉抹黑。实际上，"门面学校"的教师们最明白，考核组或参观者一走，学校还是老样子，教师、学生该怎么干还是怎么干。为什么？"求真"不如"造假"沽名钓誉快啊！

感慨三："教学路子"仍然亟待提高

陶行知说："先生的责任不在教，而在教学生学"，"教的法子必须根据学的法子"。这些观点似乎也是现在新课程改革所大力提倡的，但是推行起来却非常艰难。首先，课程改革教材的探索环节、知识存在不确定性，实际上就是"大而空"。其次，因为地区差异、师资参差、生源不同等因素的干扰，受教师素质影响更大的教师教学难以实现"教学生学"；教学生学远难于简单的灌输教法，它需要教师花大力气进行学习、思考，需要花费数倍的精力去备课。第三，教法、学法没有固定的模式，只有适合教师学生的才是最好的。然而，教研部门组织的观摩课也多是"集体智慧"的产物,可笑的是一些优秀教师的公开课几乎是"清一色"的表演课。

现在的学校管理多用量化积分或打等级等手段来考核一线教员,用"死的分数"或没法准确衡量教学能力的"森严等级"来考核"变化"的教学质量与水平,不仅不够科学与慎重,还会因为教师之间、教师与领导之间"猫腻多"而酿成不良校风。因为在这些学校里,学校领导与教师关系紧张,教师之间明和暗斗,教师急功近利地追求教学成绩与名利,哪管什么教法、学法,达到目的就是"法",学生的和谐发展与长久有效的学法早就被淡漠视之。

感慨四:考试魔棒如同达摩克利斯之剑悬在头上

陶行知极力反对"杀人的会考"。他说"这把会考的大刀是不可糊里糊涂地乱舞了"。但是,考试却成了当今学校的主题和灵魂,已经发展到登峰造极、世界第一的状态。高中教育是"天天测验、周周小考、月月大考、季季统考、年年模考";初中师生也紧随其后,"考、考、考——教师的法宝";就连小学教育也起早贪黑、加班加点。大家看看城里的儿童,假期里有几个不上辅导班?过分的考试"把有意义的人生赶跑了","把中华民族的前途赶跑了"。六年级的学生作文 60% 以上是"流水账里漂错字"——素养太差、社会体验匮乏、厌学情绪严重!这难道就是"新一轮课程改革"的初衷吗?

陶行知的"新教育思想"撞击着我的心灵,"新一轮课程改革"的窘境又让我不能不为之扼腕伤怀!我期望新一轮课程改革的组织者能够认真地研究国情与教育理念,完善课改教材,理顺实施渠道,并以高度的责任感和使命感去认真贯彻和执行课程改革。只有这样,我们的教育才有希望,我们的民族才能永远屹立于世界民族之林!

(山东省高密市康成小学　梁大伟)

5. 放飞纯真的童心

真教育是心心相印的活动。唯独从心里发出来，才能达到心灵的深处。

——陶行知

（摘自《陶行知文集》中《这一年》一文，第346页，江苏教育出版社2001年版）

片段一

今天午托，有个小朋友拿着一本阅读训练。我借过来翻开一看，其中的一篇课文《水很活泼》引起了我的注意。此课文讲的是："我"让儿子用"活泼"造句，结果儿子造出了一个"水很活泼"的句子。"我"却认为"活泼"是专门用来指人的，没有思想感情的"水"怎么可能是"活泼"的呢？于是叫儿子不要把这个句子写在作业本上。

单从"活泼"这个词的语法功能来看，这位父亲判定一个句子造得对不对的理由是成立的。然而我们判定一个句子造得对不对，还要从修辞功能方面来考虑。用修辞学的观点来看，"水很活泼"用了拟人化的手法，赋予没有思想感情的"水"以人的活泼好动的特征。这个句子不仅造得对，而且很有创新的味道，不仅不应该否定，还应该大加褒奖才是。

片段二

我在这里不想纠缠于"水很活泼"这个句子的是非之中，而是想借题发挥，探讨一下这位学生何以能造出"水很活泼"这个很有创意和诗意的句子的问题。

都说小孩子的心是最纯真的。在他们的眼里，一切事物都有人的喜怒哀乐，任何东西都能和人进行情感上的交流。举几个最普通的例子：小孩子看到有人折树枝，他会说："大树爷爷累了，它要休息了。"看到天上一只小鸟在飞，小孩子会想："它为什么一个人在飞呢，是妈妈不要它了吗？"就是对下雨，小孩子的见解也与成人不同："外婆要留我再住一宿，雨也来相帮留客，下得越来越大。"可以这样说，小孩子之所以会有这种种看法和见解，就是因为他们保有那份纯真的童心。既然如此，小学生造出"水很活泼"的句子来，也就不足为奇了。

片段三

无独有偶，今年的冰心作文奖（小学组）一等奖作品《妈妈回来了》之所以能从海内外5万多篇作品中脱颖而出，也是因为它向评委展示了小作者那份纯真的感情和宝贵的童趣。

妈妈回来了

前段时间，妈妈去杭州学习，去了好长时间，可能有一个月吧。今天，妈妈终于从杭州回来了，我非常高兴！因为妈妈的怀抱很暖和，因为妈妈回来了，爸爸的生日就能过得更好，因为妈妈在家里会给我读书……

妈妈不在家的时候，我很想她，想妈妈的感觉，是一种想哭的感觉。

这是一篇不可多得的成功的小学生作文（严格来说，它不算作文，只能算是说话）。它成功的关键，就在于它不加任何修饰的文字真切地表达了"妈妈回来"带给自己的温暖和喜悦，以及曾经有过的感受和体验，就在于它把儿童的纯真表现得淋漓尽致。

反思

记得陶行知说过："真教育是心心相印的活动。唯独从心里发出来，才能达到心灵的深处"。我们不难想象，离开了情感，一切教育都无从谈起。教师应以真诚的感情对待学生，用情感赢得师生心灵的交融，把每个学生作为有人格、有个性、有希望的人去尊重、去爱护。那么，作为小学语文教师的我们，应该如何对待小学生那份纯真的童心呢？

首先要珍惜它。珍惜学生纯真的童心，说起来容易做起来却难。因为我们是成年人，习惯于用成年人的眼光看小孩子；因为我们头脑中这语法那规则的条条框框太多，往往把学生富有创意的表现视为离经叛道。那位否定"水很活泼"造句的父亲所做的事，或许还不止一次地在我们身边发生。

但我们可以时刻提醒自己，尽量少犯或不犯那位父亲所犯的那种错误。当然，仅仅不犯错误还是不够的，我们还要十分珍惜儿童纯真的童心。所以，表扬和鼓励是少不了的。例如有一次我让学生用"愤怒"造句，结果一学生造出了这样的句子："闪电婆婆愤怒地挥着大砍刀，雷公公愤怒地大喊大叫。"我马上表扬他说："你造的句子很好，很有诗意！"并且鼓励他说："如果你都能这样造句，你将成为一个很有才华的诗人。"

有的小学生虽然富有童心，但限于生活圈子的狭窄、见闻的浅陋，在表达童心时容易出现一些错误。对此教师应持宽容的态度，做好引导工作，切忌轻率地下否定结论。例如有一次教学比喻的修辞方法，我让学生以啤酒为本体造一个句子。结果一学生造句说："啤酒像我的小便。"对此，我首先肯定了他的合理性：抓住了啤酒和小便在物质形态（都是液体）和颜色（都透明中带着黄色）方面的共同点。其次指出他的不合理性：啤酒是拿来喝的，小便可以喝吗？造比喻句，不仅要抓住事物之间的共同点，而且要尽量用文雅的词语，这样才能让人听起来觉得顺耳、表达的效果才会好。听了我的讲解后，造句的学生连连点头称是。

其次要千方百计地发掘它。发挥儿童纯真的童心，首先要让学生用自己的眼光来看事物，不要受大人的意见和书上的见解的影响。例如让学生描述高兴时的言行举止，有的学生说："我高兴得手舞足蹈。"这是受书上的见解影响；有的学生说："我高兴得嘴巴都咧到耳朵边了。"这是受到大人的意见的影响。它们与童心的表达都有一定的距离。有一学生说："我高兴得像大热天吃了棒冰。"这也许才是儿童内心的真正表达。

发掘儿童纯真的童心，其次要让学生充分发挥他们的想象。儿童具有纯真的童心的一个重要标志就是他们的想象力特别丰富。老师在黑板上画了一个圆圈，问学生是什么。学生有的说是十五的月亮，有的说是乒乓球,有的说是烧饼,有的说是李谷一唱歌时的嘴巴,有说的是老师发愁时的眼睛……答案丰富多彩,各不相同。而把同样的问题问成人,成人的答案几乎是一致的:是圆嘛!作为小学语文教师,就要千方百计地为儿童想象力的充分发挥创造尽可能多的机会,以更好地发掘儿童纯真的童心。例如在教学古诗《锄禾》时,我让学生发挥想象,用自己的语言来描述诗歌中出现的"锄禾日当午,汗滴禾下土。谁知盘中餐,粒粒皆辛苦"的情景。以下是一位学生的想象性的描述:太阳高高地挂在天上,小草被太阳晒得直不起腰,知了一个劲地"热啊——热啊——"地叫,农民伯伯挥着锄头,正在太阳底下锄草。他浑身上下都汗湿了,那汗还一个劲地往外流,把脚下的土都弄湿了。原来我们一日三餐吃的米饭,就是农民伯伯这样辛勤地用汗水换来的。想起自己有时把吃不下的饭倒掉,真不应该!我以后要爱惜粮食。这既有描述,又有议论和抒情,把儿童纯真的天性发挥得淋漓尽致。

发掘学生纯真的童心,还要为学生创设童心表达的情境。例如,在一次口语训练课上,我让学生用拟人的修辞手法说一句话。于是有的学生说:"星期天我给田里干活的爸爸送饭,田里的稻谷对我直点头。"有的学生说:"听着这美妙的歌声,路边的野花也展开了笑脸。"如果把童心的表达看做在创作一部童话剧,学生是这部童话剧的演员,那么教师则是这部童话剧的导演。演员的出色表演还得依靠导演为他们提供表演的舞台。

最后还是回到"水很活泼"这个造句上来,如果我们的教师心目中有学生,把珍惜和发掘学生的童心当一回事,认认真真地来办的话,那么我们的学生一定会造出比"水很活泼"更有表现力的句子来。到时候,我们还会发现:珍视儿童童真的过程,对我们来说,更是一个享受的过程呢!最后,再让我们一起来享受其中的美:

"王老师的胡须就像火灾后的草根。"

"春天像一个害羞的小姑娘,遮遮掩掩、躲躲藏藏。"

"天空还是灰蒙蒙的一片,伸出手只能看见五根指头。怎么还不见星星出来呢?难道它忘记昨天我们的约定了?"

……

(浙江省海盐县元通中心小学 杨忠敏)

6. 感悟"爱满天下"

为了孩子,甘为骆驼。于人有益,牛马也做。

——陶行知

(摘自《陶行知全集》中《武训先生画赞》一文,第960页,四川教育出版社1991年版)

作为一名伟大的人民教育家、教育思想家,陶行知先生爱教育、爱学校、爱学生,称学生和学校为"爱人",令人感动。"爱满天下"是陶行知先生毕生追求的教育真谛;"热爱每一个学生"是陶行知先生的人生追求;"为了孩子,甘为骆驼。于人有益,牛马也做。"陶行知先生的"爱满天下"把爱的教育发扬光大,阐明了教师对学生的爱在教育中具有非凡的作用。师爱能营造出和谐、温馨、亲密的师生关系。

作为一名教师,就要学习陶行知先生"捧着一颗心来,不带半根草去"的献身教育的品格,学习他"爱满天下"的高尚情怀,发扬他"因为差,更要抓"、"因为差,更要爱"的敬业精神和责任感。

我认为,爱心和责任感是做好教育工作的关键。二十多年的班主任工作的光荣、艰巨和幸福,使我对陶行知先生"爱的教育"感触颇深。

记得那是我刚参加工作不久,一个寒冷的早晨,我仍像往常一样开始了早读课的辅导。门轻轻地开了,一个蓬头垢面的男孩溜进了教室,同学们哄堂大笑,笑他的鬼鬼祟祟、笑他的邋遢、笑他的目中无人。我顿时火冒三丈,厉声朝他喊了起来:"你为什么来晚了?"他开始很是恐慌,但很快就镇定下来,用他那玩世不恭的目光斜视着我,我气急了,大声吼道:"我是老师,你听到了吗?"他依然冷冷地望着我,直瞪得我全身发冷,无言以对。我强压住心中的怒火,下早读的铃声暂缓了紧张的气氛,我扔下一句话:"去办公室!"而后愤愤地离开了教室。此时,我真的后悔了,当老师这么难,不准打人骂人,还得耐心教育,我自己还是个大孩子呢,还得哄着他们这些淘气的孩子。怪不得俗话说:"家有五斗米,不当孩子王。"虽说时代不同了,可孩子更难教了。更让人气愤的是,他竟然没有到办公室来。下午,他竟然又迟到了。这回我再也忍不住了,我生气地告诉他:"明天早晨交份检查,让学校处理你吧!屡教不改,无视老师,处分也不为过!"教室里静得出奇,他什么也没说。我又扔给他一句话:"不检讨就不要来上学了。"我突然发现,他的眼睛里有一些悲凉、有一些泪水。我有些心动,但坚持说:"忘记就别上了!"令我不安的是全班同学的眼睛里却没有对我的支持,更没有对他的嘲笑,充溢在空气中的冷静却有着许多同情。我有些茫然。第二天他没有来上课,第三天,他仍然没有来。我开始反思自己,难道我做错了吗?他刚刚转到我们班,太多的情况我还不了解,唯一知道的是他不与父母生活在一起。

我决定去看看他。放学后,我叫上班长与我同行。从班长那儿,我知道了一些情况。原来,他父母离婚了,法院虽判决他跟父亲生活,但父亲不要他,找母亲,母亲也不要他。无奈,他只好跟农村来的年迈的奶奶住在一起。说着话,我们来到一座低矮的平房前。我敲开了门,开门的他吃惊地瞪大了眼睛。进到屋内,环顾四周,让人一阵心酸。一张破旧的木床,一个小炉子,一张小桌子,两只小凳子,这就是他们全部的家当。我不相信现在还有这样的家庭,然而这就是事实!一位头发花白的老人躺在床上,原来,奶奶病了,他因为照顾奶奶才迟到甚至辍学。我后悔极了,为我的简单生硬而内疚,为孩子的不幸而心痛。我悄悄地安慰了他,留下100元钱,让他给奶奶买点好吃的。他的眼光不再玩世不恭,他的眼里有了泪花,但他忍住了。走在路上,我的心情很沉重,爱要做到心理相容,还要理解孩子,理解也是一种师爱啊。我能做些什么呢?教书不易,育人更难啊!第二天他来上学了。他恭恭敬敬地递给我一张纸条,上面歪歪扭扭地写着:"谢谢老师。"我什么也没说,拍了拍他的肩膀。

上课了,教室里静得出奇,全班同学等着我对他的处理,毕竟他两天没来上课啊。我开始讲述一个男孩的故事，孩子是善良懂事的，父母不要他和奶奶了，而他在尽自己的能力侍奉着奶奶，这是多么纯洁善良的品质。同学们明白了，教室里响起了掌声。我表明了自己的态度，诚挚地说我错怪了他，希望他能谅解，也希望同学们能谅解。掌声再次响起，同学们的脸上洋溢着善意的微笑。老师当众道歉，这也许是他们始料不及的。崇高的精神境界决定教师要具有宽广的心胸，不在孩子面前计较个人的尊严和得失，这才是爱孩子。过后我们召开了主题班会"种太阳"，全班同学献计献策，开展了帮助他的活动。我和同学们先是帮他和奶奶粉刷了小屋，使小屋变得亮丽了；女同学剪贴好看的风景画贴在墙上，使简陋的小屋增添了几分温馨；班里成立了定期"互帮"小组，帮他照顾奶奶，帮他补习落下的功课，并且还帮他买学习用品。在班级同学的帮助下，他精神焕发，此后从未迟到，学习努力，很快成为品学兼优的好学生。最让我欣慰的是，班级面貌焕然一新，学风端正，同学们空前团结。三年过去了，他不仅考入了重点高中，还加入了共青团。

多年的班主任工作，让我深切地感受到，教书必须育人，育人就要有爱心。榜样的力量是无穷的，陶行知先生"捧着一颗心来，不带半根草去"的献身教育的品格将永远激励着我前行。

（山东省青岛市第二十一中学　吴乐琴）

7. 从"谁能明白我的心"到"心心相印"

真教育是心心相印的活动。唯独从心里发出来,才能达到心灵的深处。

——陶行知

(摘自《陶行知全集》中《这一年》一文,第210页,四川教育出版社2007年版)

最近拜读了伟大的教育家陶行知先生的文章。其中有一段话,特别震撼我的心灵:"真教育是心心相印的活动。唯独从心里发出来,才能达到心灵的深处。"对教育者而言,有爱心不难,难的是如何让学生"明明白白我的心"。

只有和学生心心相印,才能产生巨大的教育力量。我们要转变心态,转换角色,走进学生的内心世界,达到心与心的交流,使自己成为学生生活中不可或缺的一部分。

那么,怎样才能做到"心与心的交流"呢?从陶行知先生身上,我明白了教育学生一定要"交出自己的心"。"交出自己的心",看似简单的一句话,却包含着许多智慧与技巧。这份"心"的意义非凡,有一份"奉献之心",有一份"理解之心",有一份"平等之心",还有一份"责任之心"(李镇西)。这个"交"字,同样有着深厚的学问,一是教师该怎样"交出自己的心";二是教师如何引导学生"交出自己的心"。下面,我将对这两个问题,谈一谈自己的看法。

问题一：教师应该如何交出自己的心

我觉得，首先要回归孩童的世界，让自己有一颗童心，与学生谈论共同感兴趣的话题，做共同喜欢的游戏，看共同爱看的书等。其次要真诚对待自己的学生，做孩子们的朋友。平等与民主很重要，这不仅是对学生的一种尊重，也是交友的原则。只有遵守了这个原则，才能收获彼此的真心。最后要"以心换心"。例如，语文老师要求大家养成写日记的好习惯。但是，我发现班里许多孩子却是在应付差事，不是抄袭就是胡乱编造，态度极不认真。我问大家为什么不爱写日记，绝大部分学生都说"不知道写什么"、"没什么好写的"。

作为一名音乐教师，我不知道该怎样去教会大家写作的技巧，但是我想用自己的行为去感化我的学生。于是，我拿出自己从学生时代就开始写的日记，总共有十几本。看着这些密密麻麻的文字，我仿佛找回了自己的童年，孩子们也很有感触。我挑选出自己日记里有积极意义的篇章与大家分享，并借机讲述自己的成长故事。大家都很认真地听着，并且不断地与我讨论各种有趣的或他们自己有疑惑的问题。这样一来，不仅激发了学生们写日记的兴趣，同时也与大家分享了自己的成长经历，使他们或多或少地学到了许多书本上没有的人生经验，更是拉近了师生间心灵上的距离。在我的成长日记中，有成功也有遗憾。学生们从中看到了一位真实的老师，而这种亲切感是"以心换心"得来的。

问题二：教师应该如何引导学生"交出自己的心"

一是了解，二是理解。了解就是指教师要了解学生各个年龄阶段的特征。很多时候，我们需要根据学生的优缺点，对其进行积极地引导。理解就是指教师要理解学生做出的各种行为，理解他们的心理活动以及思想感情。具体地说就是要允许学生"犯错误"，我们不就是在不断的"改错"中成长起来的吗？

小敏是我们班一名特殊的学生。我之所以这么说，是因为她来自单亲家庭，自尊心很强，不合群。她的学习成绩受家庭影响很大，妈妈在家陪她时，她的学习就很有起色；妈妈一走，她的心就散了。因为她的自尊心很强，所以不适合开门见山地指出她的问题，我利用一切可以利用的机会，给予她更多的关怀：她没有水瓶，我就把她叫到办公室，用自己的水杯给她倒水喝；放学后，家长有时不来接，我就让她跟着我吃饭……在学习上，我对她也是格外关注。这点点滴滴的关怀，慢慢积累，化为一份师生情，化为一份信任。她开始对我敞开自己的心扉，诉说自己心中的苦闷。这时候，我首先要做的就是一名忠实的聆听者。我没有打断她，只是一直静静地听她讲述。我知道，她太需要倾诉了，太希望有人来过问自己的内心感受了！等我为她轻轻擦干眼泪后，只需要一个拥抱的动作，就拉近了心与心的距离。这个拥抱，用孩子后来的话说，让她找到了妈妈的感觉。后来，我发现这个孩子喜欢劳动，干活很卖力，也很利落，便推选她为班里的劳动委员。得到了"重用"，小敏开始关心集体，逐渐融入班集体，并且越来越自信，学习上也有了进步。

现在回想一下，如果当时发现了这个单亲家庭孩子的各种不良行为，我直接去批评指责，会发生多么可怕的后果啊！所以，要在了解的基础上去理解，在理解之后去化解，这样才能真正走进学生的内心世界。

当我们理解并接受学生后，言谈举止之间，自然会带着使学生乐于接近的亲切感。然而，别忘了一个班级中还有内向的、怯弱的、自卑的学生，这就需要教师要善于表情。马卡连柯曾说过："不善于表情的人不能做老师。"如果不善于表情，那么请从刻意开始。首先要不失时机地指出师生的追求是一致的——即学生的健康成长。其次要刻意地做几件让学生惊喜的事，主动地表达出学生对你的重要性。还记得我带的一个毕业班，在第一学期的儿童节，我悄然地给全体同学准备了一个生日蛋糕和糖果。当学生证实那是我送给他们的儿童节礼物时，从此和我亲近了许多。此后，每当学生的生日，我都会在他们的作业本上写下祝贺的话，表达我对他们健康成长的期望。这样，每位学生都会感受到老师对他们的重视和关怀，也就更乐于亲近老师了。

还记得有位学生在一次名为"给长辈的一封信"的征文比赛中，不写养育他的父母,也不写培训他画画或弹琴的家庭教师们,却把"绣球"抛给了我。他提到这么一个细节:"那次,杨老师要在我们班上公开课,来听课的老师很多,看得出同学们都很紧张。当大伙看到您对我们的淡淡微笑时,我们随即都松了一口气。我被提问到了,脸涨得通红,结结巴巴地回答了。坐下后,我看了您一眼,虽然我回答得不是很好,但您还是向我赞许地点了点头,我心里像喝了蜜一样甜。"看到这样的文字,我觉得比任何的赞美都要高兴。因为学生感受到了我的爱,我的付出有了回报。到了这样的境界,即便是批评,学生也能体会到老师是恨铁不成钢,自然而然,对抗的情绪就少了。只有建立在相互理解的基础上,向着共同的目标前进,才能真正使师生心心相印。

从"谁能明白我的心"到"心心相印",学生的人格只能用教师的人格去铸造,学生的情感只能以教师的情感去点燃。走进孩子们的心灵,静静等待那花儿悄然绽放。只有心与心的交流,才能擦出爱的火花;只有心心相印,才是真教育!

(山东省滨州市经济开发区里则实验小学　刘宗顺　杨娜)

教 与 学

1. "陶"花盛开的课堂
——"教学做合一"在作文教学中的应用

所学的,即是所用的,有用处的事物才给学生学。

——陶行知

(摘自《陶行知全集》第2卷,第508页,湖南教育出版社1985年版)

教师在作文教学中应该如何教学才有效呢?我在认真学习了陶行知先生的一些教育教学理论,他的观念对我在作文教学观念上的转变起到了四两拨千斤的作用。他说"要活的书、真的书、动的书、用的书",要"以生活为中心";而我们传统的作文教学却是"教师布置作文——学生写——教师判、评",除了个别热爱写作的学生提高了写作能力外,大部分学生都是由于厌烦写作文而应付了事,写作水平怎么能上升呢?那不就是"死的书、假的书、静的书"了吗?陶先生还说"劳心和劳力要相结合",可传统的作文批改是语文教师全批全改,学生一点也没"劳心",结果作文发下去后,学生对教师的"辛勤劳动"连看都不看一眼,教师的辛苦白白付之东流。因此,尽管语文教改形势愈演愈烈,作文教学却一直是

"春风不度玉门关"。

为了充分调动学生的主动意识和进取精神,我根据陶先生的"教学做合一"的理论精髓,把握课改理念下语文教学的很多特征,在作文教学上进行了大胆的尝试,并将其上升为理论模式,现以一节"写作——评改"为一体的作文课为例。

一、具体过程

1. 作文写作

(1)每篇作文必须在一小时内完成。

(2)字数每篇不少于 800 字。

(3)写作时,必须保持教室内绝对安静。不准随便说话,不许转头,不许相互借用文具。

(4)作文中如果遇到不会写的字,暂时用拼音代替,以后补上。

(5)作文完成检查后立即上交。在其他同学写作时,交过作文的同学阅读预先准备的课外书籍,保持教室安静。

(教师:将上交的作文进行分组,四篇一组。)

2. 作文评改

(1)4 人为一小组(固定),设组长一人。

(2)每小组每次批改 4 篇作文。

(3)小组成员相互协作,共同完成批改初评任务。

(4)在小组批阅的基础上,老师根据需要作适当的补充批阅。

(教师通过幻灯片展示本次作文评改的重点以及评分标准。)

3. 批阅要求

(1)各组成员在初阅作文时,用红笔找出错别字和病句。

(2)小组成员在传阅后讨论文中的问题,作适当旁批。

(3)讨论确定作文等级,撰写作文总评语(由组员轮流执笔)。

(4)总评语要围绕讲评的重点来撰写。

(5)总评语要用语委婉、公正恰当。先说优点,后说缺点;多说优点，少说缺点。

（6）总评语在围绕讲评重点评价的基础上，还可以就文章的特色以及其他方面进行评价。

（7）总评语也提倡有创新意识的评价。

（8）总评语撰写结束后，在评语的右下方写上"×××组阅"，另起一行，在其下方书写上日期。

现以作文《尝试》为例，摘录学生的评语数则。

①叙议结合，所叙之事，情节有一定的变化，比其他同学一通到底的叙述，有明显优势。写的是尝试打工，取材新颖。语言表达能力有了大的提高，词语丰富，能使用成语。

②（开头）尝试是一场成功与失败的搏斗。人的一生要经历无数场这样的搏斗，才会获得永久的成功。但叙述的内容是学骑车。议论拔得过高，叙议两者无法等同，犹如一个小脑袋的人戴了一顶大帽子。仍存在错别字、病句等问题。

③例文：为了这次尝试能够成功，我认真了，早晨6点就起床，晚上12点才休息。思考、解题。不理解的问题就向老师请教。有一个夏天的夜晚，我专心致志地解题，被蚊虫叮咬都没发觉。真是"工夫不负有心人"，这一段时间的努力，我大有长进，不但在知识上有长进，而且在学习态度上也有转变。在初中阶段的最后一次竞赛中，我大获全胜，获得了一等奖。这下我乐极了，高兴得心都快蹦出来了，因为这是我多次失败后的成功，也标志着我这次尝试的成功。

评语："尝试"的过程写得不够完整或花得笔墨不够，"尝试"前的思想斗争或"尝试"后的感受写得较多，主次颠倒，喧宾夺主。

（教师巡视辅导、解疑，调控相对活跃的场面。）

4. 代表作朗读

从各组评选出的优秀作文中再找一两篇有代表性的作文在班上朗读，师生共同评判，让大家充分发言，说明应该怎样、不该怎样，作者在评判的基础上再补充删改，最后由教师择优出专栏或投寄报社。

以上仅仅是一堂普通作文课的过程，"小组合作，评改作文"的训练形式不是一成不变的，一般有三种形式，采用何种形式要根据作文评改的难度、学生的兴趣点及训练的实际情况而定。因为采用变换的方式训练，能激起学生的兴趣。这三种形式是：①先评后改：先选择典型例子集中讲评，然后分组批改。②先改后评：先分组批改，小组推荐佳作，然后集中讲评。③在改中评：将集中讲评放到小组的评改过程中同步进行。

二、教学实践的效果

1. 提高了学生的写作兴趣

经过一年"合作——评改"的作文训练，学生对此反响强烈、兴趣盎然。经调查统计，学生对互评作文的积极性之高，出乎教者的意料。全班近50人，有50%的同学认为"不错，应提倡"。现在每周的随笔本上，许多同学常常是洋洋洒洒千余字。

2. 使学生初步形成了良好的自主评改作文的习惯

经过两年的训练，学生已经形成自主批改和初步评价作文的习惯。从评改目标的确立，到小组批改评价，再到集体讨论评价，每堂课都能一气呵成。在课堂上，学生成了主角，课堂争论从无到有、从少到多。教师只作适时引导。

3. 提高了学生的整体写作水平

有4人次在全国作文大赛中获奖，2人在北京市的作文竞赛中获奖，多名学生的作品在校刊上发表，一些学生还通过写作交了"笔友"。

三、反思与疑惑

1. 小组分工及责任的再定位

所谓"合作"，必须有三个条件：有共同的目标任务、分工明确、自主完成共同任务。在教学实践中，小组长的责任明确具体：领任务、组织评改、检查总评。而小组成员的任务不够具体，4个组员只有共同任务：浏览作文，圈点佳句及错别字，写适量眉批，讨论。如果出现个别学生游离于活动之外的现象，通常需要从两方面改进：一是在经过一定的训练之后，采用轮流变换组长的方式调动所有学生参与的积极性；二是结合评改内容的细化，以文件表格的形式，将所有组员的任务细化，在实施训练的时候做好记录。

2. 目标定位与批改内容的细化和灵活化

作文评价的目标容易定位，可以根据写作训练目标和作文的常规要求来确定评价的主次目标。而每次批改作文要达到什么目标、什么程度，却比较难定位。还有，批改内容细化到什么程度才算合适，过分细化地批改内容和要求会不会弱化训练的本质要求、降低学生活动的兴趣，怎样才能使批改内容灵活化、规范化，这些问题也是我今后所要思考解决的。可以根据每次作文的具体目标和要求，设计出不同的批改评价表来量化、细化评改目标和内容。这一系列有关批改内容的表格应该成为体系，应该与作文训练的整体目标一致，应该体现作文批改训练的序列性和层次性。

3. 评价方式的选择与优化

对学生作文的评价，有小组内的相互评价，也有集体评价；有书面评价，也有口头评价；有学生之间的评价，也有教师的评价；有上面所说的作文的常规评价，也有超越上述内容的广义的评价（如社会评价）。这些评价方式如何在课堂上适当地选择和合理地使用，如何深入下去，对教师而言，需要和同行讨论。可以设想从时间和空间两个纬度上来拓展和深化作文评价的方式。例如将作文在校园网络上发表、结集出版或推荐发表等，这些可以在很大程度上增加评价方式的选择性，可以极大地提高学生写作的兴趣。此外，还可以考虑请家长也来做"评委"。

陶行知先生曾在《小朋友孵鸡》中谈到教育的第三阶段，即师生共同在做上学、在做上教、在做上讨论、在做上质疑问难。这些理念构成了我作文教学的基本内容——即学生在教师的引导下，以写作和评改为两翼，围绕具体的目标，按照一定的程序，把陶先生"教学做合一"的理论延伸到教学的每一个课堂、扩展到社会生活中的每一个角落。几年的教学实践表明，这种符合学生特点的教学方式，其主要目的不只是让学生"练练笔"，更强调让学生进入主动探索作文写作的过程。就像陶行知先生所主张的"所学的，即是所用的，有用处的事物才给学生学"，这样更能有效激发学生的写作兴趣，最大限度地提高学科教学效果。

"合作——评改"作文教学的最终目的是培养学生的自评自改能力。要想达到这一目标，就需要教师转变角色。需要注意的是，在学生学会自评自改后，教师对学生的作文并不能放手不管，而应该在这个过程中进一步关注学生的认识水平和修改能力，使之不断提高。

"教学做合一"，这是陶行知先生给我们的启示，也是今天作文教学对我们提出的挑战。

（北京市第二十中学　孙艳梅）

2. 行而后知——体验四重奏

——五年级下册"找规律"案例与反思

　　教学做是一件事，不是三件事。我们要在做上教，在做上学。不在做上用功夫，教固不成为教，学也不成为学。

——陶行知

（摘自《陶行知文集》，第285页，江苏教育出版社2001年版）

　　陶行知先生两次改名的故事脍炙人口。先是知行，然后是行知，体现了陶先生在教育思想上的极大转变，最终形成了"行是知之始，知是行之成"的教育思想。落实在小学的数学教学中，就是要引导学生积极参与学习，自主探究、动手操作，体验知识形成、发展的过程。在这一思想的引领下，越来越多的数学老师让孩子在课堂上体验数学。

　　关于"体验"，课程标准中是这样描述的："体验（体会）参与特定的数学活动，在具体情境中初步认识对象的特征，获得一些经验。"具体在教学中何时让学生体验、怎么体验、体验到什么程度为宜，这些都是教师需要思考的问题。2009年南京市数学赛课内容是五年级下册的"找规律"，我校青年骨干程老师参赛，获得了二等奖。她执教的这节课重点是探讨图形覆盖时平移次数与和的总个数的规律。她的课特点鲜明，让学生动手操作、自主探究、合作交流，在体验中找到规律、应用规律，并且作了深度拓展。有一个片段让我深深沉醉在其中，使我经历了一场以体验为主题的视听盛宴。

 案例描述

　　这场以体验为主题的盛宴是一首四重奏，每一重都妙不可言。体验四重奏是这样缓缓展开的。

……

(师课件出示10个数：1，8，5，7，4，6，3，9，2，0)

师：老师给大家准备了一个礼品，价格是这排数相邻的两个数字组成的两位数，猜一猜：可能是多少元？

生1：18元

生2：57元

……

师：一共有多少种可能的价格呢？同学们可以在作业纸上数一数、连一连，还可以使用老师提供的学具试一试。

(生自主选择合适的方法独立探究，然后集体展示)

(师拿着学生的作业纸，分别请他们自己介绍方法)

生1：我用的是圈一圈的方法，像这样把相邻的两个数字圈在一起，一共有9个圈就是9种不同的价格。

生2：我是直接数的，有18，85，57……也有9种不同的价格。

生3：我是用线把相邻的两个数字连起来，和圈一圈的方法差不多。

师：还有别的方法吗？有没有使用老师给的框的？

(几个学生举手，老师请生4带着框和作业纸上台演示)

师：请你慢慢地移动，并读出数来。

(生4慢慢演示，并读出框住的数)

师：一共有几种不同的价格？

生：9种。

师：他是怎样移动方框的？一共移了几次？

(生有点沉默，大部分学生刚才没有注意)

师：这次请大家带着问题再观察一次，思考他是怎样移动的？一共移了几次？

(生4又慢慢移动了一次)

师：这次谁能回答问题吗？

生5：他是一个一个移动的。

生6：他是从左往右一格一格移动的。

师：我们可以说这是从左往右依次平移的。这种平移有什么好处？

生7：有顺序，不会漏掉。

师：一共平移了几次？

生：9次。

师：大家都同意吗？我们亲自平移一次看看。

（师课件出示，指导学生先放好框，然后开始平移第一次，平移第二次……学生边移动边数平移次数）

师：为什么不是9次呢？

生8：第一次没有移，不算。

（师板书平移次数、不同价格的个数、每次框的个数，引导学生探究规律……）

这个案例较好地诠释了陶行知先生提倡的"教学做合一"理念。我深深赞同陶先生的理念："教学做是一件事，不是三件事。我们要在做上教，在做上学。不在做上用功夫，教固不成为教，学也不成为学。"美国民主主义教育家杜威也提出："从做中学，从活动中学，学习即生长，学习即经验。"美国教育家库伯则认为："学习不能没有体验，没有体验，就没有儿童的成长与发展。"体验是数学学习的重要经历，也是必要过程。我们再来仔细分析程老师是如何演奏体验这出戏的。

程老师的这一环节共包含四次不同层面的体验。

一重奏：让学生自由选择适当的方法进行探究，看一共有几种不同的价格。学生有的每相邻两个数字圈一圈，有的把相邻数字用弧线连一连，有的在纸上一一列举出所有不同的价格，还有的用老师提供的两格框一一平移。这一设计是开放式的，尊重了学生的学情、个别差异与个人偏好，让学生自由选择喜欢的、合适的方法、学具，放手让学生独立探究，初步尝试解决问题。这次体验的目的指向很明确，就是通过操作得出一共有几种不同的价格。

二重奏：集体交流时让生4在投影仪上用学具框给大家看。这是在第一重开放式体验的基础上的方法优化。通过生4的演示，班级其他学生对这一方法都有了清晰的认识，都能学会使用学具框进行探究的方法。让学生教给学生用学具框数进行探究的方法，也是本节课的主要研究方法，为下面平移概念的引入以及平移次数、一共有几种不同的价格等重点内容的学习扫清了操作障碍。

三重奏：在学生都会用学具框平移后，老师追问：他（生4）是怎样移动的？一共移动了几次？这时大多数学生都瞠目结舌了！因为在生4第一次演示时他们只顾着看方法了，没有思考过这一问题。于是老师顺水推舟，让其余学生带着这次的思考问题再次观察生4的操作。这次的观察是带着问题的观察，从单纯地学框数方法发展到用框数的方法解决实际问题，明确了观察目的，使观察更具有思考价值。特别值得一提的是：在这次观察后，学生知道了这是平移方法，但一共平移的次数出现了问题，学生都认为是9次，实际上正确答案是8次，我在下面都替程老师担心了！程老师却从容不迫，没有一丝慌乱，她没有直接告诉学生这是错的，而是引导所有学生再次操作。

四重奏：为了检验平移次数9次对不对，在老师的引导下，全班学生使用学具框数的方法重点研究平移次数。在前面三次体验的基础上，这次体验每个学生对如何用学具框平移都有了清晰的认识，对活动操作要解决的问题充分关注，动作标准、思维有条理，顺利地发现了平移次数是8次，从而纠正了之前的错误、突破了理解难点（平移次数为什么是8次），不仅知其然，更知其所以然，为后面的操作练习、寻找规律奠定了坚实的基础。

体验四重奏每步目标明确，设计合理。四次体验，从表面看来是重复啰嗦，现实效果却是增之一分嫌多、减之一分嫌少，正是恰到好处！我深深地陶醉在体验四重奏的无穷妙境中了！

(南京信息工程大学附属实验小学　周云)

3. 真实，源于生活
——浅谈运用陶行知生活教育理论指导习作教学

　　写作文应该去寻到它的源头，有了源头才会不断地涌出真实的泉水来。那么，源头在哪儿呢？源头就是我们充实的生活。

——陶行知

（摘自《陶行知全集》第 1 卷，第 259 页，四川教育出版社 1991 年版）

　　2009 年，我校举行了四至六年级的语文作文竞赛，我被分配批阅五年级作文。批完后，我就一直在思考：现在孩子的作文怎么了？五年级的竞赛要求是："下雨是生活中常见的自然现象，请以'雨中'为题写一段话。"大部分学生都能围绕"文题"写景、状物，语言通顺、文辞美丽，读来令人深感快慰。尤其初读一篇，写作者在滂沱大雨中突然看到一个步履蹒跚的老人跌倒在水中，便毫不犹豫地奔跑过去，扶起老人，脱下自己的雨衣给老人披上，并把老人送回家。我很是佩服小作者的巧妙想象。可渐渐地，我的心情开始复杂起来，几乎每篇作文的构思都如出一辙，甚至文中竟有同样的事情发生，不是看到盲人碰到水沟，就是妇女抱着孩子倒在水中，或是叔叔的苹果散落在马路上，阿姨的草莓撒了一地……我纳闷了，为什么雨中频繁地发生这样的事情？并且都被我们的小学生遇到？真是越看眼越花，越读头越大，令人哭笑不得。

　　学生作文时在想什么？是否只在想着老师和分数、想着快速完成任务？他们不考虑生活的实际，就无中生有、虚情假意地编造故事。这表现出了当今小学生作文的通病：没有真正的生活经历和情感体验，写出的作文要么文不对题，要么内容空洞，要么思想僵化，无真情实感，让人读完后就是一个感觉，所有的文章都似曾相识。

学生作文，本该言为心声，坦诚表达。然而，现在的作文却陷入了许多学生说假话，虚张声势；说大话，不着边际；说空话，向壁虚造；说套话，人云亦云的困境。怎样还作文教学以真实？我想，陶行知先生"千教万教，教人求真，千学万学，学做真人"的生活教育理论为我们指明了方向。读完《陶行知文集》，对于作文教学我突然有一种"蓦然回首，那人却在灯火阑珊处"的感受，并在教学中努力地践行着。

做法一：关注生活，积累真实的生活素材

陶行知认为，写作文"应该去寻到它的源头，有了源头才会不断地涌出真实的水来"。那么源头在哪儿呢？源头"就是我们的充实的生活"。可是很多学生认为，每天不是学校就是家里，两点一线，枯燥乏味，要写的、想写的早已被人写滥了，认为没有什么好写的。其实不然，陶行知先生指出："要解放学生的眼睛，引导他们能看清事实，就能活跃学生的思想。"因此，我们要想方设法拓宽孩子的视野，引导孩子关注生活的变化，从丰富多彩的生活中选择一些学生感到新鲜而又有价值的问题，供他们练笔。

例如，时值2009年盛大隆重的建国60周年庆典，我就截取了阅兵式上的一幕（精彩、振奋人心、感人、难忘、惊人……）让学生去自由发挥，很多学生都写出了自己独到的发现和感想。又如2009年的甲型H1N1流感病毒十分猖獗，学生对此感触很深，深恶痛绝。于是关于"H1N1"的各种文体在班级中出现，有的编写了预防H1N1的儿歌，有的以第一人称"我是甲流"的形式，幽默、形象地写出了甲型流感的威力以及人类在对付甲流方面所表现出来的智慧，还有的同学通过查阅资料以调查报告的形式撰写了甲流给人们生活带来的变化。就是这样一个个富有时代气息、跟孩子们的生活息息相关的话题激起了孩子们的练笔欲望，使他们趣味盎然、不吐不快。

我们应努力引导学生把目光投入到无限广阔的生活空间中，去关注和捕捉那些有意义、有情趣的事，去发现发生在他们周围的事情、人物、场景；引导学生去感受、分析、理解、积累，在脑海中形成作文材料库。培养学生热爱社会、关爱他人，丰富他们的内心体验，积累丰富的生活素材，以"真实"为准则去描绘，真正做到"我手写我心"，五彩缤纷的生活画卷就会出现在学生的笔下。

做法二：体验生活，抒写真切的生活感受

作文的"真"从何而来？来自对生活的体验与感悟。陶行知先生说："行动是老子，知识是儿子，创造是孙子。"遵循陶行知先生"知行合一"的生活教育理论，教师要引导学生情绪饱满地投入和感受生活，激活境界思考，唤醒生活积淀，用笔去描绘生活的真善美和童趣童真，从而使学生产生强烈的倾吐欲望。

2009年11月13日，冷空气突然袭击甬城，一夜之间温度降了10多度。受到这种冷空气的刺激，学生的情感体验是刻骨铭心的。于是，我布置了练笔话题——"当冷空气袭击甬城"。孩子们看到这个话题，感触很深，交上来的作文当然也是精彩纷呈。现摘录一段：

下课了，老师离开了教室，第一桌的同学迅速冲上去把门关紧，害怕冷空气跑进教室。上课铃声响了，班级的门还是死死地关着，好像不欢迎老师来上课。顾老师进来了，一看，门窗紧闭，马上命令同学们把门窗打开通风，防止甲流。旁边的同学慢吞吞地站起来，极不情愿地把门窗打开。此刻，立刻又一股冷风往教室里面钻，天哪！好冷啊！靠窗的同学立即蜷缩起身体，双手插在口袋里，全身抖动。

（张文鑫）

就是因为有如此真切的感受，学生才能写出如此真切的作文。看来，"一个教师不能无视学生的情感生活，因为那是学习中主动性和创造性的源泉"（苏霍姆林斯基语）。学生在其内心深处有了较深的情感体验，在一定情境中遇到这方面的话题就会因情动而辞发，激活脑中丰富的、沉睡的生活积累，因而"有话可说，有东西可写"。

做法三：记录生活，再现真实的生活情境

从习作教学的需要出发，我有计划地组织学生开展丰富多彩的课内外活动。例如，在课内开展动手实验、手工制作、角色表演、游戏竞赛等活动，在课外开展春游、社会实践、祭扫先烈陵园等活动。另外还开展了一些节日纪念活动，如教师节开展"老师您辛苦了，我为老师写首诗"的活动，母亲节开展"我为妈妈做件事"的活动。这些活动的开展为学生打造了自我展示的平台，让他们充分张扬个性魅力，体验成功的快乐，同时要求学生把这些活动真实地记录下来。

例如，一年一度的运动会结束了，每个参赛的运动员都拿起手中的笔，记录了自己参赛的经过和感受。

加油！加油！操场上响起了激烈的加油声。我使尽全力地向前奔跑着，我想凭着我的实力，跑进前三应该没多大问题吧。正在我全力以赴地向前奔跑时，不断地有同学超过了我。我心急如焚，可我的脚就是不听我的使唤，我真正感受到了什么叫力不从心。老天爷呀，助我一臂之力吧……

多真实的记录啊！小孩子的作文就是要练习把自己看到的、听到的、想到的内容或亲身经历的事情用文字表达出来。教师要始终坚持指导学生进行"以真实生活为题材，以生活需要为目的"的习作练习，让学生写自己感兴趣的事、说自己想说的话。例如，写写日记、周记、书信等，自己选题，自由发挥，放手写作，畅所欲言，不限时间、内容、体裁、篇幅，从自己身边熟悉的人写起，写出自己的真心话，这样才能避免千篇一律、千人一面。

做法四：创造生活，抒发真挚的生活情感

"创造教育"是对陶行知生活教育理论的发展。陶行知把培养人的创新精神与创造能力作为教育的宗旨,把培养人的创新精神与实践能力作为改革传统教育的核心,提出"处处是创造之地,天天是创造之时,人人是创造之人""手脑都会用,才算是开天辟地的大好佬"的论断。

儿童爱幻想,拥有写童话的才能,他们几乎能自发地以童话的形式来描写生活。因此,在起步作文教学时,教师可以引导学生写童话体习作,使他们拥有广阔的天地,树立足够的信心,从而快速起步。

在中高年级段,可以让孩子写想象性作文。例如,我以"二十年后回学校"为题,让学生来设计未来校园,丰富想象生活。一位同学写了她想象中的二十年后的学校:

……现在,学生们不用书包,学生们就只需要一本书。这本书就像一台电脑,想看什么就看什么。黑板是智能黑板,不用写,只需要先设定好,就能按设定步骤显示。授课的是机器人老师,学生学习都靠自学,如果有问题,只要把问题输入电脑,机器人老师就会自动回答,非常高效。

学生的设计大多充满童趣,又富有现代气息,俨然以学校主人的身份面对现实,着眼于未来,构思学校的宏伟蓝图。看到同学们这些创造的火花,我感受到那一颗颗美好心灵的同时,也感受到他们经历了一次情感、价值、道德观的体验,加深了他们的生活积淀,抒发了他们自己对美好生活的追求。

我们必须记住陶行知先生的这几句话:"作文这件事离不开生活,生活充实到什么程度,才会做成什么文字。所以论到根本,除了不间断地向着求充实的路起飞去,更没有可行的预备……必须寻到源头,方有清甘的水喝。"作为教师,就要千方百计地为学生创造趣味的、欢快的、充实的生活环境,让生活的充实与学生习作的发展同步。教师要用教学智慧去激发童趣、释放童语、解放童心,引导学生写出真实、真情、真心、真切的生活化习作。

(浙江省宁波市新城第一实验学校　朱月弟)

4. 在做中学

——根除"聋子的耳朵"现象

> 教学做是一件事,不是三件事。我们要在做上教,在做上学。
>
> ——陶行知

(摘自《陶行知文集》,第185页,江苏教育出版社,2001年版)

陶行知指出:"教学做是一件事,不是三件事。我们要在做上教,在做上学。"在陶行知看来,"教学做合一"是生活法,也是教育法,它的本义是教的方法要根据学的方法,学的方法要根据做的方法。因此,他认为,"行是知之始","重知必先重行"。由此可见,陶行知的"做"是建立在"行"的基础上的,是以"行"求知的,他始终强调"行"是获得知识的源泉。陶行知的观点对今天的教育教学仍然有着积极的启示意义。那么,如何践行"做中学"的思想呢?这是我最近一直在思考的问题。

审视:"聋子的耳朵"现象

一次,在听一位教师教学苏教版一年级下册的"十几减9"一课时,我脑中突然闪现出这样几个字——聋子的耳朵。有这样一句歇后语:聋子的耳朵——摆设。那么,我为什么会产生这样的想法呢?这主要缘于一些教学片段。

案例 1

课始，教师创设了这样一个情境：小猴有 13 个桃（课件同时出示一盒 10 个桃及另外 3 个桃），送掉了 9 个，还剩多少个？小猴不会计算，小朋友能帮助它解决难题吗？

学生听到这个问题，都有些跃跃欲试，教师顺势让学生列式解决这一问题。学生列出算式 13 - 9 = 4 后，教师追问："13 减 9 等于 4，到底对不对呢？我们来摆小棒验证一下！"于是，教师引导学生拿出小棒，用操作的方法进行验证。

接着，教师让学生上黑板操作。第一个学生是先拿掉 3 个，再拿掉盒中的 6 个。教师顺势板书了算式：13 - 3 = 10，10 - 6 = 4。教师问："还有其他摆法吗？"第二个学生上去先拿掉盒中的 6 个，再拿掉 3 个，学生都叫道："一样的！"接着，第三个学生上去从一盒中一下子拿掉了 9 个，教师顺势板书：10 - 9 = 1，1 + 3 = 4。在这种情况下，教师还叫学生上去摆，一个学生上去后，竟然把所有的桃子都拿下来了，在教师的引导下，仍然得出了第一种摆法。后来，教师设问："能不能不摆桃子，就算出 13 - 9 = 4？"闻听此言，学生有点茫然。显然，这个问题对于他们来说有一定的难度。在这种情况下，教师引导学生想加算减，想：9 加（　）得 13，学生顺利得出结果。

在练习环节，教师又设置了一个操作活动——玩小棒。教师让学生分别摆 12 根和 16 根小棒，再拿掉 9 根小棒，得到答案就收手了。接着，教师还让学生用想加算减的方法计算 17 - 9，进一步强调了想加算减的重要性。再接下去，就是一系列的课堂练习。

听完课后，我一直在琢磨：操作活动的目的是帮助学生掌握规则、理解计算原理。如果操作活动无法实现这样的目的，那它就会形同虚设，正如聋子的耳朵一般。

在计算十几减 9 时，除了"想加算减"这种算法，"破十法"无疑是值得提倡的。在学生第一次操作时，我观察了旁边一个小男孩的操作情况,他拿着零散的 13 根小棒在操作。试想,这样从零散的 13 根里拿掉 9 根,这对理解算理有多大价值?教师为什么事先不强调 13 根里有 1 捆和 3 根呢?当学生从整捆里无法取 9 根时,他才会想办法去"破 10",因为让学生体会"破 10"这一过程也很重要。但这位老师并没有重视这一点,只是走了一个操作的过场。

在此后的练习中,教师让学生分别摆 12 根和 16 根小棒,再拿掉 9 根小棒,得到答案就收手了。在此,是否应该让学生说说操作思路呢?怎样将操作活动与思维活动结合起来呢?另外,当学生出现了几种操作方法后,教师是否应该进行有意识的优化呢?又如,怎样让操作活动慢慢摆脱实物羁绊呢?这一系列问题都应该引起我们的高度重视。

践行:"做"出来的精彩

就数学学科而言,"做"更多地体现为直观的操作、演示。怎样进行合理的操作、演示呢?在操作演示过程中,又要注意些什么呢?如何将操作活动进行适时的"内化"?这些都是每一位数学教师必须思考的问题。结合对陶行知思想的学习,我开展了一些教学实践活动。这些教学实践,因为有了扎实的"做"功,有时也会迸发出一丝精彩,具体见下面一个实例。

在教学苏教版三年级下册的"长方形和正方形的面积"一课时,我先通过长方形长和宽的动态变化,让学生猜测长方形的面积大小跟什么有关。学生提出了合理猜测:长方形的面积可能跟它的长和宽有关。在此基础上,我设计了几个实验活动,让学生在做中探索长方形的面积计算方法。

实验 1:任选一个图形,用手中的面积单位摆一摆,测量一下这个图形的面积。

反馈时,随着学生的回答,课件依次出示以下方格图。

长方形1：每排摆5个1平方厘米的面积单位，摆了这样的1排。

长方形2：每排摆4个1平方厘米的面积单位，摆了这样的2排。

长方形3：每排摆3个1平方厘米的面积单位，摆了这样的3排。

我顺势指出：长方形和正方形的面积就是指它们所包含面积单位的个数。

实验2：用手中的面积单位测量一个长6厘米、宽4厘米长方形的面积。

在学生操作的过程中，我听见有学生在小声议论，一学生说："我不摆就知道一共要放24个。"另一个学生说："我还知道长方形的面积＝长×宽。"听了这些话，我并没有马上作出评价。

反馈时，我故意问学生："如果用刚才的方法去摆，你碰到了什么问题？"有学生说："这样摆很麻烦！"我接着追问："需要把方块全部摆出来吗？"学生持否定意见，有人甚至还叫了出来："不用！因为长方形的面积＝长×宽，一下子就可以算出来！"我当时有点意外，但马上反问道："为什么长方形的面积＝长×宽？"

那个学生略微思考后，回答道："因为长就是每排的个数，宽就是排数，每排的个数乘以排数就是长方形的面积。"我肯定了他的想法，但并没有就此揭示出公式，而是继续引导学生做第三个操作实验。

实验3：练习本表面的长大约是20厘米，宽大约是17厘米，你能在脑中想象摆小方块的情形吗？

此时，学生都已意识到：摆小方块很麻烦。于是，我让学生闭上眼睛想象：长是20厘米，说明每排可以放20个单位面积的小方块，宽是17厘米，说明可以放17排单位面积的小方块，一共可以放340个小方块，也就是练习本表面的面积是340平方厘米。

我再次追问："谁再来说说，为什么长方形的面积等于长乘以宽呢？"有学生马上作出了完整的回答："每排面积单位的个数相当于长，摆了几排面积单位相当于宽。所以，长方形的面积＝长×宽。"

在三次操作的基础上，我顺利揭示出长方形面积的计算公式。

学生在学习本课之前，就已经或多或少地储备了一些这方面的知识，有的学生甚至已经知道了长方形面积的计算公式。在此情况下，我们组织学生操作的重点应放在何处？事实上，对于这三个操作活动，我都做了精心的预设。实验1的目的是让学生初步感受到：长方形和正方形的面积就是指它们所包含面积单位的个数；实验2和实验3的目的是让学生进一步理解：长方形的长相当于每排面积单位的个数，而宽相当于有这样的几排；引导学生根据长方形所包含的平方厘米数＝每排的个数×排数，从而推导出长方形面积的计算公式。

毋庸置疑，操作活动能帮助学生理解计算原理。但在第二个操作活动中，学生就已喊出了长方形面积的计算公式，对于这一突发状况，我并没有太过惊讶。我顺势提出"长方形的面积为什么等于长乘以宽"这一主干问题。问题提出后，有学生说出了理由，但大多数学生仍然处于懵懂状态。于是，我引导学生继续操作、验证，在脑中想象：每排面积单位的个数相当于长，摆了几排面积单位相当于宽，从而推导出长方形的面积计算公式。这样做，使学生在操作中思考，在思考中真正领会了公式的内涵。对于公式的追问及其解释，无疑是本课的一大亮点。

构想：操作中的"数学化"

显然，教师应在儿童的形象思维与数学抽象化之间架起一座桥梁，充分发挥操作的作用，使学生在操作过程中发展思维。那么，怎样让操作活动经历一个数学化的过程呢？

首先，借助实物，进行具体操作。诚然，操作活动离不开实物，但却不能仅仅停留于实物。第一层次的操作处于具体形象阶段，学生通过对实物施加动作，或演示、或拼摆，能经历一个真实的体验和感受过程。这时，学生的思维显然处于动作思维阶段。在课堂上，教师要为学生提供充足的探索空间，引导学生在操作中积累感性经验，为理性思考奠定基础。

例如，在教学"长方形和正方形的面积计算"一课时，实验1就是让学生积累求长方形面积的经验，使其初步感受到：求长方形面积就是求它所包含的单位面积的个数。在这一直观操作中，学生也能模糊地意识到：求长方形一共有多少个面积单位，只需将每排的个数乘以排数就可以了。

直观操作所具有的感性经验，虽然还没有上升到理性经验，但却是后续学习所不可或缺的。正因为有了这些丰富的感性认识，学生才会对数学概念、规律或法则等有更为深刻的体会和认识。因此，实物操作同样推动了学生数学思维的发展，其作用不容小觑。

其次，脑中构想，促成表象操作。众所周知，在数学活动中，如果不能将动作思维和抽象思维联系起来，就很难收到好的效果。而在动作思维和抽象思维中间还有一座桥梁——表象操作。表象操作是指脱离实物，通过大脑想象进行的操作。在教学中，教师不妨安排这样一个环节：不摆弄具体实物，而在脑子里构想操作的过程。

例如，在"长方形和正方形的面积计算"一课中也有这样的表象操作，实验3就是让学生凭借想象去构想练习本封面需要多少个面积单位。

在表象操作中，将实物简化为图像，这经历了一个求简的过程，已具备了一定的抽象成分。这样的表象操作，对于培养学生的空间观念和想象能力无疑是大有裨益的。

再次，形成模式，推进符号操作。学生经历了直观和表象操作后，积淀了丰富的感性经验，这时，需要从理性上把握其中的内在规律，而这也直指数学的本质特征。因此，操作活动不能仅仅停留于直观和表象，教师要给学生充足的时间进行思考和交流，并适时将法则或规律等抽象成模型，真正推进符号操作。

例如，在教学"长方形和正方形的面积计算"一课时，学生在操作过程中就已经自发地说出了面积的计算公式。在这种情况下，教师还是追问其缘由，逼迫学生利用操作过程进行解释。在解释的过程中，学生对长方形面积计算的内涵已有了深刻的理解。这时，学生的思维就不只是停留在直观经验上，而是能用公式来计算长方形的面积，从而构建出面积计算的模型。

数学学习往往要经历由过程开始，然后转化为对象的认知过程。从实物到算式是"形式化"的过程，从算式运算回到实物解释是"寻找意义"的过程。数学化就是在具体、半具体、半抽象、抽象中间的铺垫，是穿梭于实物与算式之间所作的形式化过渡。经历了数学化的操作过程，不仅有利于学生进一步寻找事物和现象中的规律，加深对数学概念和法则等的理解，而且能促进学生的理性精神和实践能力的发展。

（江苏省张家港市云盘小学　赵红婷）
（江苏省张家港市梁丰初级中学　王爱瑾）

5. 从"生活教育"的角度点击"科学探究"

人们在行动中追求真知识，在行不通的时候方觉得困难，困难而求解决，便不能不思想，思想贯通便取得了真知（新知），再运用真知识以行动，于是有新价值的产生便赴了创造之路。

——陶行知

（摘自《陶行知文集》中《古庙鼓钟录》一文，第506页，江苏教育出版社2001年版）

陶行知指出："生活教育"是教育的精髓。他说："生活教育是给生活以教育，用生活来教育，为生活向前向上的需要而教育。"而在新课程标准理念下，从进行"自然"学科教育转移到培养学生的科学素养，这是新一轮教学改革中小学科学课程发生的本质性变化。新教材强调以培养学生的科学素养为宗旨，突出强调让学生在教师的指导下通过亲身经历科学探究、动手操作和实验来认识科学、学习科学，从而形成科学素养。但科学来源于生活，如何从生活教育的角度去认识科学，并且与科学探究紧密联系起来，正是目前广大教育工作者需要思考的问题。

思考一：依据生活经历，引领学生发现科学问题

曾经有一位名师在教学《磁铁的磁性》一课时，假装不小心将一盒回形针洒了一地，问学生如何用最快的方法将地上的回形针捡起来，马上就有学生想到使用吸铁石。学生为什么会想到使用吸铁石来捡回形针呢？这就是生活经历。学生一般不会用"磁铁"一词，这也是理所当然的。因为在他们的生活中，一般不会接触到"磁铁"这样一个专业名词，这也同样

是生活经历。在此基础上，磁铁和吸铁石是什么关系？为什么能够吸引回形针？这样就自然引导学生发现了新的问题，顺利进入课堂探究的环节。

当儿童一无所知地来到这个世界时，便具备了探究的潜能。要挖掘这种潜能、引起儿童的探究冲动、激发儿童的探究欲望，就要在儿童头脑中形成问题意识。而问题源于儿童的生活，是"在劳力上劳心"，也是"与生俱来，与死同去"的。"生活教育是生活所原有，生活所自营，生活所必需的教育。"儿童只有对生活进行了敏锐的观察、认真的思考、深刻的领悟之后，才能在头脑中留下一长串疑问：鱼儿为什么离不开水？雨过天晴为什么会出现彩虹？眼睛是怎么看见物体的……

思考二：课堂探究，注重与生活紧密联系

在课堂上，学生是学习的主体，教师是课堂教学的引领者和组织者。既然学生是学习的主体，教师不妨给予学生更多自主学习的时间，让他们在探究的过程中联想生活，以发现与生活相关的知识、规律等。

为此，在新一轮课程改革中，小学"科学"教材避开了高深的理论和概念，把教学的内容与人们生活的衣、食、住、行以及大自然中的风、霜、雨、雪密切联系起来，让生活中的每一个微小的细节都可以成为学生探究的对象，让他们在普通的生活中研究普通的事物现象，挖掘其深刻的内涵，从而启迪智慧、发展兴趣、培养能力。于是就有了"米饭的观察"、"淀粉的踪迹"等这些在成年人看来毫无意义但对学生来说却充满情趣的研究主题。因为对儿童来说，"科学探究就是这么简单"，"我也可以是'先生'"。

思考三：课堂点击与课后探究的有机结合

1938年，陶行知组织的生活教育社成立，其宗旨就是"探讨最合理最有效之新教育原理与方法，促进自觉性之启发，创造力之培养，教育之普及及生活之提高"。时至今日，当经历过几次课程改革之后，我们的教师更应该有明确的教育目标，将"生活"作为科学探究的目标指向，让学生亲自去经历科学、体验科学、理解科学，并在这个过程中自主地获取科学知识、领悟科学思想。

在科学教学中，教师要引导学生学以致用，学会用科学指导生活，在生活中应用、巩固和强化科学知识和技能，使自己的生活更加科学。在教学小学科学教科版四年级下册第一单元中关于电的有关知识时，教师除了让学生知道常见的串联和并联电路，还应该要求他们能够运用这些电学知识设计各个房间的电路。这其实就是一个比较简单的并联电路，但对学生来说难度可不小，因为科学探究需要一定的方向性，但学生并没能真正理解究竟什么是串联和并联（不是指它们的具体概念）。那么，该怎样去引导学生呢？

我这样去帮学生理解：串联，当电路中有一个地方断了，包括灯泡和电线，所有的小灯泡都不能发光；并联，当其中的一个灯泡坏了，其余的灯泡还能继续工作。学生马上明白过来："老师，我知道了，家里的灯泡是并联的。"此时，探究就有了明确的目标和方向，使课堂充满了活力。

与传统教学方法相比较，在引导学生进行科学探究时，教师必须精心确定出一系列"大的概念"——概念性的框架，学生则可以在课堂中开展各种有意义的探究活动。学生在课堂上受到教师的点拨后，再进行科学探究。社会就是学校，整个社会既是生活的场所，也是教育的场所。我们要拆除学校与社会之间的高墙，把一切都延伸到大自然、大社会中去，使社会教育与学校教育紧密结合，使学校与社会合二为一。

思考四：在生活中自主创新，促使科学素养的形成与提升

在陶行知看来："人们在行动中追求真知识，在行不通的时候方觉得困难，困难而求解决，便不能不思想，思想贯通便取得了真知（新知），再运用真知识以行动，于是有新价值的产生便赴了创造之路。"这实际上也是科学探究的过程，因为科学探究就是求真、求知、求新的过程。在探究过程中，如果学生仅仅停留在发现规律、揭示规律的基础上，是远远不够的；这虽然提高了我们的生活质量，但要将人类生活引向更高的层次，

使之达到更高的水平，还必须依赖于科学探究的创新和超越。因为有了创新才能有发展，有了超越才能有进步。

在学生的科学探究过程中，教师要鼓励他们大胆地去发现别人没发现的、想别人没想到的、做别人没做的，帮助他们训练科学发现的慧眼，使他们成为科技发明的能手。

陶行知早已响亮地提出，"我们的实际生活就是我们的课程"，这个观点对当前的课程改革仍具有重要的启迪作用。从"生活教育"的角度点击"科学探究"，要求我们把科学探究与日常生活紧密联系起来，引导学生把课堂上学到的科学知识在生活中加以运用和拓展，并且在此基础上进行创新，从而全面提升学习型主体的科学素养。要实现这一目标，我们仍然任重而道远。

（江苏省苏州工业园区新城花园小学　潘小军）

6. "完美"的缺失
——对一节课迟到的反思

> 与其把学生当天津鸭儿添入一些零碎知识,不如给他们几把锁匙,使他们可以自动去开发文化的金库和宇宙之宝藏。
>
> ——陶行知
>
> (摘自《陶行知全集》中《育才十字诀》一文,第14页,四川教育出版社1991年版)

工作多年,我一直教语文,自觉得心应手;对新的教育教学理念,也能够自觉自愿地学习、吸纳和应用。因此,自感对课堂教学能够"驾轻就熟"。但一次执教示范课,让我看到了自己对"这种新课"教学的不足,并且有了这份迟到的反思。下面就是我执教《玄奘取经》一课的教学设计。

一、教学过程

1. 在《西游记》的主题音乐声中,教师与学生交流对唐僧的了解

针对学生的发言,教师小结并导入新课:在民间流传着许多唐僧西天取经的故事,小说家吴承恩以唐僧为原型,创作了《西游记》。其实,玄奘西行取经的真实故事和小说中的描写大相径庭。今天我们学习第24课,来了解这位中国历史上著名的高僧、学者、翻译家和旅行家的故事。(板书课题,指导"奘"的读音)

简介玄奘:玄奘,俗名陈祎,河南偃师人,在世64年,世称唐僧或唐三藏。为什么叫"三藏"?三藏是种尊称。只有精通"经藏、律藏、论藏的人才可以被称为三藏法师。玄奘13岁在洛阳净土寺出家,后随兄长到长安居住,向许多大师求学。再后来,他游历各地,参访名师,讲经说法,名声很大。那么,是什么原因使得玄奘要去西天取经呢?

2. 设疑,让学生通览全文

(1)取经原因

生:通过多年来在各地参访,深感众说纷纭,无从获解。

师:一是为了解决佛经中的疑惑,二是因为中国的经文太少,玄奘就是在这样的心情与时代背景下去西天取经的。

(2)取经路线

(28岁)长安——甘肃(凉州、甘州、肃州、瓜州、玉门关)——新疆(伊吾、高昌、屈支、跋禄迦、大清池)——天山——帕米尔高原——阿富汗——巴基斯坦——印度。

师:西行5万里,历经56个国家,历时17年,足迹遍布印度。玄奘在印度佛教中心那烂陀寺求学5年,著有《三身论》《会宗论》三千颂、《制恶见论》一千六百颂,遗憾的是至今都遗失了。玄奘在那烂陀寺还被选为通晓"三藏"的十德之一。

因为玄奘深厚的佛学造诣,戒日王以玄奘为主论,在曲女城召开佛学辩论大会,共18个国王、3 000个佛教学者、2 000个外道人参加。其间,玄奘任人问难,但无一人能予诘难,由此名震五印。有人想暗杀他,但阴谋没有得逞。玄奘取经的目的达到了,便带着佛经取道回国,返回时46岁。据历史记载,玄奘进京之日,"倾都罢市"、"空城出观"。

大家只看到他的成功与辉煌,可他西行所经历的九九八十一难,需要怎样的坚持与顽强啊!

(3)列举取经路上的事例

其实,玄奘不是第一个去天竺取经的僧人,而只是去西天求法这个传统的继承人。大家看下这样一个统计:

时　间	人　数	结　果
3—4 世纪	7 人	170 人外出取经，平安返回的只有 43 人，大多都死了。这种追求真理的精神，是我们中华民族的一种美德。
5 世纪	61 人	
6 世纪	14 人	
7 世纪	56 人	
8 世纪	32 人	

既然有这么多为弘扬佛法而牺牲的僧人，为什么唯独玄奘这样有名？在课文上快速找答案：玄奘的贡献。

生：（1）带回大量佛经，共 526 箧、657 部。

（2）19 年间，翻译经书 75 部 1 335 卷（约 1 300 多万字）。

（3）编写《大唐西域记》。

（4）奉敕将《老子》等中国经典译成梵文传入印度，促进了中印文化的交流。

师补充：（5）创立了"唯识论、五种姓说、因明"等学说，对印度佛学全面通达。

（6）他的思想与精神是中国、亚洲乃至世界人民的共同财富。

（7）《大唐西域记》记录了 28 个以上国家、城邦、地区的农业、商业、风俗、文化、艺术和宗教情况。

如今，在印度还有玄奘的纪念馆，是 1956 年周总理访问印度时，由中国投资 30 万元建成的。

中央电视台为"2006 中印友好年"特别奉献了跨年度、跨国界的大型文化交流活动，在 2005 年 6 月 29 日正式启动了"玄奘之路"活动，历时 40 天，胡锦涛主席在印度接见了考察团。

3. 学生交流感受

（1）通过对玄奘取经的原因、他的经历以及贡献的了解，你觉得玄奘是一位怎样的僧人？

（2）他为什么会成为这样一位僧人？

师扩展：在玄奘西行的 100 年后，唐代另一位佛教大师鉴真以 66 岁高龄，在双目失明的情况下，东渡日本，传播佛法，在76岁时圆寂于日本。

4. 课外拓展

搜集有关东晋时期著名僧人法显的资料。

二、教学反思

《玄奘取经》一文不足400字，以提纲式的内容展现了玄奘取经的结果，没有详细的过程、经历。

记得在备课时，我搜集了大量资料、图片，包括玄奘为什么取经、取经路线、玄奘的贡献、取经途中的遭遇等。对教学目标、教学重难点、教学过程的每个环节、细节，我都进行了精心设计，以致把玄奘西行100年后，唐代的另一位佛教大师鉴真都"拓展出来"了。特别是玄奘取经路上的几个小故事，让所有听课者都屏气凝神，为玄奘的牺牲精神、执著精神和坚定信念所吸引。

因此，那次示范课也得到了一致好评，甚至没有人指出整节课的"毛病"来。想到教学设计如此"完美"，想到教学过程如此顺畅，并且受到听课师生的一致好评，我沉浸在"成功的喜悦"中。

然而此后不久，在读了陶行知先生的文章后，我开始反思：那堂课真的"完美无缺"吗？

陶行知说："活的人才教育不是灌输知识，而是将开发文化宝库的钥匙，尽我们知道的交给学生。""好的先生不是教书，不是教学生，乃是教学生学。"细读这段话后，我对那节课的"完美"感觉顿时生出瑕疵、缺失、缺陷来。原来，我在课堂上的表现是那样"唯我独尊"，让自己充满了"活力"与"生气"，却"淡化"了真正的"主角"——学生！

再看这节课的备课，我本可以将搜集资料的权利以及表达的时间、机会（也就是陶先生所说的"钥匙"）交给学生，让他们拿着"钥匙"在课外做个行动者、探索者，在课上做个叙述者、开启者。这样才能防止陶先生所说的两种错误倾向，即："一种是将教与学的界限完全泯除，否定了教师主导作用的错误倾向；另一种是只管教，不问学生兴趣，不注重学生所提出问题的错误倾向。"

在这节课上，我的"行动与语言"出现得太过频繁。太多的环节与过程、资料的搜集与整理，都应该"放手"布置给学生，让他们尽自己的力量、知识、条件、精力去完成。可我却包揽了，替代了"主角"。因为我忽视了教师的责任就是通过教材这个"媒介"，让学生带着对知识的好奇、兴趣、探索，进行对知识的演绎，使文化、知识、智慧、精神等经过学生自己的大脑、心智的选择和过滤，重新生成新知；使学生因此而得到滋养、获得快乐、获得幸福、获得能力、获得创新、获得发展；使教材生动、学生主动，学生学得快乐、扎实并获得方法。这样才是"尽我们知道的交给学生"，这样的课才是真正奇妙无穷的好课啊！

这节课，由于我课前的充分备课，用勤奋尽显了自己的活力与张力，让自己大放异彩，而真正的主体——学生呢？被忽略了。我只做到了"教书"、"教学生"，却忽视了"好先生乃是教学生学"，忽视了教师在课堂上要扮演指导者和促进者的角色、把学生的自主权还给学生的本意与本质。

仔细领会陶先生的观点后，我发现在教学中，对于一个问题，不是要我拿出现成的解决方法来传授给学生，而是要我把这个解决问题的方法介绍给学生，使学生学会方法，在今后的学习中遇到新问题时，能利用已有的经验采取相类似的办法。这正是陶先生所说的老师的"教法"与学生的"学法"的含义。

显然，我在教学上还没能很好地做到"成就学生"。

重温陶先生的话，在陶先生的"评课"启示下，我找到了这节没有"毛病"的课的病根。那深邃的内涵一针见血地直指我的"症结"之处，对我这节课有了恰当、准确而又意义深远的点评。我不觉深感惭愧、不安，同时也庆幸自己能够及早地认识自己的不足。在今后的教学中，我要做到"教学生学"。

其实，仅仅一个小小的观念"转向"问题，仅仅一个"谁做"的方式问题，处理得合理与否，就会带来不一样的结果。因为陶先生的话语、因为自己的反思，我看到了这种教学方式存在的问题，以及长此以往可能带来的严重后果。假如没有陶先生的"教诲"、"指导"，假如自己不进行反思，我也许会继续在这种自己设定的"完美"中"缺失"下去而不自知。由此可以看出，"教到老，学到老"对于教育工作者来说是多么重要！

一次迟到的反思使我不至于"缺失"太多、太久，也给同事们作了提醒：这样的教学方法可以使用，但只适用于那些没有独立学习能力的学生；它只能作为一个"临时性的拐杖"，而不可成为一个"恒久的模式"。否则，学生离开学校后将不会自己学习，让学生在原有基础上可持续的终身发展就只是一句响亮的空话。

我们都应当谨记陶先生的话："教育不能创造什么，但它能启发儿童创造力以从事于创造工作。"

（山东省淄博市临淄区闻韶小学　熊雪芸）

7. 陶行知"六大解放"思想对当前写作教学的启示

一、解放他的头脑,使他能想;二、解放他的双手,使他能干;三、解放他的眼睛,使他能看;四、解放他的嘴,使他能谈;五、解放他的空间,使他到大自然、大社会里去取得更丰富的学问;六、解放他的时间,不把他的功课填满,不逼迫他去赶考,不和家长联系起来在功课上夹攻,要给他一些空闲时间消化所学,并且学一点他自己渴望要学的学问,干一点他自己高兴干的事情。

——陶行知

(摘自《陶行知全集》中《小学教师与民主运动》一文,第635页,四川教育出版社1991年版)

虽然几十年过去了,但是陶行知先生提出的"六大解放"理论与我们现在所实施的新课程的许多观点不谋而合。"六大解放"理论对我们当下的写作教学仍然具有很大的指导作用。陶先生的"六大解放"思想所关注的是发展中的一个个鲜活的生命个体,注重让学生走进生活、融入生活。这不正是抓住了写作教学的根本和源头了吗?

启示一:解放学生的头脑,就是让学生勤于思、善于想

解放学生的头脑,首先就要把儿童的头脑从迷信、成见、曲解中解放出来。在以往的写作教学中,我们教师对学生的限制和束缚太多了:选材要新颖、立意要有高度、语言要优美、内容要生动具体等,把学生"指

导"得都害怕写作了。其实,中小学阶段的写作就是运用书面语言表达自己的思想感情。它的基本要求是:怎么想就怎么说,怎么说就怎么写,以我手写我心。只要能用文字把自己的所见、所闻、所感、所思如实地表达出来就可以了。这一点,我们要让学生清楚,更要让自己清楚。教师千万不能善意地拔苗助长,那样只会适得其反。作文教学一定要考虑学生的身心发展状况,把学生所在的现实生活、年龄、情感、思维、知识、语言和表达能力当做作文教学的出发点和参照点。

"语文课程标准"提出:"为学生自主写作提供有利条件和广阔空间,减少对学生写作的束缚,鼓励自由表达和有创意的表达。"因此,我们要为学生提供自主写作和自由表达的有利条件和广阔空间,营造轻松和谐的写作氛围,建立民主平等的师生关系,尊重学生的思想、主见,鼓励和引导学生在描写方法的运用、结构的安排、体裁的选择上采用多种表达方式,不拘一格,以达到张扬个性、创意表达的目的。同时,要引导学生"我手写我心"、"童年写童言",用自己的个性语言、表达自己的真情实感,做到形式多样化、取材生活化、语言儿童化。

解放学生的大脑,还要鼓励学生张开想象的翅膀,展开合理、大胆的想象。"语文课程标准"强调作文教学要"激发学生展开想象和幻想,鼓励写想象中的事物"。鲁迅先生曾惊叹于儿童的想象力,他说:"孩子是可以敬服的,他常常想到星月以上的境界,想到地面下的情形,想到花卉的用处,想到昆虫的语言,他想飞上天空,他想潜入蚁穴。"想象,能充实文章内容、开拓写作思路、描绘出生动的形象,从而增加感情色彩,所以我们要给学生一个自由想象、任其发展的空间,让学生勤于思、善于想。只有这样,学生的大脑才能真正得到解放,一篇篇个性鲜明、特色突出的文章才会应运而生。

启示二:解放学生的双手,就是让学生既动脑思考又动手实践

在写作教学中,教师要创造条件让学生既动脑思考又动手实践;要重视学生的动手操作,要将写作与生活实践结合起来。我们要从作文教学的

需要出发，有计划地引导学生为积累作文材料而进行社会生活实践。例如，种植花草树木，让他们了解植物的生长过程；饲养虫鱼鸟兽，让他们了解动物的生活习性；参与公益劳动，让他们体验劳动的滋味等。在实践过程中，我们还要注重引导学生体会实践的感受，养成良好的思维品质和活动习惯。例如，在写类似于《我会洗碗》《第一次炒菜》《今天我当家》等题目的文章前，就可以让学生做一些力所能及的家务活，让他们从小养成爱劳动的好习惯，并在学会劳动本领的过程中获取写作素材、积累直接的体验。唯有自己确实动手实践了，有了自己的感受和体验，文章才能写得真切感人。

启示三：解放学生的眼睛，就是让学生学会观察，开阔视野

　　观察感知是思维活动的窗口，是人们深入认识事物本质的开端。没有观察就没有发现，更不能有所创造。达尔文在被问到他为什么能取得如此伟大的成就时说："我没有过人的机智，只是在精细观察的能力上，我可能在众人之上。"因此，平时注意观察现实生活是写好文章的基础。从中小学生的作文来看，凡是对生活观察比较细致、体会比较深刻的同学，作文写得都比较好。我们解放学生的眼睛，就是要让学生注意观察社会生活、留心周围的人和事。多看看、多听听，就能发现丰富多彩的生活，而这丰富多彩的生活能为作文提供源源不断的素材。因此，教师要加强对学生观察能力的培养。即兴观察或有意观察都是认识生活、获取作文材料的常用方法。

　　首先，在观察之前，要给学生提出明确而又具体的目的、任务和要求。其次，要在观察过程中及时指导。例如，要指导学生根据观察的对象有顺序地进行观察，要指导学生选择适当的观察方法，要指导学生及时地对观察的结果进行分析总结等。第三，培养学生形成良好的观察习惯。在学校、家庭、社会中做到处处留心，如教师关心热爱学生、爸爸妈妈勤劳俭朴、叔叔阿姨尊老爱幼、同学之间友好互助等，观察大自然中的一草一木、虫鱼鸟兽、日月星辰、小河田野、瓜果蔬菜等。通过观察，激起学生

的作文兴趣,帮助学生开阔视野、积累素材、陶冶情操。

启示四:解放学生的嘴,就是让学生"说真话、实话、心里话,不说假话、空话、套话"

解放学生的嘴巴,让孩子们可以言自己爱言之事、表自己爱表之情。让他们可以不必为说什么而绞尽脑汁,可以自由诉说自己内心深处的喜怒哀乐,无所顾忌;可以天马行空般地展开自己的想象,大胆幻想现实生活中不存在的、未知世界中的人和事。让他们用自己的眼睛看世界,用自己的大脑去思考。教师要"珍视学生的独特感受"。这样,学生才会"说真话、实话、心里话,不说假话、空话、套话"。

在一次作文指导课上,一位老师出了一道半命题作文——"我学会了_____"。他引导学生对命题进行补充,学生个个欢呼雀跃神采飞扬,说了好多能力、特长上进步的事例。这时调皮的于挺说:"我学会了撒谎。"话音刚落,全班哗然,老师启发学生背《中学生守则》最后一条:"诚实谦虚……"并说:"学会诚实还怕来不及,为什么要学会撒谎?"于挺窘得满脸通红,无趣地坐下。这位老师就这样剥夺了学生自由言说的权利,于挺同学到底想说什么呢?在批改作文时老师怔住了。"奶奶和母亲常常为一点小事而吵得面红耳赤,有时甚至吵得不可开交,父亲备受煎熬,待家中战争稍稍平息,只有我去安抚两位战士——奶奶和母亲。有时爸爸做些好吃的,我盛好端到都在生气的奶奶和母亲的床前,对奶奶撒谎说:'这是母亲让我端来的,她觉得自己刚才有点过分了,自己不好意思来。'对母亲则撒谎说:'这是奶奶叫我劝慰您的,她说她人老了,有点糊涂……'"就因为这美丽的'谎言',家中的愁云散了,或许是奶奶和母亲看在我年幼但有着一片虔诚的孝心的分上,或许是她们看在我被逼撒得不太自然的'谎言'上……"看到此处,老师笑不出来了,一篇优秀的作文,竟是在自己和同学们的讥笑之后屈辱地诞生了。

如果老师解放了学生的嘴,也解放了自己的思想,这名同学的想法早该在课堂上得到老师的肯定和同学的羡慕了。可是它却受到了"如此待遇",真是不应该。退一步说,即使学生说的内容很一般,只要不是歪理邪说,就应该让学生自由、无拘无束地去说。"培养学生的写作兴趣和自信心",鼓励学生把心中所想、口中所说的话写下来,消除写作的神秘感。著名作家王旭峰说:"儿童写的东西,可以说是天使在说话。"我们要尊重儿童的语言特点,欣赏儿童原汁原味的童言。引导学生用"童言"来写童真、表童情,培养学生健康的文风、人格。只有这样,学生的作文才会富有灵性的语言、率真的情感和张扬的个性。

启示五:解放学生的空间,就是让学生在生活中搜索、挖掘、积累写作素材

解放学生的空间,就是要让学生走出学校这个小圈子,注重把学生的目光引向自然生活、家庭生活、社会生活,指导学生做生活中的有心人,从多彩的生活中去搜索、挖掘、积累写作素材。叶圣陶说过:"生活就如泉源,文章犹如溪水,泉源丰盈而不枯竭,溪水自然活泼地流个不歇。"我们应该创造条件,让学生去认识生活、参与生活、学习生活。平日既要引导学生广泛参与校内学习、游戏、玩耍等活动,如故事会、辩论会、主题班会、演讲比赛、文艺晚会、课外兴趣小组等,又要有目的、有计划地带领学生走进大自然、走进社会。通过参观、调查、访问、参加社区有意义的活动等,让学生在活动中体验生活的乐趣,放松身心、开阔视野、丰富积累,为作文提供真实、厚实、有趣的题材,使学生在习作中处于活动的兴奋状态。学生的生活空间解放了、拓展了,学生的生活丰富了,他们自然有话可说、有感可发、有情可表,作文既能写得真切又能透出情趣。例如,我县的实验小学开展"我是小小志愿者"的活动,让学生自由地去当"小志愿者",有的学生当了"护路员",有的成了"护林员"、"小交警"、"宣传员",有的自愿组成了礼仪队等。通过这次活动,学生增长了见闻、得到了锻炼,有了新鲜的收获、真切的感受,觉得活动有意思、有趣味,同时,也产生了倾吐的需要和欲望。活动结束后,教师引导学生回忆、叙述活动进行的情况、交流收获和感想,让他们自由命题写作。于是

一篇篇新颖、独特的作文诞生了，如《小小志愿者快乐你和我》《当小交警的苦与乐》《爱的奉献》《小小礼仪队员》等。

启示六：解放学生的时间，就是让学生自由发展和思考创造

陶行知说："解放他的时间，不把他的功课填满，不逼迫他去赶考，不和家长联系起来在功课上夹攻，要给他一些空闲时间消化所学，并且学一点他自己渴望要学的学问，干一点他自己高兴干的事情。"可是，现在的学生在"应试教育"、"精英教育"的社会大环境下，压力非常大，这严重影响了学生的身心发展。在大喊"减负"的今天，中小学生的课业负担并没有真正减下来。如果不解放学生的时间，前面的"五个解放"就没办法实现。如果学生没有时间去思考、去表达、去动手、去活动，没有时间投入到火热的生活中去，那么他们所拥有的就只剩下没完没了的学习了，多么单调、乏味！我们又怎么指望学生写出内容五彩斑斓的、富有童真、童趣的习作呢？因此，我们应该把本属于孩子的自由发展和思考的时间还给孩子。要彻底让学生从苦不堪言的书山题海中解放出来，使他们有时间思考、有条件实践，在接触自然和社会中自主地活动、创造性地活动。

当然，陶行知先生提出的这"六大解放"是一个完整的体系，是互相渗透、互相促进的。只要我们真正像陶先生那样为学生着想，就能不断提高学生的写作水平和综合素质，真正促进"人"的发展。

（河北省玉田县教育局　李汉泽）

后 记

今天,有数以万计的学校在学习陶行知、苏霍姆林斯基、叶圣陶、孔子、马卡连柯等古今中外的教育大师。大师们的很多名言警句,被中国千千万万所学校铭记于墙壁上,成为无数教师、校长的座右铭。甚至有学者提出,中国教育应该回归陶行知,回归孔子。

那么,向大师学什么?怎么学?这是摆在我们面前的现实课题。

是读多少大师的经典,写出多少感悟,把大师的教育理念解读得天花乱坠?还是在对大师经典耐得寂寞的研读中,与大师进行心灵对话,从"知"大师,到"师"大师,再到"行"大师?

一位校长曾深有感悟地说:"我对老师们说,我们固然要学大师们的理论精髓和实践经验,但更重要的是学习他们不迷信权威的创新精神,学习他们不懈追求探索的人生境界和献身事业的人格力量。只有这样,我们才能把学习内容转化积淀为自己的综合素养和创造能力,才能提升自己和事业的境界。"

这一来自实践最朴素的感悟,道出了"今天我们向大师学习什么"之本。

今天,我们需要的是"教育行动家"。

编写"与大师同行"系列读本,正是要把大师的经典理论通俗化,真实地再现广大一线教育工作者在"品读大师经典,与大师对话"的学习过程中的实践探索。读本以一个个详实的案例,颠覆了"大师高不可攀""名师不可复制"的观点,让我们直观地触摸到大师理念的本质,并学以致用,解决一个个教育教学中遇到的细节问题。

"与大师同行"系列读本告诉我们,今天我们读大师,不要"像牛闯进了菜园，初尝菜味，大口大口地吃个不停"（毛泽东），而要在探寻教育智慧宝库的过程中，找到打开现实问题的钥匙，找到作为教育者的幸福冲动与智慧源泉。

"爱满天下"的中国现代教育史上著名教育家陶行知、"把整个心灵献给孩子"的前苏联教育家苏霍姆林斯基、"学而不厌，教而不辍"的我国古代著名教育家孔子、"寓教于乐"的前苏联大教育家马卡连柯、"教是为了不教"的我国当代教育家叶圣陶……随着读本，我们追寻着教育大师们的足迹，不知不觉间，自己对教育的责任也清晰起来。

今天，我们不仅要使学生求得真理，更要有为了"求真"的学习、生活和育人，像陶行知先生那样做到每日"四问"：

第一问：我的身体有没有进步？

第二问：我的学问有没有进步？

第三问：我的工作有没有进步？

第四问：我的道德有没有进步？

雷玲
2011 年 9 月 28 日于北京

图书在版编目（CIP）数据

教师要学陶行知/雷玲主编.—上海：华东师范大学出版社，2011.8
ISBN 978-7-5617-8868-4
Ⅰ.①教… Ⅱ.①雷… Ⅲ.①陶行知(1891～1946)—教育思想—研究 Ⅳ.①G40-092.6
中国版本图书馆 CIP 数据核字（2011）第 165192 号

大夏书系·与大师同行

教师要学陶行知

主　　编	雷　玲
策划编辑	李永梅
审读编辑	周　莉
封面设计	奇文云海
责任印制	殷艳红

出版发行	华东师范大学出版社
社　　址	上海市中山北路 3663 号　邮编 200062
网　　址	www.ecnupress.com.cn
电　　话	021-60821666　行政传真 021-62572105
客服电话	021-62865537
邮购电话	021-62869887　地址　上海市中山北路 3663 号华东师范大学校内先锋路口
网　　店	http://hdsdcbs.tmall.com/
印 刷 者	北京密兴印刷有限公司
开　　本	700×1000　16 开
印　　张	17
字　　数	250 千字
版　　次	2011 年 12 月第一版
印　　次	2023 年 10 月第十次
印　　数	45 001－46 000
书　　号	ISBN 978-7-5617-8868-4/G·5265
定　　价	32.00 元

出 版 人	王　焰

（如发现本版图书有印订质量问题，请寄回本社市场部调换或电话 021-62865537 联系）